国家自然科学基金面上项目
中国城市社区生活圈的新时间地理学研究（项目批准号：42071203）

国家自然科学基金面上项目
居民活动空间分异的多维特征与形成机制研究（项目批准号：41971200）

“十三五”国家重点图书出版规划项目
城市时空行为规划前沿研究丛书｜柴彦威主编

行为地理学

BEHAVIORAL GEOGRAPHY

柴彦威　塔娜　著

东南大学出版社
SOUTHEAST UNIVERSITY PRESS
南京・2022

内容提要

空间与行为关系的研究正成为理解城市化与城市发展、城市空间与社会现象的关键。作为首部由中国学者编写的系统研究行为地理学的专著，本书聚焦于地理学行为论方法的内涵与外延，解说行为地理学的理论基础、发展方向与主要研究主题，从理论与实践结合的角度，全景式地展现行为地理学的过去、现在与未来。我们希望通过行为的视角来理解个体、理解社会、理解城市、理解我们生活的世界。

本书可以为城市地理学、城乡规划学、城市社会学、城市交通行为研究领域的科研人员、硕博士研究生，以及对行为研究感兴趣的读者提供理论与实践参考，也可作为行为地理学教材之用。

图书在版编目（CIP）数据

行为地理学 / 柴彦威，塔娜著. — 南京 : 东南大学出版社，2022.12
（城市时空行为规划前沿研究丛书 / 柴彦威主编）
ISBN 978-7-5641-9350-8

Ⅰ. ①行… Ⅱ. ①柴… ②塔… Ⅲ. ①行为地理学 Ⅳ. ①K901

中国版本图书馆 CIP 数据核字（2020）第 269145 号

责任编辑：孙惠玉　　责任校对：子雪莲
封面设计：逸美设计　　责任印制：周荣虎

行为地理学
Xingwei Dili Xue

著　　者：柴彦威　塔　娜
出版发行：东南大学出版社
社　　址：南京市四牌楼 2 号　邮编：210096　电话：025-83793330
网　　址：http://www.seupress.com
经　　销：全国各地新华书店
排　　版：南京布克文化发展有限公司
印　　刷：南京凯德印刷有限公司
开　　本：787 mm×1092 mm　1/16
印　　张：14.75
字　　数：320 千
版　　次：2022 年 12 月第 1 版
印　　次：2022 年 12 月第 1 次印刷
书　　号：ISBN 978-7-5641-9350-8
定　　价：59.00 元

总序

进入21世纪的第二个十年，人与空间互动的复杂性和多样性正在给我们生活的世界带来变革，全球化与本地化、流动性与地方性、韧性与风险性共存，并呈现出越来越明显的时空异质特征。在这样的背景下，城市空间与生活方式的动态调整成为常态，为生活质量、社会公平、可持续发展带来了全新的挑战。

面对这些新时期的新问题，时空间行为及其与城市空间互动关系的研究日益受到学界的认可，为理解城市化、城市空间与城市社会提供了一个更加人本化、社会化、微观化以及时空间整合的新范式。产生于20世纪60年代的时空间行为研究为理解人类活动和地理环境的复杂时空间关系提供了独特的视角，并逐步形成了强调主观偏好和决策过程的行为论方法、强调客观制约和时空间结构的时间地理学，以及强调活动—移动系统的活动分析法等多个维度。经过50多年的发展，时空间行为研究的理论与方法逐步走向多元化的方向，通过与社会科学理论、地理信息系统方法、时空分析技术、时空大数据挖掘、人工智能等的有效结合，时空行为探究的理论与方法创新成为国际城市研究的亮点，并有效解答了一系列人与空间互动关系的问题。

而基于时空间行为的视角来创新中国城市研究的理论体系是当前中国城市发展转型所面临的迫切现实需求。纵观中国城市社会经济发展，我们已经进入了“以人为本”的新型城镇化发展阶段，重视社会建设、重视城市治理、重视人民福祉已经成为社会各界的共识。可以说，时代的发展需要一套基于人、面向人、为人服务的城市研究与规划体系。但长期以来城市研究与规划管理“见物不见人”的问题没有得到根本的解决，对居民的个性化需求缺乏深入分析与解读，难以应对城市快速扩张与空间重构所导致的城市问题。同时，中国城市快速城市化和市场化转型也为时空间行为研究理论创新和应用实践提供了宝贵的试验场。在多重力量的共同影响下，中国城市空间和人类活动更具动态性、复杂性、多样性的特点，为我们开展多主体、多尺度、动态过程、主客观相结合的时空间行为交互理论与实践研究提供了得天独厚的机遇。

在时空间行为理论与方法引进中国的近30年间，学者开展了大量的理论与实践探索，并在不同地域、不同城市、不同人群中开展了大量的实证研究与验证，取得了丰富的研究成果，为应对当前我国城市发展所面临的生态环境保护、社会和谐公平与生活质量提升等问题提供了重要指导。特别是以2003年召开的“人文地理学学术沙龙”为标志，中国城市研究开启了正面研究时空间行为的新时代，开拓了以时空间行为与规划为核心的中国城市研究新范式；中国时空行为研究网络已经成为中国城市研究队伍中蓬勃发展的一支新生力量，并在城市研究与规划管理中崭露头角。然而，我们目前依旧没有一套能够全面系统介绍中国时空间行为研究与规划的专著。

唯有重视过往，方能洞察现实，进而启示未来。站在中国城市时空间行为研究新的起点，我们需要全方位地审视国际国内时空间行为研究的发展历程与未来方向，系统地梳理与解说时空间行为研究的理论基础、实践探索与发展方向，大胆创新中国城市研究与规划体系，打造国内外首套城市时空行为规划前沿研究丛书，为中国城市时空间行为研究网络发声——这也是我们出版这套丛书的初衷。

该丛书是国内第一套也是国际上第一次将时空间行为的理论、方法与规划应用集为一体的系列著作。本套丛书共包括 5 部著作：《时间地理学》与《行为地理学》是国内第一部时空间行为研究的入门书（也可以作为教材），系统解说时空间行为研究的基础理论；《城市时空行为调查方法》全面总结与详细说明各种时空间行为的调查方法；《城市时空行为规划研究》与《城市社区生活圈规划研究》是实证验证并实践应用时空间行为理论于城市规划与城市管理的前沿性探索。

“城市时空行为规划前沿研究丛书”将为对时空间行为研究感兴趣的研究者和学生提供理论、方法和实践经验。希望读者不仅能学习到时空间行为研究与规划的相关知识，而且能通过“时空间行为研究”这一新的视角以文会友，结识一批立志于城市研究与城市规划的学者。

柴彦威

2020 年写于北京

前言

信息化、全球化、机动化正在逐渐成为城市化与城市发展的重要推力，增强人类行为的复杂性，改变着我们的生活世界。时空间行为过程分析越来越受到城市地理学、城市社会学和城市规划学的关注，分析挖掘时空间行为特征及其与城市空间的关系已经成为当下城市空间研究的重要视角和热点问题。作为人文地理学的重要组成部分，行为地理学致力于从微观层面理解过程、理解认知、理解决策，在经历了崛起、衰落、复兴等历史过程后，逐渐成为一种方法论进入到城市研究的不同领域，并不断扩展其内涵和外延，试图去理解地理空间与日常生活的关系，塑造一个更加人本化、社会化、微观化以及时空整合的城市研究新范式。

中国经济社会发展已经进入"以人为本"的新型城镇化发展阶段，城市发展的核心目标正由经济增长、空间扩展逐步转变为社会管理的精细化与居民生活质量的提升。但是，城市研究依旧面临着"见物不见人"的困境，难以充分把握居民个体在日常活动中不断变化的空间需求，也难以应对城市快速扩张与流动性增长所导致的城市问题。在此背景下，基于时空间行为的视角来创新城市研究的理论体系，理解居民行为特征与决策机制，明晰空间与行为之间作用的因果关系，是当前中国城市发展转型面临的迫切现实需求。

行为地理学引入中国的20多年来，学者开展了大量的理论与实践探索，揭示微观层面上的个人生活经历与宏观层面上城市社会空间转型之间的动态相互作用，形成中国时空间行为研究网络，开拓了以时空间行为与规划为核心的中国城市研究新范式，取得了丰富的研究成果，并将这些研究成果广泛应用于规划实践中。以2003年召开的"人文地理学学术沙龙"为标志，城市研究开启了正面研究时空间行为的新时代，应用行为地理学方法从微观视角去理解中国城市转型的过程、动力和影响已经成为中国城市研究的重要力量。但是，中国行为地理学研究依旧面临着理论发展相对滞后的问题，亟须深入探索创新当代城市转型理论，为深入理解中国城市转型及其对城市土地利用和个体日常生活产生的重大影响提供理论基础。因此，如果要从行为的角度创新城市研究的理论与方法论，就有必要全方位地审视国际国内行为地理学的发展历程与未来方向。

本书是第一部由中国学者撰写的系统性介绍行为地理学的专著，聚焦于地理学行为论方法的内涵与外延，从行为地理学理论框架出发，力图全面介绍行为地理学的理论基础、发展方向与主要研究主题，以期从时空间行为的视角来理解个体、理解社会、理解城市、理解我们生活的世界。本书从理论与实践结合的角度全景式地介绍行为地理学研究演进，讨论行为地理学的过去、现在与未来，为对行为地理学感兴趣的研究者和学生提供理论、方法和实践经验。

本书由 15 章构成，第 1 章是行为地理学理论框架的总体介绍，第 2 章至第 3 章梳理了国内外行为地理学的发展历程，第 4 章至第 13 章从不同角度介绍了行为地理学的主要研究主题，第 14 章阐述了行为地理学的应用实践，第 15 章对行为地理学进行了总结与展望。全书由柴彦威负责总体策划与统稿，塔娜撰写了大多数章节的初稿，柴彦威与塔娜对全书进行了多次讨论与反复修改。其中，赵莹撰写了第 11 章的初稿，朱秋宇、林书亭、李红同学参与了本书出版过程中的文字编辑与图表整理工作。

在研究与书稿撰写过程中，我们得到了很多机构与人员的关照与支持。首先，感谢一直以来给予我们学术指导与支持的许多同行。感谢香港中文大学关美宝教授、香港浸会大学地理系王冬根教授、同济大学城市规划系王德教授、中国科学院地理科学与资源研究所张文忠研究员与高晓路研究员、南京大学建筑与城市规划学院甄峰教授、北京联合大学应用文理学院张景秋教授、中山大学地理科学与规划学院周素红教授、华东师范大学城市与区域科学学院孙斌栋教授、华南师范大学地理科学学院刘云刚教授等中国时空间行为研究国际网络的各位同仁。

我们还要感谢长期合作的北京大学行为地理学研究小组的所有人员。感谢刘瑜教授（北京大学地球与空间科学学院）、马修军副教授（北京大学信息科学技术学院）、刘志林教授（清华大学公共管理学院）、张艳副教授（北京联合大学应用文理学院）、张文佳助理教授（北京大学深圳研究生院城市规划与设计学院）、赵莹副教授（中山大学旅游学院）、马静副教授（北京师范大学地理学与遥感科学学院）、申悦副教授（华东师范大学城市与区域科学学院）、刘天宝副教授（辽宁师范大学城市与环境学院）、谭一洺副研究员（中山大学地理科学与规划学院）、肖作鹏博士[哈尔滨工业大学（深圳）建筑与规划学院]、毛子丹副研究员（中山大学旅游学院）、孙道胜博士（北京城市规划设计研究院）、郭文伯（牛津大学）、桂晶晶博士（阿尔伯塔大学）、陈梓烽博士（香港大学）、张雪博士（清华大学）、张乔棻博士、周洁、李鹏飞、谷志莲、吴逸思等，在此一并致谢。

最后，特别感谢东南大学出版社长期以来的大力支持，特别感谢徐步政与孙惠玉两位编辑的热情指导与各种帮助。

柴彦威　塔娜

2020 年夏季

目录

1　认识行为地理学

1.1　变化的时代与发展的学科

进入21世纪，地理流动性越来越成为塑造人地关系的核心要素，物流、能量流、人流、资金流和信息流形成的流动性网络正在改变着我们生活的世界（Urry et al.，2016）。当信息化、全球化、机动化逐渐成为城市化与城市发展的重要推力，“变化的星球与变化的城市”越来越成为社会科学界的共识。地理学界一直以来密切关注的不断变化的地球表层的重要特征和空间结构，以及人类与环境之间的相互关系，正日益成为科学和社会的核心内容。

经过20世纪的几个重要转向，人文化和社会化已然成为当今地理学科发展的重要特征之一，人文地理学的研究重点正在从人—地关系研究转向人—社会关系研究（Johnston et al.，1994）。解释人文地理现象的视角从自然因素、经济因素等转向社会因素、文化因素、个人因素等，研究的总趋势是从宏观描述性研究走向微观解释性研究、模拟与评估研究，地理研究的哲学基础走向多元化。在以人为本及后现代思潮的大背景下，人与社会的实际问题越来越受到关注（柴彦威，2005）。

行为研究正成为理解城市化与城市发展、城市空间与社会现象的关键（柴彦威，2005；Golledge et al.，1997）。分析挖掘时空间行为本身的规律与特点及其对城市环境及决策制定的影响成为当下城市空间研究的重要视角和热点问题。有关时空间行为决策与时空资源配置、日常活动空间、城市移动性、生活方式与生活质量、环境暴露与健康、社会交往与社会网络、社会空间分异、移动信息行为等新的城市研究思路，正指向一个更加人本化、社会化、微观化以及时空间整合的城市研究新范式。

本书以行为地理学为主题，介绍行为主体在地理背景中的认知、决策和行为特征。我们关注的焦点在于地理学行为论方法的内涵与外延，以便理解不同群体是如何在地理环境的影响下作出决策并发生行为的，以及这些群体在空间行为模式上的差异。我们希望通过行为的视角来理解个体、理解社会、理解城市、理解我们生活的世界。

1.2 行为地理学的核心概念

“行为地理学”一词是 Behavioral Geography 的一般译法，实际上行为地理学存在多种不同的理解。狭义的行为地理学是指基于实证主义行为论（Behavioralism）方法的行为主义地理学研究（若林芳樹，1985）。广义的行为地理学则包含了人本主义方法。本书所指的行为地理学为狭义的行为地理学，主要是指行为主义在地理学中的表现，即在考虑自然地理环境与社会地理环境条件下，强调从人的主体性角度理解行为和其所处空间关系的地理学方法论（柴彦威，2005）。

关于行为地理学，不同的学者有各自的理解。行为地理学的领军人物戈列齐指出，行为地理学将心理学的概念引进地理学，试图了解人们的思想、对环境的认知及空间行为决策的形成和行动后果，重视个人态度、认知、偏好对其空间行为产生的影响（Golledge et al.，1997）。并且，行为地理学强调认知过程对于决策与行为的塑造作用，因而也被称为“认知行为主义方法”（Cognitive Behavioralism）（Gold，2009）。另外，行为地理学是从行为的角度研究地理的空间分布的一门学科，“针对知觉和行为的所有地理学研究”都属于行为地理学的范畴（若林芳樹，1985）。虽然以上定义各不相同，但是其所表达的关于行为地理学的核心是一致的，那就是：探索地理环境下人的空间行为如何产生，在地理学内加入了对“人”的正面思考（柴彦威等，2008a）。

行为是本书的核心概念。在行为地理学中，我们所研究的行为是指以环境知觉为基础的人的内在生理和心理变化的外在反应（Walmsley et al.，1984）。这里的行为一定是可观察的、有目的的行为。我们需要区分两个基本概念，一个是空间行为，另一个是空间中的行为。空间行为是指“一系列有意识或者无意识的直接的生命过程，这些过程导致了随时间的地点变化”（Golledge，1981）。这个表述有些抽象，简单来说，空间行为就是发生在家外的、空间位移比较明显的个体在空间中的移动行为，最常见的就是购物行为、通勤行为、休闲行为。这也是 20 世纪 60 年代后期开始的行为革命影响下地理学研究的核心问题，更加关注家外行为、侧重描述行为过程、建立普适模型、寻求行为规律、探讨行为与空间环境的关系等。而空间中的行为则强调个体在一个区域中发生的所有行为，特别是包括家内行为和家外行为。这是20世纪90年代开始的行为地理学研究的重要转向，空间中的行为研究更加关心行为与空间的关系，追求不同行为与其环境的差异性呈现，强调行为规律的非普适性。

行为地理学研究的行为是在对外在环境信息进行知觉、评价（包括判断和选择）后作出决策而引起的，它包括知觉—认知—筛选—决策—行为的整个过程（Walmsley et al.，1984）。知觉或者感知（Perception）是基于感觉或者先验知识的对自身和世界的信念的高级获取，地理学家倾向于在事物如何被人们记住或忆起这样的研究中运用这一概念（Golledge et al.，1997）。而认知（Cognition）则是更大的概念，还包括了思维、学习、记忆、意象、语言、概念化、推理和解决问题的特定结构和过程（Montello，2018）。一般来说，认知指信息通过接收在头脑中被编码、存储和组织的方式，并与个人的积累知识与价值相适应（Golledge et al.，1997）。

决策和选择行为是行为地理学所强调的两种最重要的行为过程。决策（Decision-making）是个体形成行动意向的过程（Montgomery，1993），这其中包括信息搜寻、行为空间感知、调用认知地图和形成决策规则（Golledge et al.，1997）。决策往往与行动直接联系起来。而选择（Choice）是根据一定的规则进行的思考而后在内心中作出的反应（Golledge et al.，1997），它由之前的心理状态、事件和过程所影响。选择往往和偏好有关。

另外，人类的经验和决策也受到主观情感的影响。所谓情感，主要是指激励行为和为经历增色的精神状态，包括积极或消极评估，或享乐主义的成分，以及活动或唤醒的成分（Montello，2018），比如幸福、喜悦、悲伤、愤怒和恐惧。情感与个体行为之间可能存在相互影响的关系，因而也是行为地理学研究的重要方面。与之相关的另外一个层次是态度，态度是一种习得的倾向，表现为个体以一致的方式对某种状况进行反应，往往与行为意图相联系。

1.3 行为地理学的本质：空间与行为的关系

人文地理学的本质在于理解人类活动及其与空间的关系（顾朝林等，2004）。人类活动的定义非常广泛，涉及政治、经济、社会、文化、行为的方方面面。人类活动之所以受到地理学家的关注，在于它与地理空间之间存在着复杂的互动关系，导致我们所看到的不同地理现象的出现。对于人文地理学来讲，理解空间中的人类活动就成为其描述、解释和预测地理现象的重要目标。而如何理解人类活动与空间的关系就成为人文地理学研究范式的重要分异。

在空间与人类活动的关系中，空间与行为的相互作用就是其中很重要的方面。这里的行为主要是指个体行为，比如迁居、工作、社交、消费、出行等。而空间与行为的相互作用可能导致交通模式、土地利用、商业交换、个体变迁等结果。而行为地理学就是要从真实地理环境和精细尺度的角度对行为与空间的相互作用开展研究。这就意味着行为地理学的研究往往是非汇总的、微观的，尝试解决个体水平的行为分析而不是群体的分析。

行为地理学提出了一个理解空间与行为互动过程的理论框架（图1-1）。在理论构建层面包括空间对行为的作用以及行为对空间的作用两方面研究。研究立足于对行为的正面研究，在一定的社会、经济、制度、文化的背景下，行为主体对空间形成一定的认知与偏好，并受到来自时间与空间的各种制约，在客观制约与主观决策共同的作用下形成行为结果，将不同的行为空间投影到城市物质空间上以考察其相互关系以及合理性。在空间对行为的作用方面，侧重考虑空间的制约，通过人的行为空间透视空间的合理性；在行为对空间的作用方面，侧重考虑人的主观能动性，以及公共管理与规划部门的作用（柴彦威等，2017）。

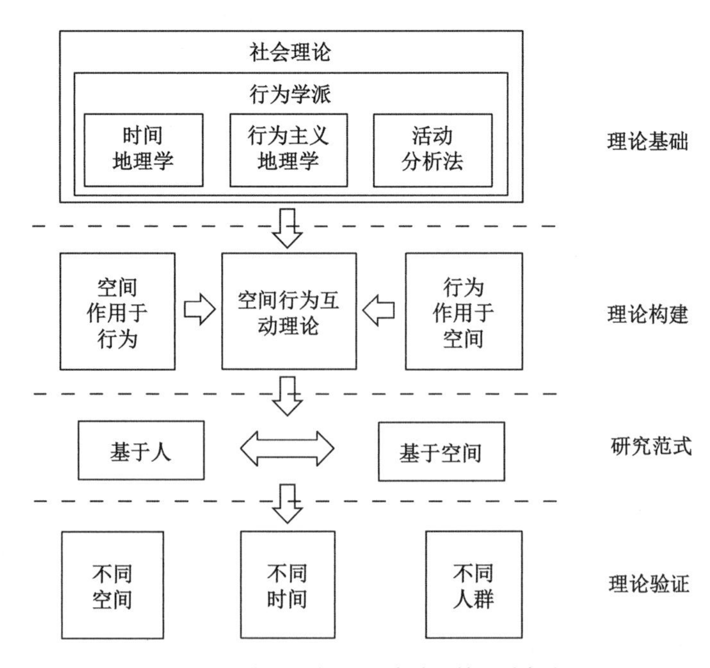

图 1-1　空间—行为互动过程的理论框架

在研究范式层面，关注基于空间（Place-Based）和基于人（People-Based）两种不同的研究范式。基于空间的研究范式强调空间这一地理学的核心思想与传统，认为空间位置提供了一种具有整体性和综合性的理解途径，例如在社区、城市、区域乃至国家等各个尺度层面上进行基于空间的分析。而基于人的研究范式则更加强调作为行为主体的人，采用微观个体的理论与方法，侧重于非汇总的研究以及在时空间中基于人的汇总分析。

而通过比较不同空间、不同时间、不同人群的实证研究，行为地理学也在不断地验证空间尺度的空间—行为互动模式的多样性与共性，验证时间尺度的空间—行为互动模式的阶段性与动态性，验证人群的空间—行为互动模式的特殊性。其中，空间尺度包含不同发展阶段城市之间的比较、城市内部不同社区之间的比较；时间尺度包含对居民日常活动模式的总体特征的变化研究及对特定样本的长年追踪；行为尺度包含整日活动模式、通勤行为、购物行为、休闲行为等；不同类型人群包括中产阶级、低收入群体、老年人、女性和少数民族居民等。

由于空间与行为的关系具有复杂性，行为地理学尝试创建不同的理论加以解释。其中一个最重要的理论方向就是认知/动机角度的分析，试图通过心理学的理论来理解个体的空间认知、行为的决策与选择过程（Golledge，1993a）。其重要的假设在于可观察到的行为是由个体的内心状态和决策过程所引起的。这也是行为地理学起源的初衷（Cox et al.，1981；Golledge et al.，1997）。而另外一个理论方向则强调制约的视角（Hägerstrand，1970）。个体行为不完全是自由选择，受到了时间、空间、生理和心理需求、社会关系、文化环境、社会结构等方面的制约。我们已经看到，后期的行为地理学开始融合主观的认知视角和客观的制约视角，从更综合的角度理解空间与行为的关系。

因此，行为地理学提供了一个基于行为的人地关系研究框架（图1-2）。首先，人通过对环境的感知，结合自己的偏好、态度、结构化知识、经验，形成行为意图。这一过程往往是行为科学与心理学研究的范畴。行为意图形成后，有可能表达为显在行为，但也可能受到环境制约被迫作出非本意的行为。行为地理学关注其中的认知与决策过程。一般来说，惯常、反复性的行为造就并影响了地理空间格局，而非惯常性、改善性的行为一定程度上改变了当前的环境。这就是行为地理学关注的行为对空间的影响。另外，外在因素可能导致周围环境时刻发生变化，生活环境不断改善，这是城市地理、城市社会研究的焦点。最后，不断变化的环境反过来影响行为者，这就是行为地理学关注空间对行为的作用机制。

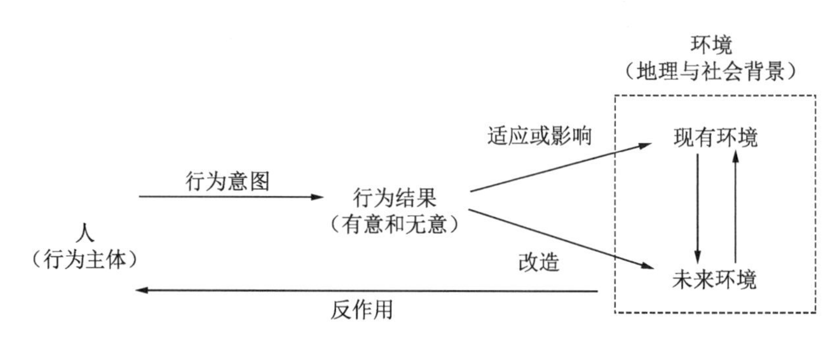

图 1-2　基于行为的人地关系研究框架

1.4　行为地理学的主要特点

作为一个独特的地理学方法论，行为地理学具有以下的重要特点（柴彦威等，2012）。

（1）强调行为过程。强调形态是地理学长期以来的传统，而行为地理学认为需要从过程上寻求对特定空间行为何以发生的解释，因而在其研究中更加关注人的主体性与主观认知、决策与选择，侧重人类行为与环境的过程性解释。其优势在于能够将有目的的行为和无意识的要素进行区分，以深入地探讨行为发生的原因（Golledge et al.，1997）。

（2）强调基于满意人的行为模型。原有的决策分析往往采用经济理性人模型，而行为地理学引入了满意人的假设（Simon，1957），在有限理性的基础上来讨论人的行为决策，并且将风险、不确定性、偏好等问题加入到行为解释中。

（3）强调行为环境。传统的地理学研究仅关注客观地理环境，而行为地理学提出，除了客观环境外还有人的行为环境的影响。所谓行为环境是只能通过间接手段进行研究的、存在于人们头脑中的认知环境。行为环境可能与真实环境存在差异，但却是行为决策的基础。另外，行为地理学还承认人的行为决策受到经济、政治、文化等多方面环境的影响。

（4）强调行为与空间的互动。行为地理学提出个体不仅对真实的物质和社会环境进行回应，同时也对空间进行重塑，空间与行为具有相互作用关系（柴彦威等，2017）。行为并不仅仅是一系列事件的最终结果，同时它也是新的开端，行为与空间应该是一个互动的关系。

（5）强调微观尺度、非汇总行为。行为地理学的研究中更加强调以个体为分析单元开展微观尺度的分析，因而在其研究中往往使用问卷调查等微观数据采集方法，并注重微观定量模型与质性方法的应用，以揭示微观特征与机制。

(6) 强调跨学科、多元化的地理学方法。面向行为这样一个跨学科的研究议题，行为地理学注重将心理学、社会学、人类学等学科的理论与方法应用到空间行为研究中来，形成跨学科、多元化的分析路径。

1.5 行为研究的方法论问题

人的空间行为研究需要综合考虑很多不同的方面，行为主义地理学研究中需要注意以下一些方法论的问题（柴彦威，2005）。

(1) 整体社会与微观个人的结合。社会科学中对人的行为研究主要通过两个尺度：个体层次上的微观研究和汇总层次上的宏观研究。而地理学传统研究往往注重宏观尺度而忽视了微观尺度，研究结果常常难以满足人们日益多元化、个性化的需求。而社会学中的生活行为研究多属微观研究，对人的行为有翔实的调查及富于逻辑性的说明，但由于缺乏宏观和空间的视角，其研究结果也很难应用到城市与区域管理中。因此，如何克服微观研究与宏观研究的脱节，将特定区域特定个体的微观研究扩展到整个社会的宏观研究中，并且把握好从微观到宏观，再从宏观到微观的研究方法，已成为人的行为研究的焦点。在微观层次上，需要细化到按行为主体、活动类型及时空间尺度进行分类后的应用性研究；在宏观层次上，需要深入到人类活动的时间规律与空间规律的整体认识。

(2) 长期行为与短期行为的结合。一般而言，可以观察到的居民行为多为一天或一周、一月的短期行为，并且这种短期行为带有一定的偶然性。因此，如何从这些短期行为中找出长期行为的特点，或者说这些短期行为与长期行为之间存在着怎样的关系，是困扰行为研究的一大难题。比如，城市节奏与个人生活节奏之间存在长期与短期相结合的问题。工业革命、城市化变革与技术创新等的结合产生现代工业社会的时间规律与空间规律，而绝大多数的居民活动遵从着这些时间规律与空间规律，从而形成城市的活动节奏。作为个人，既是城市活动节奏中的行为主体，同时也受历史所形成的社会、文化等的制约。

(3) 主观能动与客观制约的结合。人的空间行为，既是对环境感知的一种反应，又是在各种制约下的必然结果。因此，对人的行为的全面、彻底理解，必须要有来自主、客观两方面的研究支撑。而传统的行为地理学过于强调“空间认知—空间偏好—空间行为”的研究范式，而忽视了客观因素的作用。行为地理学最新的研究趋势则开始强调主客观结合，但是其整合是异常困难的，如何将主观的观点和被动的观点整合，仍然是行为地理学研究的难点。

（4）量化研究与质性研究的结合。量化研究与质性研究一直是人文地理学研究领域中的两大基本研究模式。实证主义指导下的量化研究成为“二战”后的主导研究方法，但由于难以对复杂和多元化的人类社会与心理现象进行深入研究而被批判。质性研究受到后实证主义 、批判理论与结构主义等哲学思潮的影响，吸收解释学、现象学、符号互动论等观点，在批判实证主义唯科学主义倾向的基础上，以知识的概念来包容更大的研究范围。质性研究是整体的、主观的、可解释的、具有描述与洞察特质的；量化研究则是演绎的、客观的、规范的、可控制的。

综上，我们提出一个空间行为研究的整体框架（图 1-3），在水平方向上是个体与群体的关系，在垂直方向上是人与空间的关系，反映不同的空间层次。不同的象限所研究的重点各不相同：第一象限是个体的行为空间研究，如住房选择行为、购物行为研究等；第二象限侧重特定空间特定人群的研究，如传统的社区研究及新兴的地方、场所等人本主义研究；第三象限为社会空间结构研究，如居住空间、社会地区研究等；第四象限为个体的活动空间研究，如日常活动空间结构研究。总体上看，第三、第四象限以宏观研究、描述性研究见长，地理学中的行为研究多属此类；第一象限以微观研究、解释性研究为特色，社会学中的行为研究大多可归于此类。从发展趋势分析，第三、第四象限与第一象限的研究的结合，是当今行为地理研究的最新动态，这意味着行为地理研究的两大方向：从宏观到微观，从描述到解释。

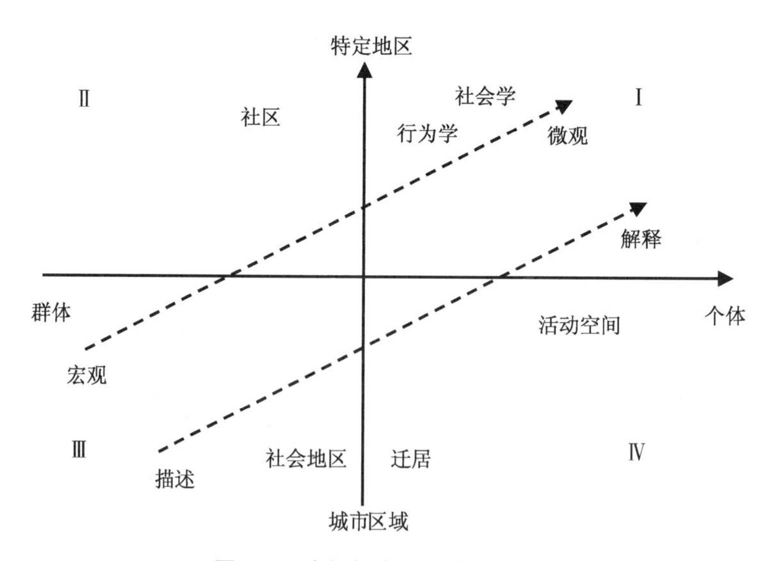

图 1-3　空间行为研究的整体框架

2 行为地理学的发展

要创造未来，必先理解历史。行为地理学的产生与20世纪60年代地理学对于计量革命的反思密切相关，在关注了过多的“形态”与“简化”后，理解过程、理解认知、理解决策就成为行为地理学发展的初衷。而一个学科的发展也必会受到其社会经济环境背景的影响，在经历了崛起、衰落、复兴等历史过程后，行为地理学逐渐成为一种方法论进入到城市研究的不同领域；并且其研究内涵和外延不断加深，理解地理空间与日常生活的关系就成为行为地理学的重要内容。本章从历史的视角回溯行为地理学发展的脉络，以理解行为地理学现今的发展趋势。

2.1 历史机遇

进入20世纪后，随着人类对世界知识的扩展，地理学研究越来越强调探索人文和自然环境的特定结构。在此背景下，寻找人类活动的模式以及承载这些模式的经济、社会和政治根源就成为人文地理学的重要目标。在计量革命的推动下，地理学开始从注重描述向强调理论转变，并越来越注重定量方法在地理分析中的应用。计量革命带来了一次地理学的理论革命（Golledge，2008），学界试图利用理论概念和模型来检验真实世界的人文地理现象。例如，人文地理学假设在“均质平原”上具有“四向平等的交通可达性”状态下，所有个人的行为特征是相同的并具有稳定性；借鉴微观经济学的理论，使用一系列无差异约束曲线和效用最大化曲线理解个体行为，认为行为结果仅取决于区位机会（Olsson et al.，1968；Golledge，2008）。在这样的背景下，传统的区位论和中心地理论都关注空间行为的汇总模式，尤其是经济活动区位、人流与商品流和特殊社会经济现象在密度或强度上的空间变化（Golledge et al.，1997；Argent et al.，2009）。

然而，随着社会的发展，行为主体的个性及其与地理空间的联系开始越来越为地理学家所认同。一方面，传统的区位论和中心地理论过于绝对的公理化特征暴露出与真实世界不符、对真实世界的预测能力低等缺点，计量革命的“简化”公理开始受到质疑（Olsson et al.，1968；Hudson，1969；Golledge，2008）。另一方面，激进马克思主义者开始质疑地理学固有的“几何学和空间统计性质的空间形态法则”的重要性（Harvey，2015），认为这是地理学长期以来未能建立深入理解空间结构形成机理的理论原因。因此，西方地理学展开了对学科发展的反思，而核心关注的议题成为地理学应如何定位自己在人地关系分析中的位置，用何种方法更好地解释空间现象、探究人与环境的关系。

另一方面，与行为有关的问题开始受到关注，学者开始尝试将人类行为与其外部世界的匹配条件进行分析（Golledge et al.，1972），感知空间方向、意象地图、想象的世界和自然灾害的感知等研究问题逐渐进入人们的视野（Gulliver，1908；Wright，1947；Hägerstrand，1957）。先驱者们试图通过实际活动与地理条件的关系来解释空间行为，并提出人类空间存在的主观成分和客观成分同样重要（Hudson，1969；Rushton，1969；Golledge et al.，1972）。学界的研究开始重视城市中进行日常交互活动的人，而社会、经济、文化、政治以及其他因素作为互动活动的制约应以行为背景的角色进行阐述（Golledge et al.，1997）。这可以看作行为论方法最初的理论思考。

2.2　行为革命

20世纪60年代，在不断吸收其他学科的经验和深入探索人类空间行为决策的过程中，行为主义学派开始逐步形成（Golledge et al.，1972）。行为革命的初衷并非要建立一个学科分支，而是在地理学的解释中增加行为变量，以提高对地理问题的解释力（Golledge et al.，1972）。然而，虽然很多行为变量已经在心理学或经济学中建立起来，但其与复杂的外部地理背景之间的联系依旧是未知的，需要大量的理论与实践工作。受到经济学“有限理性”“满意人”假设的影响（Simon，1957），地理学者开始尝试建立一个能够代替理性人假设的人类行为模型，并提出人的行为不仅受到供给、需求和距离衰减的影响，还受到个体的空间认知的制约（Gould，1963；Rushton，1969）。这带来两个方面的思想转变：一是通过人对环境的感知来强调人地关系，二是对决策以及决策者的目标、感知、动机的关注（Golledge et al.，1972）。大约到20世纪60年代末，地理学的行为论方法已经逐步建立起来，初期的行为论方法主要包括三个方面：（1）检验地方和景观对行为的影响；（2）检验对环境灾害发生的态度和人类行为的连续性；（3）检验决策过程和选择行为（Golledge，2008）。

行为主义学派成为该时期人文地理学的重要流派之一，对欧美地理学产生了深远的影响，甚至掀起地理学的“行为革命”（Cox，1981）。这一场声势浩大的“革命”为地理学带来了怎样的变局呢？之所以称之为“革命”，与之带来的新的“人”的模型密不可分（Golledge et al.，1997）。通过将心理学的理论融入到地理学中，行为地理学打破了地理学传统理论中对于人类行为模式的简单假设，而取代以新的假定：个人对空间信息加以有选择性的理解、学习、组织后进行行为决策，所产生的行为结果不仅取决于区位机会还取决于个人对空间的认知（Gould，1963；Olsson et al.，1968；Golledge et al.，1972）。城市空间结构和城市活动系统等空间现象的解释变量中，认知的特点与个体差异性便成为解释空间现象的一个新维度：个人的决策不再是用相同的效用曲线和约束曲线表示。这种对于“人”的理解就决定了行为地理学的研究更加偏重微观层面，更加注重个体、强调人的主体性，将地理学的研究从“汇总”扩展到了“非汇总”领域。

这场“革命”同时开拓了地理学关于人类空间认知和决策的新的研究领域（Golledge，2008）。行为地理学试图了解人们的思想、感观对其环境的认知及空间行为决策的形成和行动后果。以行为论方法为基础的空间行为研究测量并分析人们的态度和期望、风险和不确定性、学习与习惯的形成、决策与选择、地方偏好、认知地图以及获取空间知识的一般过程（Olsson et al.，1968；Rushton，1969），注重空间过程的成因及后果，不强调空间形态的建构，用计量方法来证实小规模人群的空间行为通则，重视个人态度、认知及偏好对其空间行为产生的影响。

从强调形态转向强调过程是行为地理学的另一个重要贡献（Golledge et al.，1997）。从过程上寻求对特定空间行为发生机制的解释，强调过程、主观认知、决策与选择。行为论方法认为空间行为可以通过认知过程进行解释（Golledge，2008）。并且，个体不仅对真实的物质和社会环境进行回应，也对其进行重塑。所以，行为并不仅仅是一系列事件的最终结果，同时它也是新的开端，行为与空间永远处于互动的过程之中（柴彦威等，2006）。

行为地理学理论基础的构建与最初的实践从计量革命的进程中汲取了营养（Couclelis et al.，1983；Golledge et al.，1997），早期范式下的大多数工作是在空间科学所设定的框架中、以实证主义风格进行的行为模式分析（Couclelis et al.，1983）。在理论方面，行为地理学尝试建立基于个人决策过程来理解空间现象的模型，从而取代区位论、中心地理论甚至微观经济学的汇总规范模型，其主要的理论贡献包括空间学习理论（Piaget et al.，1956；Siegel et al.，1975；Golledge et al.，1978）、空间认知理论（Stea，1969）、知觉理论（Gibson，1966）等。并且，学者将博弈理论引入决策过程的分析，提出态度和偏好可能影响选择，并进而导致空间行为后果（Gould，1963）。戈列齐则采用了学习与知识获取理论，分析决策过程的结构机制（Golledge et al.，1966）。这些理论的应用往往与传统的区位论相结合，在大尺度的地理空间分析中加以应用，其实践过程也往往强调计量方法与地理实验设计，甚至提出地理研究也可以在实验室的控制条件下模拟真实的日常行为（Golledge，2008）。在实证方面，密集的关于行为模式和影响因素的研究在美国和欧洲陆续开展，从认知地图（Gould et al.，1974）、消费者行为（Berry et al.，1963；Golledge et al.，1966）、迁居与迁移（Rossi，1955；Hägerstrand，1957）、认知与行为（Golledge et al.，1966）等方面开展了一系列的研究，并认识到经典模型可能无法全面理解人的行为模式。

行为革命对地理学的发展起到了重要的作用。一方面，行为地理学强调探讨有关个体人的行为模型，引发了地理学对人的决策及其行为发生的场所环境或现象环境的认识。另一方面，行为地理学侧重对人类行为与物质环境的过程性解释，而不是结构性解释，旨在展示心理、社会以及其他方面的人类决策与行为理论的空间特征，研究的侧重点由汇总人群转变为分散的个人与小团体。行为地理学方法在购物、迁居、住房市场、产业区位、农业、旅游业、休闲、归属感、犯罪、社区发展等诸多领域都有应用的潜能（Walmsley et al.，1984）。正如其领军人物戈列齐所述："它不仅完善和扩展了 20 世纪 50—60 年代计量革命的成果，而且在 20 世纪 70 年代后的地理学和其他相关学科的空间分析传统的发展中起到了重要的作用（Golledge，2008）。"

但是，我们也不得不承认，地理学行为论方法的引入从本质上来讲并没有带来一场巨大的变革，也没有使人文地理学的空间行为研究完全脱开空间科学的窠臼。事实上，行为论方法指导下的研究属于归纳性研究，寻求以归纳的方法修订这些传统研究的行为假设，找出行为规律，以用来预测或解释空间模式，但其目的是从运行中的行为过程里提出一般性的阐述，其研究领域很大程度上受空间科学学派的影响。

2.3 批判衰退

按照行为地理学最初努力方向的共识，即将先前的纯粹的空间归类和空间现象描述式的研究朝着理论深化和模型精细化转向，若能将认知研究与偏好—选择研究成功统合，便可实现基于微观个人过程的解释框架。但20世纪80年代，统一框架尚未出现，却出现了针对行为主义地理学理论基础的争论。

一方面，学科内部出现了分歧。一个主要的批判在于认为行为地理学对于心理与行为之间联系的简化倾向，如认知地图对于出行的影响往往没有学者假设的那样直接（Argent et al.，2009）。同时，学者提出认知和意象的研究过于偏向心理，强调自我中心的环境解释，未能与外显行为的解释建立关联，因此始终未能产生像微观经济学效用曲线那样牢固的理论演绎，后续研究也受到局限（Bunting et al.，1979）。而学者对于认知—行为研究的社会背景的关注也在加强，提出行为主体的研究不足以应对社会问题（Walmsley et al.，1984；Argent et al.，2009）。最后，行为地理学的方法论也受到争议，有学者认为其描述的行为模式通常是在宏观尺度的环境下，而其行为过程往往在微观尺度研究，因此，对宏观和微观尺度的分析给予不同的方法论可能导致分析尺度偏差（Argent et al.，2009）。

除了行为地理学家自身外，批判还来自于人本主义和结构主义的地理学派。作为人文地理学的又一次变革，马克思主义、结构主义和人本主义将人文地理学科分成新的人本地理学与“旧”的定量—空间地理学，并形成两个分支学科的对立（Portugali，2018）。而行为地理则处在两个主流的中间，其分析人类行为认知与主体性方面的研究更偏向前者，而其方法论无疑是定量的（Portugali，2018）。结构马克思主义指出，行为地理学完全依靠主观偏好的决策过程来解释空间现象是不合理的，忽视了其他可能的外界制约因素，特别是忽略了心理偏好与最终表现出的行为之间的不一致性（Cox，1981；Gold，2009）。而人本主义地理学家则攻击行为地理学的实证主义基础，强调其在主客观分离、事实与价值关系方面的问题（Gold，2009）。他们批评行为地理学只是把空间现象机械地对应于个人心理特质来解释，基于空间方位、距离等科学概念而试图推导出适用于所有人的普遍模型，因而仍然属于传统区位论的套路。他们认为行为地理学的实证主义基础使其在研究人与地方的问题时往往是去人性化和去人文化的；而人本主义地理学提倡的场所意义和现象学研究则把个人价值意义放在首位（Tuan，1974；Cox，1981）。

另外，对于“行为主义”一词的误解也成为行为地理学受到批判的主要原因之一（Golledge，2008）。这一强调认知行为领域的研究被某些批评者所误解，他们错误地把行为地理学的“行为主义”（Behavioralism）看作斯金纳式的行为主义（Behaviorism）和行为的修正（Golledge et al.，1997；Golledge，2008；Gold，2009），也常常对“认知”“感知”之类的词感到困惑（Golledge，2008）。

在上述批判下，行为地理学研究一度衰退，研究者纷纷向各自原先的研究传统复归（冈本耕平，1998）。然而，行为地理学的衰退，不应单纯看作“主义”之间的混战，更不是缘于个别学者的误解或中伤，根本原因在于西方人文科学对人类中心性的普遍关注，必然触及主观性与客观世界关系的哲学问题。行为地理学既然致力于“有人”的地理学，研究主体和被研究的对象之间不具有截然分开的边界，必然触发关于是否能够找到关于人的“终极真理”的深层思考，而思考的结果就是对是否可能构建出统一的行为过程理论框架产生怀疑。学者曾从认识论角度提醒行为地理学对把认知、偏好、选择的主观过程纳入科学实证主义框架，把主观个人和客观环境（社会）截然对立的处理可能是片面的（Cox，1981）。不仅如此，即便是三大“主义”之争，实际上也是在寻找主观与客观关系的新的诠释，同样说明了对“人”研究的复杂性和曲折性。在这种研究大环境下，行为主义地理学遭遇起伏在所难免。

2.4 融合扩展

构建统一的行为过程模型失败，并不能否认行为地理学的存在意义。到20世纪80年代，人文地理学呈现理论多元化趋势，在不同思潮互相渗透的背景下，行为论方法的研究仍具有强大的生命力（Golledge，2008；Gold，2009）。不仅如此，认知研究和偏好—选择研究之间分离增大，使行为地理学从个人行为全过程理论化的过分目标化解脱出来，产生了更多直接用于解决地理学现实问题的成果。行为地理学的后期发展逐渐出现融合扩展的态势，主要表现在三个方面：一是研究主题与社会问题的结合，探索不同群体行为决策与结果的影响机制；二是与认知科学结合，试图理解空间认知与空间学习的内在机理，探讨人与地方的关系；三是空间分析方法的引入，借助地理信息系统实现建模与可视化。

20世纪80年代中期，人文地理学对现实问题的关注开始增加，行为地理学与社会地理、文化地理和景观生态等领域的研究产生了关联，解决社会问题、付诸实践的指向性也不断增强（Aitken，1991；Golledge et al.，1997）。从理论方面，学者提出个体选择受到了预期阻力、社会规范等制约因素的作用，在制约作用下，在选择的不同阶段逐次淘汰个人不可接受的选择，最终剩下的选择即是实际行动（Desbarats，1983）。新的理论进展充分考虑了外界制约导致意愿与行动之间不一致，因此能够揭示个人面对环境条件的变动时的反应机制。由此可见，行为地理学已经具有解决社会问题的导向性，开始在行为决策产生过程中设想社会文化制约的存在，相比完全基于主观心理因素进行认知研究和选择模型研究又跨进了一步。在实证方面，戈列齐最先关注了盲人等残障者的行为地理学研究（Golledge，1993b），指出了以往研究假定个体是智力健全人的片面性。研究将行为的发生放到更大的社会结构背景中加以考察，萌发出社会弱势群体、女性、老年人等崭新视角（Hanson et al.，1991；Golledge，1993b；Golledge et al.，1997），使行为地理学不断活跃化。

随着心理学由人工实验室研究转向日常生活行为研究，以及对大尺度空间认知的关注度增加，以环境心理学为首的心理学分支与认知过程的地理学两者的联合研究开始增多。一方面，认知模式（Schemata）、体验现实主义（Experiential Realism）、内在情感（Embodied Cognition）等概念被广泛引入，扩充了地理学对于认知过程、认知与行为关联的认识（Kitchin，1996；Mark et al.，1996）。甚至有学者提出，行为地理学已经开始向认知地理学转变（Montello，2018；Portugali，2018）。另一方面，受到人本主义关于个体意义的观点的影响，把认知的研究发展到人如何接受外界信息、进而如何利用信息以实现空间中行为的立意上，更加深入于个人与环境信息之间关系的探索。通过引入交换主义（Transactionalism）重新分析人与景观的关系，运用皮亚杰心理学的"空间知识"重新认识空间知识的获取等核心问题（Aitken et al.，1988；Golledge，2002；Gold，2009）。

20 世纪 90 年代兴起的地理信息科学依靠其计算机技术的优势，为行为地理学提供了更广阔的研究前景。地理信息系统是通过计算机对地图进行建模和可视化表达，因此 GIS 与早期对空间知识学习过程的研究产生了呼应（Olson et al.，1997；Mark et al.，1999）。应用计算机建模，模拟空间行为、交通出行行为结果（Smith et al.，1984；Gärling et al.，1994）也取得了长足的进展。

可以说，作为人文地理学的一个分支学科，行为地理学的发展已经远远超出了学科的边界（Golledge，2008；Argent et al.，2009；Gold，2009；Argent，2016），而是将行为论的方法带入了地理学的各个领域，并极大地促进了地理学理论化与计量化的发展。

2.5 新的发展趋势

2000 年以来，行为地理学在融合创新的基础上探索新的发展路径。

（1）关注人类认知过程的部分逐渐转变为认知地理学（肖丹青，2013；Montello，2009a）。认知地理学的内容覆盖了空间知识、导航、空间学习、地理信息符号等多个领域，在认知地图、环境偏好、空间选择、人工智能、灾害感知、认知个体差异等方面都有了一定的发展（Friedman et al.，2003；Ishikawa et al.，2006；Portugali，2018）。通过与GIS的结合，在认知制图方面进行的大量探索，在可视化、空间化、眼动追踪和布局呈现等方面取得了丰富的成果（Montello，2009b；Portugali，2018）。

（2）对自身方法论的不断修正。在主观认知的基础上融入了制约因素的作用，将主客观融合作为行为决策重要考量（柴彦威，2005）。人的行为，既是对环境感知的一种反应，又是在各种制约下的必然结果。因此，对人的行为的全面、彻底理解需要有来自主观、客观两方面的研究支撑，将研究"能动的人"的行为地理学方法与研究"被动的人"的时间地理学方法结合起来。在实证研究中，学者对空间行为的主客观影响因素、空间行为中的情感与感知、空间行为与满意度等问题开展了多个国家的实证（Scheiner et al.，2007；Mokhtarian et al.，2008；Ettema et al.，2010）。

（3）从"空间行为"向"空间中的行为"扩展、从例外行为向惯常行为扩展，探讨日常生活中的行为问题（颜亚宁等，2008；Golledge et al.，1997）。近十多年来，学界强调"地理首要性"，人的活动和经验必须放入环境背景中来考察，个人的生活空间与行为研究需要正面地解答日常身边环境中的每人每事为何发生。行为地理学从"空间行为"逐渐转向"空间中的行为"，强调城市空间与人类空间行为之间的互动关系，将行为放入环境、社会、文化背景中来考察（冈本耕平，1998），将不同行为与环境加以差异性的呈现。同时，行为地理学的研究焦点逐渐从"例外行为"转向"日常行为"，无意识的、非探索性的、反复性的行为逐渐成为研究的首要任务，而临时或偶然的行为只是次要部分（柴彦威，2005）。

（4）通过与计算机科学的深度结合，行为地理学在可视化与分析建模方法上也有了快速的发展。一方面，随着西方城市越来越强调居民需求的中心性，行为论方法开始被用于城市交通规划研究中。GIS科学、GPS技术和ICT技术的发展也使新的数据采集方法和行为决策模型相继问世（颜亚宁等，2008），包括效用模型、结构方程模型、生存模型、计算过程模型以及新兴的各种微观模拟模型等（Golledge，2003；Arentze et al.，2004）。而人工智能、机器人技术、虚拟现实等信息技术工具也与行为地理研究深入结合（Torrens，2018）。

（5）应用导向研究增加。作为一门"使用非汇总的方法分析人类行为、强调空间决策塑造中的认知过程"的地理学分支学科，行为地理学也在不断探索其应用出口，在日常规划与管理实践中探索学科新的增长点（颜亚宁等，2008；Argent，2016）。不仅在店铺选择、住房选择、就业地选择、交通模式选择等传统领域的应用日益成熟化，而且在路线导航、位置服务、虚拟行为、灾害地图与避难行为等新兴领域也显示出行为地理学方法的有效性。可见，行为地理学的应用已走入平常百姓家。

然而，行为地理学发展至今，也面临着学科发展潜力不足的问题。一方面，行为地理学本身的理论与方法论已经比较成熟，很难有突破性的创新，而行为研究中涉及的心理、认知、行为、环境等多方面因素也需要跨学科的综合集成，却步履维艰。另一方面，正如上文所述，行为论方法越来越成为地理学与周边学科认识世界的一种方法论，融入到地理学的各个领域。但是与 20 世纪 70 年代的鼎盛时期相比，如今相对而言，很少有研究人员称自己为“行为地理学家”（Argent et al.，2009），因此，专门的讨论行为地理学的论著与会议数日渐减少、学术交流的活跃度在下降，学科带头人也面临后继无人的困境。可以说，行为地理学的未来面临着严重的挑战。

总体而言，行为地理学的发展经历了崛起、反思和融合扩展，逐渐从最初的狭隘的实证主义框架向更加多元化的方向发展，不断反思并重新认识自身的意义。“行为革命”促进了地理学对于微观行为过程与人的主体性的认同，为偏重“形态”的传统地理学研究带来了新的生机。而后期面对来自各方面的批判与误解，行为地理学不断调整理论假设和技术方法，在新的社会和技术背景下，寻找到更广阔的理论框架和实践外延。特别是近年来，行为地理学研究越来越关注现实的社会问题，与社会政策、福利地理等的联系越来越紧密，通过广泛的多学科融合更全面地解答人与环境互动关系的问题。从最初的回答“行为在哪里发生”的区位论思维，发展到关注人文现象与环境互动关系，最终回归到日常生活空间和社会中。

3 行为地理学的本土化

在过去的20年里，面对中国城市转型及其带来的各种社会影响，中国的城市地理学者和规划工作者已经开始尝试应用行为地理学方法来分析中国城市居民的时空间行为模式，揭示微观层面上的个人生活经历与宏观层面上城市社会空间转型之间的动态相互作用，并将这一研究广泛应用于规划实践中。本章较为系统地综述行为地理学在中国的研究进展。

3.1 中国行为地理学的引入与发展

3.1.1 学术交流

中国的行为论方法在经历了20世纪80年代的第一轮学习热潮后便进入了几乎无人问津的低潮期，直到近年的第二轮学习热潮的兴起。如果说第一轮的学习热潮是出于对西方行为地理学的初步介绍的话（张文奎，1990；海山，1997），近期的学习热潮则是国内经济社会发展及学科进步的客观需要。进入20世纪90年代，中国人文地理学界逐渐认识到科学主义主导的人文地理学研究范式的不足，受到西方社会科学研究方法论的影响，以人本主义主导的人文地理学研究范式逐渐形成（柴彦威，2005；方创琳等，2011）。

2003年，国家自然科学基金委地球科学部与国际合作局在南京大学组织召开了“人文地理学发展前沿问题学术沙龙”，其目的在于总结国际前沿，确定国内主攻方向。该沙龙成为中国行为地理学研究乃至中国人文地理学研究的一个重要转折点。2003年在南京大学以及2004年在中山大学、2006年在华东师范大学 、2008年在北京地理所、2009年在北京师范大学召开的“人文地理学发展前沿问题学术沙龙”上，关于中国人文地理学研究的走向成为讨论的焦点。尽管与会学者对中国人文地理学研究的价值取向、主导发展方向等有一定争议，但最终形成的一个共识是：长期以来以科学主义为主导的、重视自然人与自然地理环境之间相互关系研究的人文地理学已经开始走向以人本主义为主导的、重视社会人与社会地理环境之间相互关系的研究。西方人文地理学从20世纪70年代开始已经进入了这样的转折期，带着某某“主义”的研究已成为主流，而中国的人文地理学在经历10多年的摸索后也终于走向这一方向（柴彦威等，2006）。

2005年10月，由城市地理学、城市社会学、城市交通规划学为主的学者组成一个民间的“空间行为与规划”研究会，共同探讨基于行为的中国城市研究与规划，促进中国城市空间行为研究的发展，扩大行为论方法的社会影响，探索行为研究在规划与政策制定中的应用。该研究会已举办15次，会议规模和影响力不断扩大，聚合了一批感兴趣的学者和团队，成为行为论方法研讨的重要学术平台，极大地推动了青年学者对于行为研究的热忱和贡献（柴彦威等，2010）。

3.1.2 学科进展

历时二十多年发展，中国行为地理学取得了巨大发展。大量译著、专著、期刊专栏的出版，推动了行为地理学在中国的普及与应用创新。此后，由柴彦威主编的集中国城市空间行为研究与规划之大成的《城市·空间·行为·规划丛书》，综合体现了行为论方法在中国城市研究中的最新成果。同时，来自北京大学、同济大学、南京大学、中山大学等相关研究团队的成果专著陆续推出，一系列中国的理论与实践成果刊出。

数据采集和分析方法的演进是行为地理学研究发展的重要推动力。近些年来，微观个体行为数据的调查在北京、上海、广州等城市全面展开，调查内容涉及活动日志、消费行为、迁居行为等不同方面。特别是随着近些年信息技术的快速发展，以GPS、手机、网络为媒介的新型调查方法开始在部分城市开展，例如王德等在上海进行的网上世博参观调查，柴彦威等在北京进行的时空间行为GPS调查，黄潇婷等在颐和园进行的旅游行为GPS调查等。这些调查手段和技术的更新增加了行为数据的精细度和准确性，大大推动了行为研究的广度和深度。

与此同时，行为分析方法也逐步多元化，从单纯的统计分析逐步向模型、模拟、可视化等多元方法转变。学者们应用复杂定量模型进行大样本数据分析，结构方程模型、Logit模型等已经在行为地理学者的研究中得到广泛使用，使得行为研究从模式描述向机制解释、从单因素向多因素发展。并且，GIS三维可视化方法的引入促进了行为模式表达方法的提升。另外，在定量分析快速发展的同时，质性研究方法也被引入到行为研究中，生命历程访谈、住房行为与社会关系调查、认知空间调查等日益增多。可见，数据与方法的多元化促进了行为研究的全面展开和快速发展。

行为地理学的实证研究也在全国范围内迅速展开，引起了广泛的共鸣。行为地理学开创了从微观个体行为视角理解中国城市空间重构与制度转型过程的研究范式，从通勤行为理解城市职住空间结构、从消费者行为理解城市商业空间、从迁居行为理解城市社会空间等的实证研究不断增加。此外，行为地理学还关注城市中特定群体的生活活动空间，并与生活质量、社会公平及可持续发展等实际问题紧密联系起来。在旅游地理研究中，行为地理学方法在解决旅游者认知及决策过程、旅游者感知与旅游地意向、旅游地居民感知与态度等问题中得以发展。

与此同时，基于行为的研究在城市规划与公共政策制定等方面逐步得到了应用。例如，王德等通过对商业街中消费者行为时空特征的深入调查，运用行为模型和模拟方法，将行为研究应用于商店街规划与改造中（王德等，2014）；柴彦威等致力于行为研究的应用，从居民活动空间的角度分析居民与社区环境之间的关系，探索构建城市生活圈与城市体检的创新路径。

可见，在学术界的广泛关注和学者们的共同努力之下，中国行为地理学研究从理论、方法、实证、应用等方面全面展开，研究主题和研究内容日益丰富。

3.2 理论构建

3.2.1 西方行为地理学理论借鉴

中国行为地理学的建立得益于对西方成熟理论的引入和借鉴。大量理论文章已在同行评审期刊上发表，以介绍西方行为地理学中的关键概念、理论论据和经验发现（张文奎，1990；海山，1997；颜亚宁等，2008）。中国城市地理学界也介绍了西方行为地理学不同分支领域的进展，包括时空间行为、消费者行为、认知地图、居住流动性和住房选择以及通勤行为等（例如：柴彦威等，2004a；王茂军等，2007；韩会然等，2011；申悦等，2011；朱玮等，2011；刘望保等，2013；刘学等，2015；王灿等，2015；塔娜等，2016；申悦等，2018）。2013 年，北京大学行为地理学研究小组组织翻译出版了西方行为地理学经典教材《空间行为的地理学》（Spatial Behavior：A Geographic Perspective），这本书是对行为地理学的理论、方法、最新进展的全面介绍，以决策和选择行为为核心，广泛地探讨与个人、家庭和企业以及政府等众多主体有关的空间问题，从行为研究的发展历程、概念模型、社会环境变化、研究主题与最新议题等方面对行为地理学进行了详细的介绍和深入的分析（Golledge et al.，1997）。

3.2.2 中国行为地理学理论构建

除了介绍西方行为地理学进展之外，中国学者还提出了自己的关于中国行为地理学的理论思想。自 2000 年以来，中国的学术期刊发表了一系列由中国学者撰写的理论文章，将行为理论与中国的城市现实和规划实践相结合（柴彦威，2005；柴彦威等，2006；秦萧等，2013；柴彦威等，2013a，2013b；赵倩等，2013；周素红，2014；张文忠等，2014；柴彦威等，2017a）。自 2013 年以来，东南大学出版社出版了《城市·空间·行为·规划丛书》，展示了不同行为方面的实证研究以及行为研究在中国的规划应用实践（柴彦威，2014a，2014b；张艳，2015；赵莹，2016；申悦，2017；塔娜，2019；柴彦威等，2020；孙道胜等，2020；柴彦威等，2022；张文佳等，2022）。

行为地理学用以理解中国城市的理论框架已被广泛讨论。柴彦威（2005）提出，在中国的行为地理学框架中存在四个方法论问题，包括微观与宏观的整合、短期活动与长期活动的整合、主观与客观的整合，以及使用定量方法和定性方法的研究。通过研究城市的时空联系，周素红（2014）提出了一个理解社会空间问题的框架，认为应分析时空集聚、时空排斥、约束和可达性等概念，以了解城市空间结构。甄峰团队提出了大数据时代的人文地理研究的总体框架，认为随着流动空间的重要性提升，在城市规划和行为优化中应用行为方法和大数据可能成为未来研究的重要趋势（秦萧等，2013）。

空间与行为之间复杂的相互作用已经成为中国行为地理学研究的理论前沿。柴彦威及其团队讨论了如何在不同的时空尺度上分析城市空间与个体行为之间的关系（柴彦威等，2013a，2013b）。刘瑜等（2014）认为，应该在三个空间尺度上使用不同的数据来源和方法研究流动性，包括亚城市、城市以及城市间尺度。柴彦威等（2017b）进一步提出，需要构建空间—行为互动模型，指出需要系统展开空间作用于行为、行为作用于空间两方面的研究，并在不同时间、不同空间和不同人群尺度开展理论验证。

3.3 核心研究主题

3.3.1 理解居民行为模式

中国行为地理学发展的一个重要目标之一就是理解中国城市居民的

行为特征，这不仅包括空间行为模式特征的描述，还包括对选择行为与决策过程、机制的探讨。而通过城市居民行为模式的研究，可以为我们理解中国城市转型过程及其结果提供助益。

迁居行为作为一种普遍的经济和社会过程，对于迁居的个人或家庭、迁出地与迁入地以及整个社会而言，都具有重要的意义。行为地理学的迁居研究重视迁居决策和居住区位搜寻与选择过程（Golledge et al.，1997），形成独特的研究视角。北京大学行为地理学研究小组通过对北京、天津、大连进行的问卷调查和深度访谈，从微观层面分析了不同时期不同类型城市居民的迁居特征和机制，深入探讨了迁居行为与社会转型、空间重构的关系（柴彦威等，2002）。并且，很多中国学者深入研究了居民迁居行为的特征，提出人们从中心城区向郊区进行迁移是总体趋势。例如，冯健、周一星（2004）等探讨了北京市居住郊区化进程中的迁居行为、第二住宅与季节性郊区化等现象。也有研究从生命历程角度分析了居民迁居行为随时间变化的特征，分析不同年龄、不同户籍、不同背景和经历的人群迁居的一般性特征（古杰等，2013；王宇凡等，2013）。这些研究深入分析迁居行为与城市空间的关系，从微观视角诠释城市内部空间结构的变化。

通勤行为的空间格局是由城市地域中就业与居住的空间组织方式决定的，并且能够很好地反映城市空间结构的特征，行为地理学者对通勤行为及其所反映的城市空间结构特征进行了大量实证研究。已有研究分析了北京、上海、广州、天津、大连、深圳等城市居民通勤行为的基本特征（李峥嵘等，2000；周素红等，2006；张艳等，2009；孟斌等，2011；干迪等，2015）。学者们总结了 1949 年以来中国城市职住关系与通勤格局的变化，指出单位制解体、郊区化、单中心发展等对于通勤距离增加、机动化提升起到了重要的作用（Ta et al.，2017）。与时间地理学方法结合，学者们讨论了居民通勤弹性、通勤效率、日间变化等复杂性特征（申悦等，2012；Ta et al.，2016a）。另外，随着信息通信技术的迅猛发展，基于位置服务（Location Based Service，LBS）技术为研究城市时空间动态规律性提供了新的可能。高精度、长尺度、大样本、实时化的新时空间行为数据源开始被应用于通勤行为研究中。基于刷卡数据、出租车数据等，学者们对城市过剩通勤、通勤者特征等开展了研究，大数据对于理解城市通勤的整体性特征起到了支撑作用（龙瀛等，2012；周江评等，2013；许园园等，2017；张逸姬等，2019）。

非工作活动及其空间模式近年来受到了广泛的关注。首先，作为传统行为地理学的经典议题，学者在消费者行为领域进行了大量的实证探索。消费者行为研究为从微观视角检验城市空间结构提供了新的方法，发现大城市商业空间已经出现了离心化和多中心的趋势（王德等，2001；柴彦威等，2008b）。而且，学者对于中国城市消费者行为模式的分析也在加强，在消费空间特征（唐得昊等，2013；张永明等，2019）、夜间消费（柴彦威等，2005；陈宏飞等，2015）、网上消费（刘学等，2015；张永明等，2017）等方面都取得了较大的进展。其次，体力活动（姜玉培等，2020）、休闲行为（许晓霞等，2012；赵莹等，2016；齐兰兰等，2017）、旅游者行为（黄潇婷等，2015；赵莹等，2017；李渊等，2019）、非工作活动（代丹丹等，2017；曾屿恬等，2019）、出行行为（张文佳等，2008；陈梓烽等，2015；杨励雅等，2019）的空间特征、行为决策、人群差异等研究也广泛开展，对于理解中国城市居民的休闲特征提供了良好的基础。再次，随着 GIS 方法的引入和时空数据的丰富，关于居民活动空间的研究也开始受到重视（申悦等，2017；王波等，2018），研究涉及活动空间刻画（申悦等，2013；王波等，2014）、时空变化（王波等，2015）、群体差异（塔娜等，2017）等。最后，近年来，非工作活动模式的研究也引入了大数据分析，包括微博签到数据、出租车数据等都为研究居民非工作活动特征带来了新的机遇（王波等，2014，2015；刘瑜，2016；塔娜等，2020）。

学者们对不同行为的群体差异也开展了大量的研究，对于收入、性别、年龄、户籍等不同方面的分异都有了比较深入的认知。比如，对特定群体的居住迁移与住房选择的研究，从微观个体角度分析单位制度、被动迁居、流动人口城市化等宏观社会变迁（冯健等，2004；刘望保等，2006；柴彦威等，2009；王宇凡等，2013）。同时，关注日常生活维度，对居民日常行为中的性别、收入、户口、民族等维度开展分析，发现弱势群体面临着严重的时空制约和移动性困境（谭一洺等，2017；塔娜等，2017；齐兰兰等，2017）。这些研究对于理解中国城市的社会空间分异提供了新的视角。

但是，这方面的研究依旧面临着诸多挑战。一方面，已有研究多集中在单个大城市，对于中小城市、不发达地区城市和多城市对比的研究亟待开展。另一方面，大部分研究采用截面数据，缺少纵向数据和不同时间维度的比较。另外，对于中国城市居民行为研究的理论探讨亟待深入。

3.3.2 理解行为决策机制

通过强调居民个体和家庭的偏好与决策过程，行为地理学提供了一个分析社会与空间互动的有力工具。已有研究应用 Logit 模型、结构方程模型和其他定量方法检验了城市形态制约下个体的日常行为与住房行为决策过程。例如，随着住房改革的深入，城市居民住房选择的自主性和多样性增强，个人偏好和家庭属性开始成为居民住房选择的重要因素。这包括北京市（张文忠等，2003）、广州市（刘望保等，2006）、上海市（赵倩等，2013）居民的居住偏好和迁居决策的研究。在消费方面，消费决策（柴彦威等，2004b；张文佳等，2009a）、消费偏好（张文忠等，2006；党云晓等，2011）、商业街和综合体消费行为模式及其模拟（朱玮等，2009；王德等，2017）等方面的研究广泛开展，从不同角度分析居民购物行为空间决策的影响因素及决策过程，深化了对于居民行为决策的认知（柴彦威，2010；王德，2012）。

关于实际行为的影响因素的研究也受到学者的重视，特别是城市空间环境与行为之间的关系成为近年来研究的重点。面对长距离通勤及其相关的环境与社会问题，学者们将通勤与转型期城市空间的变化相关联，研究重点集中在城市居民职住分离（宋金平等，2007；孙斌栋等，2010）、空间错位（刘志林等，2011）、城市环境与通勤的关系（孙斌栋等，2015）等方面，将通勤行为置于居住郊区化、城市空间扩展、土地利用变化等宏观背景之下，分析通勤行为的影响机制。而在非工作活动方面，学者们强调社区生活圈建设和居民生活质量的关系，在消费行为（唐得昊等，2013；张永明等，2019）、社区周边活动（赵鹏军等，2018；曾屿恬等，2019）、活动空间（塔娜等，2017；赵莹等，2017）等方面开展研究，发现中国城市居民日常活动受到居住空间区位、建成环境、家庭结构、个人属性等多方面的影响。与交通地理学结合，学者们分析了城市建成环境对居民的出行距离、交通方式、出行意愿、出行效应等方面的影响（张文佳等，2008；陈梓烽等，2015；赵鹏军等，2016；杨文越等，2018；杨鸿麟等，2019）。

近期，对于决策过程的研究从单一行为的决策过程拓展到多种行为协同决策过程，利用多层嵌套 Logit 模型、结构方程模型等方法，极大地扩展了行为决策模型的适用范畴（张文佳等，2008，2009b；曹小曙等，2011；余建辉等，2014）。对于行为机制的探究未来依旧需要更多的实证探索，除了对空间维度的分析外，在居住自选择、主观偏好、行为交互等多因素方面也需要开展实证分析（Gärling et al.，1994；Scheiner et al.，2007；Mokhtarian et al.，2008；Van Acker et al.，2016）。同时，考虑到中西方不同的社会文化背景，开展不同国家的比较研究也具有重要的理论价值。

3.3.3 理解中国城市转型

改革开放后中国城市转型的范围和复杂性引起了国内外的广泛关

注。从 20 世纪 90 年代开始，学者们已开始探讨城市空间重构的过程与机制，从历史视角、积累体制视角、全球与地方视角、单位视角等多种角度对中国城市空间重构进行分析，已有研究注重体制转型的根本性影响，着眼于对转型过程中制度环境与制度安排以及主要行动主体的行动策略及其社会互动过程的分析（Wu，2002；Huang et al.，2009）。近年来，中国城市转型与空间重构的研究重点逐步转向对微观过程与机制的剖析，微观个体行为与城市空间之间的互动关系成为透视转型的重要切入点。行为地理学在这一方面具有得天独厚的优势，使城市研究者能够从个体日常生活经历的视角理解中国城市转型的过程和结果，成为理解中国城市社会转型的行为范式（柴彦威等，2011a）。当进行与出行目的地选择、出行频率、出行模式和其他时空行为模式相关的活动—移动决策时，个体居民必须适应不断变化的建成环境带来的制约。因此，行为地理学通过分析城市建成环境制约下的个体决策与城市空间重构机制，关注城市形态对于非工作活动出行、基于巡回的出行时空决策、家外活动决策等的影响，将单位解体、郊区化、行为偏好等作为解释城市转型的关键词。

中国行为地理学的另外一大特点就是探索以单位为基础的城市空间组织及其解体对于个体日常活动产生的重要影响。柴彦威早期的研究发现，在改革开放之前，个体日常活动空间被局限于单位大院中，单位大院形成了一个集工作、生活、服务于一体的自给自足的独立地域单元，中国城市的内部生活空间是以单位空间为基础的。但是，随着城市土地和住房的市场化进程，这种以单位为基础的城市空间组织逐渐解体，而单一功能、分区制的土地利用规划开始在中国城市中兴起，但是单位制仍然对通勤模式、出行模式、出行率、户外活动时间和其他时空行为模式产生着重大影响（柴彦威等，2009；周江评等，2013；柴彦威，2014a）；相比于住在商品房社区的居民，单位大院的居民的职住距离和通勤时间更短（柴彦威等，2009；张济婷等，2018）。可见，这些研究构成了中国特色的行为地理学。

此外，郊区化对个体时空行为的影响研究也是中国行为地理学的又一特色（申悦，2017；塔娜，2019）。学者对郊区居民的迁居、空间不匹配、非工作活动等行为模式及其影响因素开展了研究（冯健等，2004；宋金平等，2007；申悦等，2012；王宇凡等，2013；塔娜等，2017；曾屿恬等，2019），以全面理解中国城市的郊区化进程。

3.3.4 理解城市居民空间认知

作为行为地理学的传统研究内容，城市空间认知研究近年来逐渐在中国城市得以开展，在包括城市意象、认知距离、认知地图变形等方面取得了丰富的成果，但与国外研究相比，依旧相对薄弱。城市意象研究在中国开展较早，并产生了丰富的研究成果，学者们对北京、大连、重庆等城市进行了城市意象空间结构及其要素分析（冯健，2005；冯维波等，2006；李雪铭等，2010），发现城市意象要素因城市不同而有差异。相比较而言，距离认知、地名认知和城市空间认知扭曲、地形认知与空间行为的关系等研究起步较晚。一些学者将认知地图和 GIS 分析方法相结合，刻画了认知距离与认知地图特征（陈基纯等，2004；王茂军等，2009），分析了认知地图扭曲和认知距离形变及影响因素（薛露露等，2008a；申思等，2008）。还有学者将认知地图与决策分析相结合，分析了认知对于行为决策的影响（白凯等，2008）。这些研究从理论、方法和实证方面全面丰富了中国的空间认知研究。但总体而言，目前中国的认知地图研究领域依然相对狭窄，尤其是在认知地图扭曲以及认知地图的应用研究方面亟待加强。

3.3.5 基于行为的城市模拟与规划实践

近年来，城市学者和规划者开始认识到在中国城市转型期满足城市居民多样化需求的重要性，行为地理学在交通规划和管理、智慧城市总体规划、旅游规划和基础设施建设规划等方面开始进行实践探索。

基于行为方法的交通与城市研究强调以个体为分析单元，关注基于活动的出行需求和出行决策的时空制约。行为地理学方法在商店街规划（朱玮等，2009；王德等，2017）、大型场馆客流预测（王德等，2009）、社区规划（塔娜等，2010）、行为规划（肖作鹏等，2012）、旅游规划（黄潇婷，2013）、交通管理（古杰等，2012）等方面都显示出了有效性。

同时，行为地理学方法也被运用于中国智慧城市规划与管理之中。北京大学联合北京交通发展研究中心、清华大学等共同承担的国家“十二五”科技支撑项目课题“城市居民时空行为分析关键技术与智慧出行服务应用示范”，旨在整合多源时空行为数据，进行时空间行为的数据挖掘与时空行为模拟，在北京市内的示范区建立智慧出行服务平台，以此从个人行为地理学的视角促进智慧城市的规划和管理（柴彦威等，2014）。

3.4 新的研究议题

行为地理学自 20 世纪 90 年代引入中国以来已经成为中国城市地理

学的重要研究领域。经过 20 多年的发展，中国城市行为地理学已经形成了鲜明的特色。第一，将微观层面的时空行为模式分析置于城市宏观层面的制度转型和空间重构中进行解释，加深了对于中国城市社会转型及其机制的理解。过去 20 年取得的成果表明，应用行为地理学方法从微观视角去理解中国城市转型的过程、动力和影响已经成为一种非常重要的范式。第二，中国的行为地理研究从选题上也越来越关注中国城市发展中的社会前沿与热点问题，关注生活质量、社会公平与可持续发展。第三，中国行为地理学研究与社会需求紧密结合，致力于推动行为研究在规划领域的应用，已经成为服务于中国城市规划、创新理论与方法演进过程中的重要方向。

然而，虽然中国的地理学者在行为地理学中已经取得方法论上的巨大进步，但是在这一领域理论上的发展仍显滞后。尤其是在中国从计划经济向市场经济转型的过程中，行为地理学如何创新当代城市转型理论，已经成为亟需回答的科学问题。在西方资本主义市场经济背景下发展起来的现有城市理论并不能充分解释中国城市转型过程及其对城市土地利用和个体日常生活产生的重大影响。因此在这种背景下，行为地理学就需要更多地关注中国城市的理论建构。

面对城市研究前沿和社会发展趋势，中国行为地理学近年来也展示出了一些新的发展趋势，应用行为方法分析城市社会、经济和环境问题。

首先，基于活动空间来分析社会空间隔离问题是近年来国际城市社会空间研究的新热点。在流动性日益增强的背景下，仅关注居住空间是无法全面理解社会空间隔离的，还需要考察居民在日常生活中面临的分异与隔离问题（申悦等，2018；Kwan，2012；Wang et al.，2012）。一方面，学者采用多种方法刻画了不同群体的活动空间隔离特征（张艳等，2014；Wang et al.，2012；Tan et al.，2019），并关注不同社区、不同户口、不同收入群体的活动空间分异差异，提出弱势群体在移动性上面临的困境（申悦等，2013；齐兰兰等，2017；塔娜等，2017；张济婷等，2018）。另一方面，随着中国城市居民行为自主选择的增强，学者们提出不同群体生活方式的差异可能形成时空行为的多样性，并分析了不同生活方式群体的具体差异（塔娜等，2015a；塔娜，2019）。然而，如何刻画中国城市居民在日常工作、消费、休闲和其他生活空间中面临的社会空间分离依旧面临着重大的挑战，在指标选取、方法选择、空间可视化、机制分析等方面都需要进一步的深入研究。

其次，社会网络对空间行为的影响研究也是现今研究的热点，家庭内部互动和扩展的社会网络关系都会影响个体行为模式，但是对于中国城市的研究尚不多见。一方面，计划生育政策不仅对中国的人口结构和家庭结构产生了深刻的影响，而且也会影响行为的性别和家庭结构差异，学者们分析了家庭内部的相互作用、家庭结构与行为的关系等方面（张文佳等，2008；Feng et al.，2013b；Ta et al.，2019）。另一方面，社会网络对居民非工作活动、联合行为的影响等方面的研究也受到学者的重视（曾屿恬等，2019；Lin et al.，2014；Zhao et al.，2016）。未来，个体、家庭成员和社会网络成员的关系可能会形成更为多样化的活动—移动模式，导致更为复杂的社会需求和出行需求，亟待开展相关的研究。

再次，出行行为与健康之间的关系越来越受到健康地理学和行为地理学的关注，行为地理学者强调需要从个体日常生活面临的地理背景来分析居民健康危险暴露的可能性（Kwan，2012）。一方面，研究社会与地理背景对个体行为和健康风险暴露的影响，考察个体活动与出行中面临的PM2.5暴露及群体差异（郭文伯等，2015；马静等，2017）。另一方面，逐步展开行为与身体、心理健康、主观幸福感的关系研究，考察日常行为对个人生活质量的影响（关美宝等，2013；王丰龙等，2015；陈曦等，2019）。随着“健康中国”和健康城市的理念深入人心，更多关注行为与健康方面的研究需要在不同时空背景下深入开展。

最后，在机动化与全球气候变化的背景下，行为与环境污染之间的关系也是目前研究的热点。如何通过减少交通碳排放以实现全球变暖减缓的目标，成为学者们研究出行行为与相关碳排放问题的核心目标之一。大量研究分析了城市空间对个体行为的影响，而另一些研究则使用了复杂模型分析建成环境、出行与碳排放之间的关系（马静等，2011；龚咏喜等，2013；杨文越等，2018；荣培君等，2019）。未来，基于微观视角分析城市空间与行为对环境污染的影响机制和模拟依旧需要更多的实证探索。

此外，尽管已经取得了巨大的技术突破，但是目前中国和西方的行为地理学者仍面临着一些共同的挑战。比如，尽管高质量的时空行为数据采集已经成为可能，但是在何种程度上更多的数据能够带来更好的信息仍不得而知。尽管大样本、高精度的时空行为数据能够使我们对时空行为模式进行更精确的地理可视化，但是这种模式的解释如何能够加深我们对于个体时空行为和城市转型过程之间相互作用的理解仍需要探讨。最后，尽管行为地理学方法在理解城市空间方面很有影响，但是这种研究方法如何使城市规划实践更加强调城市的社会和环境问题仍然是规划应用面临的重要挑战。

4 活动分析法

交通行为分析与交通规划学是居民行为研究的重要领域，早期以出行分析法为主，后来在行为革命的影响下，加入了社会学及地理学的分析方法后，便发展演变为活动分析法。活动分析法是将活动与出行联合进行分析，强调城市居民为了满足特定需求在特定时空间社会制约下参与的活动—移动行为，以及与所属社会团体的其他成员在活动—移动行为上的相互作用过程。本章较为系统地介绍活动分析法的形成、核心概念、方法特点、研究内容和实践应用。

4.1 重视活动与出行关联的活动分析法

4.1.1 广义与狭义的活动分析法

基于活动的分析方法（Activity-based Approach），也称为活动分析法。该方法有助于评估为了改变城市环境而制定的政策，更好地描述城市被其居民使用的情况。在理论及时间预算记录的指导下，人类活动分析法提供了概念性的指导方针，把行为模式和城市空间组织联系起来。由于活动分析法在交通规划的出行行为建模和出行模式分析中具有最为直接的应用潜力，因此，城市交通领域基于对出行行为的研究发展出狭义的活动分析法的概念，即“在一系列活动的背景中考虑个人或者家庭的出行模式，同时强调时间和空间制约在出行行为中的重要性”（Kitamura，1988）。

活动分析法对于交通出行提出了一系列新的认识与概念（Jones et al.，2014）：（1）影响活动参与的因素是多方面的，诸如需要休息与用餐等生理性因素、职业特征或者家庭照料等社会经济角色，以及个人的决策偏好（如特定的休闲活动）等都与活动参与决策相关；（2）家庭生命周期是家庭活动移动模式重要的影响因素；（3）活动与出行的时间决策以及日程要求对于研究制约条件下的行为选择与解释活动模式具有重要作用；（4）整日日常时间预算是重要的制约因素；（5）需要深入理解人们的互动以及交通出行中的多人联合决策；（6）信息通信技术或其他近家的灵活安排活动对交通出行具有替代效应；（7）个人出行的发生取决于家内与家外活动的综合平衡与出行链模式及其复杂性的选择安排。

在行为地理学中，人类活动分析法被推广到更为广泛的层面，而不仅仅局限在出行行为的研究上。广义的人类活动分析法是指通过居民日常活动规律的探讨来研究人类空间行为及其所处城市环境的一种研究视角。也就是说，通过日常活动的研究，将城市居民的行为放置于一个大尺度的环境中以及时间—空间相结合的背景下；同时，通过城市空间行为的观点将城市看作是一个个人活动、行为、反应和交互的集合，用“发生了什么”的问题而不是土地利用类型的数量特征来描述和研究城市。因此，活动分析法的目标即是通过研究人们如何利用城市不同区域、如何对其选择环境进行反应、如何安排其活动顺序并且分配相应的时间、如何将这些与环境变化相联系等相关的规律和机制，从而更好地评价那些改变城市环境的若干政策措施。其中，这四个问题正是活动分析法研究的主要内容（Golledge et al.，1997）。

4.1.2 活动分析法的发展

在20世纪60年代以前，活动与移动的考察是被隔离在不同的领域和方向中进行研究的，活动主要集中在社会学与城市地理学领域，而移动则主要集中在交通规划和交通地理学的研究中。活动分析法的理论基础来源于20世纪70年代的活动动机理论和时间地理学理论框架。蔡平的研究强调了隐藏在家庭活动系统背后的活动动机的社会学分析，明确指出时间和空间对行为模式的影响（Chapin，1974）；而哈格斯特朗则提供了时空间制约下活动选择的决策机制框架，指出了对活动参与产生影响的三种制约：能力制约、组合制约和权威制约（Hägerstrand，1970）。

在交通规划领域，英国牛津大学的交通研究小组于20世纪70年代中后期开始对活动分析模型进行系统研究，寻求对出行行为的深入理解，而不是急于建立一种具有预测功能的模型（Jones et al.，1983；Timmermans et al.，2002）。20世纪80年代，活动分析法研究在基础理论研究方面已变成一个活跃的研究领域，它强调移动出行是活动需求的派生，且由于土地利用是活动行为的载体，交通系统则成为移动出行的载体，通过对活动和移动行为的研究可以赋予综合土地利用与交通一体化规划的行为机制。进入20世纪90年代，随着IT技术的发展，特别是GIS商用软件的普及，行为分析方法从学术走向实用，英国、瑞典、荷兰等西欧国家的学者和规划人员成功地开发了一些用以指导当地城市用地和交通规划的活动分析模型（Ben-Akiva et al.，1998；Arentze et al.，2000；Roorda et al.，2008）。在应用层面上，活动分析法认为，城市居民的出行需求是居民为了满足个人或家庭需求，参与在相隔一定距离的场所上发生的活动而派生出来的一种需求，而不仅仅是为了出行而出行。

在地理学领域，20世纪70年代后，人文主义和激进主义地理学对区位理论等计量—空间地理和机械行为主义进行批判，前者强调人本身的行为体验和经历理解，寻找主观“知性”而非因果联系；后者强调因果社会过程，关注结构对“社会人”的影响（Eyles et al.，1978）。在这些哲学思潮的影响下，人的生活行为经历与社会结构的制约及其之间的联系，成为“后计量”时代实证分析的主要方面。行为地理学的提出及其发展将行为过程的描述和解释提升到一个重要的层面，也是活动分析法的重要理论基础。

4.1.3 活动分析法的核心概念

认识活动分析法需要先理解一下核心概念。活动是在某一个位置上进行的主要事务，可以分为维持生存的活动和维持生活的活动，或者分为强制性活动和自由活动，在活动分析法的框架下被作为一种常规发生的习惯行为。而活动模式则通过时间预算、活动发生的地点及其之间的出行所定义，城市居民日常活动空间形成城市活动系统。“如何描述和解释城市中的生活方式：人们如何完成不同的日常事务、扮演不同的角色并具有自己独特的态度”是活动模式研究中的核心问题（Chapin，1974）。

移动是按照出发地和目的地的空间位置，分为出行（Trip）和巡回（Tour）。出行是指开始移动和终止移动的位置发生变化，活动分析法认为出行是活动派生的需求，将与家庭中的个人为了满足特定需求而进行的一系列活动联系在一起；活动和出行在时间、地点和参与者方面是相互关联的，同时又是发生在时空和有限资源制约下的环境之中。而巡回则指开始移动和终止移动的位置不变，活动分析法注重分析一系列有序的活动与出行按照先后顺序依次连接起来的全过程，即注重对于巡回的分析（Krizek et al.，2003）。

活动—移动行为（Activity-Travel Behaviors）是指居民某个时间片断所有活动和移动需求的产生、实施和反馈的过程中的行为表现。活动—移动行为强调日常活动与活动之间、活动与出行之间、活动与行为决策点之间的联系，往往包含两个层次的行为特征：一是行为决策点，例如出发时间、目的地、交通工具等决策点；二是行为结果束，由多个决策点连接而成，例如工作时间、通勤距离、出行链、巡回等行为结果。这两个层面的行为特征被统称为行为事件（Episode）的两个方面，而行为决策点和行为结果束组合成为活动—移动行为模式（Pattern）。在城市层面，活动分析法把居民活动及其派生的移动（简称为活动—移动）行为综合起来成为可能，从而能够把城市活动系统和出行系统结合起来，形成城市活动—移动系统（Urban Activity-Travel System）。

4.2 活动—移动行为及其与城市空间的关系

4.2.1 理解活动—移动行为

城市居民活动—移动系统的基本研究对象是活动—移动行为，而活动分析法认为，活动比移动研究更加根本、更加深入。早期的活动—移动行为分析主要侧重于客观行为，即验证环境因素与社会经济属性对活动—移动行为发生的影响，探寻其间因果联系（Chapin，1968；Pas，1984；柴彦威等，2006）。已有分析主要集中在活动和移动的基本属性上，例如活动类型、出行交通方式、时间和频率，以及活动链和出行链属性等，表明活动—移动行为的因素主要集中在个人生命周期属性和社会经济统计属性上（Jones et al.，1983；Pas，1984；Hanson et al.，1991；Golob et al.，1997；Timmermans et al.，2002；Buliung et al.，2006）。同时，学者们对于巡回的研究将居民的出行放在大的活动背景下，将出行与出行、出行与活动的联系共同考虑，对城市空间与巡回的关系、基于马尔科夫链的巡回分析以及固定性活动对非工作活动的影响开展研究（Adler et al.，1979；Kitamura，1988；Krizek et al.，2003；Schwanen et al.，2008a），以理解个人社会经济属性及家庭结构特征对居民日常活动巡回的影响（Golob et al.，1997）。

随着活动—移动行为决策过程研究的深入，以及决策建模技术的发展，侧重主观行为的过程分析在近十年的活动分析法中占据了主导。决策过程分析关注活动发生和日程安排的整个过程，包括整日活动模式（Daily Activity Pattern，DAP）、活动的时间、目的地与出行方式等的选择（Wen et al.，2000；Vovsha et al.，2004）。整日活动模式的选择，是由长期的个人生命周期阶段和短期的活动需求共同决定的，包括日常主要活动类型、一日的总体巡回类型、含有次要活动巡回的次数和目的。活动的时间选择，包括开始时间和持续时间，当整日活动模式确定下来后，需要决定从家出发参与主要活动和次要活动的出发时间、持续时间，以及活动的时长。而当整日活动模式与各活动时间的选择决策完成后，剩下的就是选择主要活动和次要活动的目的地和交通出行方式。学者提出，行为发生的冲动和刺激并不是由于环境因素所造成的，但是其决策和反馈过程却受到环境因素和社会经济属性等的影响，具体实证分析往往把每个层级进行细分。

活动—移动行为的研究中，学者们强调家庭可能是解释联合决策制定行为的最基本单元。首先，学者们提出家庭的社会人口统计学属性会对个体活动—移动行为产生影响。比如，成年人的年龄和性别、小孩数目和年龄分布，以及家庭成员就业状态等都可以反映家庭结构，而且家庭成员的角色既要满足个人需求也要满足家庭整体的要求；收入、汽车拥有情况和驾照拥有情况等资源限制条件都影响家庭结构，以致塑造不同的活动—移动行为（Chapin，1974）。其次，家庭成员之间的相互作用也是活动—移动行为的重要影响因素。相关研究表明，家庭中妻子参与的工作和生活活动与有没有孩子或孩子岁数密切相关（Jones et al.，1983；Golob et al.，1997）。一方面，部分研究关注家庭内部成员类型（包括男女家长划分，不同家庭角色划分，不同功能划分等）与活动类型之间的时间分配，认为通过这种时间利用结构和家庭成员结构的关系就可以反映家庭内部不同类型成员之间的相互作用，间接挖掘家庭联合选择的相互作用联系（张文佳等，2008，2009a；Golob et al.，1997）。另一方面，一些研究关注联合活动和独自活动的时间分配、任务分配等直接对联合决策的影响（Fujii et al.，1999；Gliebe et al.，2005；Fu et al.，2018）。学者们提出，家庭联合决策行为或者家庭内部选择是家庭在资源制约（汽车分配、时间分配）和活动需求（任务分配、活动日程安排）的要求下，分配不同的家庭成员进行不同的活动，以满足家庭的需求（生存性、维护生活性和休闲性）的选择决策制定过程；它同时受到外部环境、城市特征和政策制度等因素的影响。

4.2.2 活动—移动行为与城市空间的互动关系

活动—移动行为与城市空间的相互作用，一方面强调城市空间对行为的影响，把城市空间划分为城市形态和交通系统，并量化为居住位置、活动区位、土地利用程度、区域形状、路网结构、距离、人口密度、就业密度和住房密度等因素，以分析其对居民活动—移动行为的作用；另一方面，这也反映在活动—移动行为的安排和发生对城市空间的作用中。

首先，城市形态、土地利用或者建成环境都会影响到交通系统的类型和成本，以及居民的日常生活，包括活动和出行。从 20 世纪 80 年代开始，城市空间对居民活动—移动行为，特别是交通出行行为的影响研究不断增多；20 世纪 90 年代以来，这已成为学者们和规划师最关注和激烈讨论的主题之一。早期检验土地利用与活动—移动行为的研究大都集中于相对宏观单元上的分析，从整个城市到交通来分析小区。比如，在城市尺度对城市结构与整日活动模式的关系的分析（Timmermans et al.，2003）。而随着对活动—移动行为的认识加深，小尺度微观研究则越来越受到重视，例如，社区建成环境对巡回模式的影响（Chen et al.，2008；Ding et al.，2014；Lee et al.，2017）。另外，不同地理尺度差异的重要性成为学者们讨论的焦点。譬如，家庭的出行可能受到两方面因素的影响，分别是家庭居住的社区邻里特征，即本地可达性，以及社区在更大区域范围内的区位，即区域可达性（Handy，1993）。其中，区域可达性被定义为大都市区的区域结构，往往通过区位、活动类型、活动数量等变量衡量；而本地可达性则被定义为小区周边的活动供给。并且，土地利用政策可以对交通系统起到有效的影响，且在社区邻里的尺度上更加奏效（Knaap et al.，2005）。

行为对空间的影响主要体现在人们为获得满意的活动而不断调整活动空间，首先是选择日常的活动空间，例如购物、休闲等活动；然后调整长期的生活空间，例如居住、工作地点；在选择的过程中对城市空间（包括物质和社会空间）进行了重构，从而影响城市空间的组织结构（Ben-Akiva et al.，1998）。个体对活动空间的满意程度表现在两个方面，社会和地理空间上日常活动路线的满意程度、对活动地点周边的社会和物质环境的满意程度（Chapin，1974）。这些综合的满意程度会成为空间调整的“推力”。同时，人们在调整活动空间的过程中会产生剩余的空间，这种“滞后”的供应加上城市中新的空间供给会成为吸引行为调整的“拉力”。在获得满意度的“推力”和空间供给的“拉力”的共同作用下，会达到一种动态的均衡。通过这个相互作用过程，深入理解城市居民的活动—移动行为系统，便能更好地理解城市空间结构的变化。

活动分析法的出现使得活动—移动行为在不同时空间维度上的讨论成为可能——在时间维度上把日常活动和生命周期中的长期活动联系起来；在空间维度上通过活动和移动的关系把不同活动空间联系起来——从而使得对微观个人理想活动空间的获得过程更加清晰。然而，活动分析法对空间供给的“拉力”分析却仍然不足，时间地理学的发展和陈述偏好分析的深入在某种程度上弥补了这方面的缺陷。

4.3 活动分析法的模型发展

活动分析法模型一般来说包括单功能模型和综合模型两方面(Timmermans et al.，2002)。前者是指单纯关注活动—移动模式中某一侧面的简单模型，例如考察活动时长与时间分配的模型，考察出发时间决策的模型，以及考察出行链的模型。后者则是指可以同时考察多个侧面的综合模型（图 4-0），包括制约模型、决策模型和关系模型（张文佳等，2009b）。

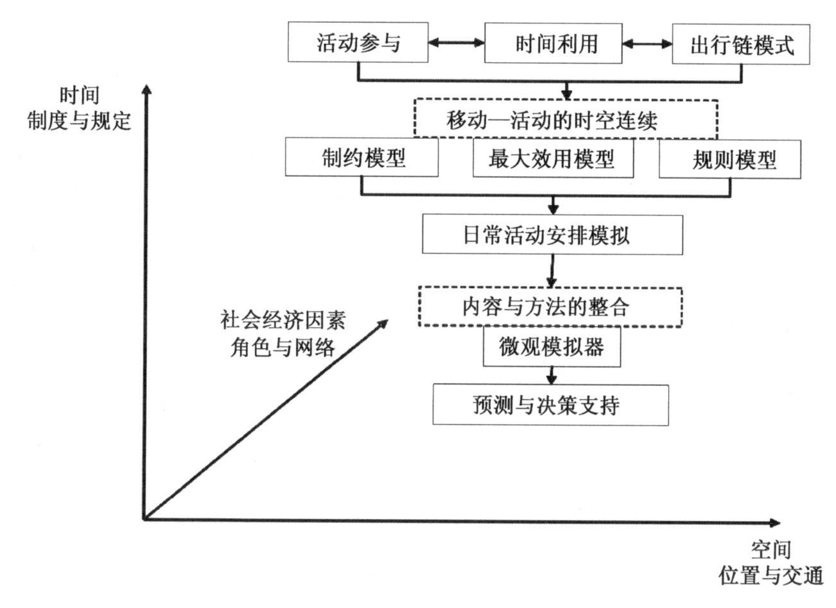

图 4-0 活动分析法的模型发展

4.3.1 制约模型

制约模型来源于时间地理学，其目的不在于预测活动—移动模式，而是验证在特定的时空背景下（例如改变制约），给定的活动日程是否具有可操作性。而且，制约模型的表达并非侧重于数学形式，而是在于时空间坐标系下的可视化分析（张文佳等，2009b）。模型的输入变量是用以描述活动时长和活动时间的活动日程，以及包含位置信息的时空背景属性，包括服务设施开放时间、可用的出行方式、出行时间等，采用组合算法，以活动的时间间隔的富余程度等标准来验证日程可行性（Timmermans，2014）。

最早的制约模型是隆德学派核心人物雷恩陶普（Lenntorp，1976）和之后的琼斯（Jones et al.，1983）根据制约理论提出的PESASP模型和CARLA模型，它们定义了制约因素并奠定了制约模型的基本框架。二者在一定程度上较为类似，但前者更侧重通过穷举，验证所有的活动/目的地的组合序列，后者则通过组合算法，验证变化的环境因素的影响，并输出可行的活动日程或活动模式。早期模型的应用主要集中在以地区为分析单元的活动执行过程，但时间地理学理论却是基于非汇总的微观个体（张文佳等，2009b）。

到20世纪90年代初期，随着微观水平调查数据的出现，以及地理信息系统的空间数据管理和分析能力的提高，基于GIS的微观时空制约模型得到迅速的发展。此时，制约模型把时间维度加进原来只有空间维度的GIS模型，并通过时空棱柱和PPA、PPS模型，形成三维可视化的制约模型。例如，GISICAS模型根据活动的优先权和时间制约，按照个人可支配的自由时间将活动进行合理的排序，并且可以确定活动进行的合适地点，模型的输出结果为一份基本日程安排，以及无法被安排的活动（Kwan，1994）。2010年以来，美国的大批地理学者对活动分析法，尤其是制约模型进行了进一步发展（Timmermans，2014）。

4.3.2 效用模型

效用模型来源于微观经济学，提出个人作出决策的标准是实现效用最大化，因此，活动—移动行为决策就是追求效用最大化的过程。效用模型注重数学表达和统计过程，跟计量经济学紧密联系，其中离散选择模型被广泛应用。基于离散选择方法的效用模型理论认为，人们组织日常生活的过程是一个选择的过程，每一个可选项都存在着一定效用值，这些效用值是与该选择项关联的属性值的随机函数，而日常活动的安排主体存在追求效用值最大化的倾向（Timmermans，2014）。

当单独考虑某一个层级的行为决策过程时，因为同一层级里的多种决策在建模过程中都被假设为同时进行，往往用到多项Logit模型（Multinomial Logit Model）、条件Logit模型（Conditional Logit Model）和联合Logit模型（Joint Logit Model）。当考虑到多个决策层级时，不同层级之间存在包含和嵌套的关系，因此，大部分采用嵌套Logit模型（Nest Logit Model）和混合Logit模型（Mixed Logit Model）等。例如，日常活动计划表方法（Daily Activity Scheduler）就认为，日常的不同出行具有不同的效用值，因此该模型的目的在于制定日程中的内容序列，然后预测这些日程内容如何组织才能实现位置、时间和出行方式的协调统一，即达到个人效用的最大化（Ben-Akiva et al.，1998）。近年来，分层选择模型（Hierarchical Choice Model）也开始被运用在城市空间与活动—移动系统之间关系的研究中（Schwanen et al.，2004）。

4.3.3 计算过程模型

效用模型所运用的效用最大化假设也遭到一部分学者的批判。其实，人们不一定具有作出最佳选择的能力，更多的则是根据背景条件启发而进行决策（Context-dependent Choice Heuristics）。由此诞生的替代模型之一就是计算过程模型，也叫规则模型。相较于以往效用最大化模型关注的是最终结果，计算过程模型更关注日程安排的过程。它采用一系列类似于编程语言的 If Then Else 语句规则来模拟思考过程，从而讨论在满足某些条件的情况下活动的发生情况（Timmermans，2014）。

最早的计算过程模型为 Scheduler 模型（Gärling et al.，1994），用于理解人们进行日常生活组织的过程，生成一定时间内的活动日程。进入 2000 年，计算过程模型的进展有了新的局面。基于学习、认知理论，荷兰埃恩霍温技术大学城市规划小组开发了一个更为复杂和具有操作性的新模型即 Albatross 模型（Arentze et al.，2000）。该模型的核心是日程安排发动机（Scheduling Engine），考察家庭成员之间的相互作用以及制约因素，采集家庭一天的活动日程作为规则提取数据，以虚拟样本为对象，在一定的背景下对于活动的类型、同伴、时长、地点、时间、出行方式、先后顺序、出行链进行模拟输出。与 Albatross 模型较为相似，2007 年多伦多大学的研究小组为安大略省开发了 Tasha 模型（Roorda et al.，2008）。近年来，计算过程模型在比利时、韩国等也有一定程度的发展和地方化运用。

4.3.4 几种模型方法的比较

制约模型作为活动分析法的基础模型，开发过程相对简单，操作性较高，但对数据要求比较苛刻，考察的活动类别不够丰富，模型内部的关联程度较差。更重要的是，制约模型考察个人行为变化的机制不足，因此，模型敏感度不足以表达诸如政策变化等因素对个人行为造成的影响。相对于其他二者来说，效用模型是较为均衡的模型方法，无论在理论开发还是在实际运用中都有较为明显的优势。然而在实际使用中，效用模型往往需要做简化处理，例如减少活动的种类等，因此，效用模型依然不能克服活动类别的丰富性不足的缺陷。相对于制约模型、效用模型来说，计算过程模型虽然在数据来源和易操作性上都对研究者提出较高的要求，但在以模拟家庭出行需求为目的、对出行活动进行计算与模拟的过程中，其优势则十分明显（表 4-0）。相对于其他两种模型来说，计算过程模型最大的优势在于对活动的丰富性的考虑（Timmermans，2014）。

表 4-0　活动分析法的模型比较

	制约模型	效用模型	计算过程模型
建模难度	低	低	高
对数据的要求	高	低	高
应用难度	低	低	高
行为要素的丰富程度	较低	较低	高
模型整体性	较差	好	好
模型精确性	高	高	高

4.4　活动分析法的应用与展望

4.4.1　活动分析法的应用进展

基于活动分析法的城市居民活动—移动系统研究向城市规划提供了许多新的视角，主要包括以下几个方面：（1）提供一种从微观个体行为出发的非汇总层面的规划思路。（2）通过调整城市空间而改变居民活动，从而影响居民的交通出行，改善交通状况。（3）通过政策调整时间，使得居民活动—移动系统效率提高，例如灵活的上下班时间和商店营业时间等时间政策对居民工作和购物活动的影响。（4）通过调整不同属性的人群而改变活动空间的分布，例如通过调整房地产开发来吸纳不同收入人群，中国特有的单位——社区也能起到这种作用。（5）调整居民活动—移动行为来满足空间发展，例如通过搬迁、调整就业机会、改善购物休闲等活动的可达性，改变城市活动—移动系统。此外，随着信息时代的到来，信息与通信技术（Information and Communication Technologies，ICT）的使用对活动—移动和城市空间结构的影响受到城市规划学者越来越多的关注（Kwan et al.，2007）。

实际上，在规划执行过程中，往往只强调空间供给，即“拉力”的作用，而忽略了居民的需求，即“推力”的影响。基于活动分析法的城市规划不但要分析土地利用、交通基础设施和公共服务系统等的空间布局，还应该考虑使用空间和服务的城市居民的活动—移动需求与满意程度。这些思想跟近十年出现的“新城市主义”“精明增长”和“TOD社区”等规划理念不谋而合，而活动—移动系统的研究更为规划中的公众参与提供了更好的理论基础（Shiftan，2008）。

与此同时，活动分析法在城市交通规划中的应用则更加深入。活动分析法建立起了综合的活动—移动系统研究体系，可以有效地解决传统城市交通规划中“就出行论出行”的不足。活动分析法受到重视主要由于两个原因：其一是意识到交通设施的投入并不能解决不断增长的城市交通拥挤问题；其二是需要不断减少交通对环境的有害影响。在出行分析法明显不能适应这种发展需求的背景下，活动分析法在处理大尺度交通规划上效率不高但能很好地处理交通问题和进行政策分析，从而成为交通规划的应用前沿（Davidson et al.，2007）。

4.4.2 活动分析法的未来

活动分析法的出现，把城市活动系统和城市出行系统结合起来，形成城市居民活动—移动系统。相关研究在西方交通规划、城市研究和地理学等领域中得到快速发展，并对传统的城市交通规划产生了很大的冲击和作用。活动分析法的理论来源于活动动机理论和时间地理学框架，不但为出行行为研究找到了理论基础，而且在理解“主观行为”和“客观行为”本身以及理解决策过程方面起到了重要的作用。此外，基于活动分析法的活动—移动系统研究还有助于理解城市交通系统和城市空间组织结构，以及从非汇总的微观视角指导汇总层面的城市规划。

过去三十年，活动分析的理论和方法已经逐渐受到出行行为研究和交通规划的关注，在理解行为、理解交通、理解空间上均给出了更加合理、更加可靠和更加有效的视角、解释和模拟手段。特别是活动分析模型在美国、荷兰等国家的交通规划和城市规划中起到了重要作用，活动分析法的理论和模型应用备受关注。然而，活动分析法在发展中也不断出现一些理论和实际操作中的问题，阻碍着活动—移动分析进一步的向前发展。一方面，出行来源于活动的基本假设虽然具有很真实的行为决策机制，但是绝对的活动决定论本身也受到许多批判。因为，部分居民的出行就是为了出行而获得效用，例如体育锻炼、探险出行、与自然接触等等。而且这些为了出行而出行的过程一般是使用非机动方式出行，随着社会生活方式的逐渐多元化和个性化，这些多元化的出行会逐渐增多；如果忽略了这些出行，对于环境友好的、健康友好的非机动出行方式的估计往往会产生一定的偏差。

另一方面，活动分析最终还是要面向城市规划和城市政策。为了实现在规划与政策层面的应用，仍然需要对非汇总的活动分析进行汇总，但当对利用模拟得到的个人非汇总活动—移动行为信息进行汇总时，简单的汇总过程又会把多维度的非汇总行为信息加以“去差异化”。如何在非汇总到汇总的过程中使行为信息的损失量尽量减少，依然是当前活动分析模型面向应用时所遇到的难题。

活动—移动行为在活动分析法的框架下具有多维度的特征，譬如时间、地点、活动类型、交通工具、家庭联合等等，如何把多个维度的信息都在汇总层面表现出来，而不是抛弃一些信息之后进行聚类，这也是汇总分析的首要难题。现有研究往往将出行看作是活动分析法研究的终点，但如果把出行再往前推一步，进一步思考活动—移动行为对个人生活质量所造成的后果，如大气污染、社会公平、健康等，则更能体现活动分析的优势所在。当下，城市居民的个人生活质量受到的关注越来越多，并被认可为社会发展的终极目标，城市土地利用与交通所带来的问题已经超越简单的交通量分布不均所带来的直接后果，更多是由于交通行为不当所带来的负外部效应，而最终的后果都落在个人生活质量上。因此，活动分析法在规划和政策的应用研究应该从“行为的汇总”逐渐转向“行为后果的汇总”，而在这个过程中如何与个人的生活质量紧密联系，这也为从非汇总行为到汇总行为的研究间接地开辟了一个新的方法。

5 时空间行为

20世纪60年代以后兴起的行为革命，在地理学中的最大响应就是空间行为的地理学研究，但随着对人类空间行为认识的不断深入，空间行为研究走向时空间行为的研究，而时间地理学提供了一个将时间与空间进行整合分析的新框架，通过时空间、生命路径、制约等概念及符号系统，刻画个体行为的时空间结构，分析个体时空间行为受到的制约因素。因此，本章较为系统地介绍时间地理学的理论框架，并讲述时空间行为的相关进展与实践应用。

5.1 从空间行为到时空间行为

人类活动发生在时空当中，并具有时间和空间的双重属性。长久以来，人文地理学更加关注人类活动的空间层面，包括了位置、距离、方向等。例如，地理学第一定律作为计量地理学研究的基础，强调空间距离造成的隔离，即距离摩擦力的存在（Tobler，1970）。但是，传统地理学研究却忽视了人类活动的时间维度，特别是时间与空间的连接。随着行为地理学对空间行为的研究逐渐深入，研究者越来越意识到，时间在行为研究中的重要意义。同空间一样，时间也具有绝对与相对的度量，通过把时间与空间的度量相结合，就可以得到时空间的概念（Parkes et al.，1980），将人类活动在时间—空间中进行定位可以得到关于世界的新知识。

行为地理学中对时间概念的引入来自于时间地理学的贡献（柴彦威等，2022）。时间地理学在遵循空间距离阻隔的概念基础上，引入时间统合的考虑，首次将时间和空间在微观层面上结合起来，从微观个体的角度认识人的行动及其过程的先后继承性，把握不同个体行为活动在不间断的时空间中的同一性，并试图建立分析个体行为与时空间的作用框架，解决宏观与微观尺度之间的一致性问题。

5.1.1 新的时间观

时间地理学建立了人类活动研究新的时间观。以往地理学中对时间的重视大多仅源自历史地理学研究，而时间地理学中的时间观念则将时间和空间一样，作为一种稀缺资源来看待。哈格斯特朗对于社会生活中的人提出了8条根本性的命题：（1）人和其他物体都具有不可分割性，并形成物理约束和限制；（2）每个人的生命是有限的；（3）人在某个时间同时完成多项任务的能力是有限的；（4）每完成一个任务都需要花费一定的时间；（5）人在空间中的运动需要花费时间；（6）空间的承载能力是有限的；（7）任何领地空间都存在一个有限的外边界；（8）现状必然受到过去的状况的制约（Hägerstrand，1975）。

这8条根本命题表达了时间地理学对人类活动的基本观点。对于个体来说，时间的最大维度不可能长于生命，个体行为必须存在于一定的时间和空间，并且时间具有不可逆转性。对于个体的日常活动来说，完成任务就意味着人们不得不在给定的时间与地点、持续一段时间来进行，并且需要与其他个体或机构互动。在这一过程中，人们无法回避时间的流逝，任何任务的完成都需要消耗时间。不同任务之间是互斥的，个体在时空中必须且仅存在于一个时间和空间点，这样的存在必须是连续的，不存在时空跳跃的发生。而且，尽管有时一个人能够同时承担多个角色，但大部分情况下个体在从事某个角色的时候是不可以同时从事另一个角色的，并且每个角色都需要在某个时间、某个地点持续一定的时间。这就意味着每个人从事的不同角色将形成不可变更次序的活动序列。于是，空间中的某一点一定是与更早之前的某一点相关联的，现状必然受到过去的状况的制约。因此，在考虑人的行为的时候，时间与空间不能够分离开来处理（柴彦威，2014a）。

由此，时间地理学将时间与空间形成高度的关联，提出了“时空间”的概念，并基于此创造出一系列崭新的符号系统。个体在时空间中的运动形成一个连续、不可分、不可逆的行为过程（Hägerstrand，1970）。时间地理学将传统的空间资源配置和空间秩序动态扩展至时空间资源配置和时空间秩序动态，特别是强调了时间秩序的动态性（柴彦威等，2001；柴彦威，2014b）。

5.1.2 微观个体的时空间行为

哈格斯特朗认为，我们所需要的地理学应当帮助我们以更协调的方式来认识自己、认识周围的人和整个环境，而问题的关键在于考虑时间尺度的区域综合研究（Hägerstrand，1970）。他认为，地理学需要研究社会组织形式及理想居住模式以便为每个人提供一个适于居住的日常环境。由于进行每项经济活动与非经济活动都需要在空间上发生移动，而人们的移动存在时间限制，有必要研究如何在空间上组织人们的活动系统使个人生活环境得到改善。因此，时间地理学研究的根本目的是对个人生活质量改善的关注，力图通过针对个人行为的线索式研究，总结出不同人群与不同行为系统的匹配，进而更加准确地把握不同类型人群的不同生活需求，为城市规划提供可靠的依据。

在这个意义上，时间地理学从理论层面强调微观个体的重要性。以对人的基本假设为出发点，以及汇总方法对于理论构建的误区等为问题意识，时间地理学提倡对现代城市社会中的生活质量的关注，并从时间和空间相关联的角度对微观个体的行为机制进行研究（Hägerstrand，1970，1975）。在个体的微观情景和宏观尺度的汇总结果之间存在着根本的直接联系，如果不清楚个体所处的微观情景便无法得到真实的宏观汇总规律。哈格斯特朗指出，在区域科学研究中对个体进行汇总时，将人口视为大量的可以自由交换、任意划分的粒子的做法是不正确的（Hägerstrand，1970）。传统人文地理学研究中常常将人口机械地划分为劳动力、通勤者、迁移者、购物者、观光者等而对各种细分人群孤立地分析，这从根本上无法在汇总过程中关注到单一的个体。所以，在理论构建过程中研究个体的重要性时，汇总模型中不能忽略个体的特性，且要强调微观个体作为分析单元。

因此，时间地理学注重现实物质性的本体论认识，突出对"区域中的人"的理解与挖掘，将空间行为研究引向时空间行为研究，通过时空间框架下的人类空间行为的研究深化了"人、时间与空间"的认识，建立了地理学学科传统下的"时空哲学"，奠定了时空间行为研究的时空观和方法论。

5.2 时空间行为的符号系统

5.2.1 时空路径

哈格斯特朗发展出了一套在时空间中表达微观个体的连续运动轨迹及行为机制的概念体系和符号系统，即在三维的时空间坐标中用二维坐标表示空间、第三维坐标表示时间，将微观个体在时空间中的运动轨迹表示为时空路径（Space-Time Path）（Hägerstrand，1970）。通过路径的概念，时间地理学首次将时间和空间在微观层面上结合起来，从微观个体的角度去认识人的行动及其过程的继承性。

路径是个人已经发生的时空移动过程的可视化，表述“现在”如何从“未来”转变为“过去”的过程。时空路径的时间轴展示事件的时间先后关系，而空间面则描述地理空间上的相对关系（Ellegård，2018）。一般来说，个人路径不随时间发生移动时与时间轴平行，而发生移动时则表示为斜线，斜率表示个体在时空间中的运动速度。个人在参与生产、消费和社会活动时需要停留在某些具有永久性的停留点上，由于这些停留点包含一定的设施并具备一定的职能因此可称之为驻所，如家、单位、邮局等都是驻所。这种路径的表示法在空间尺度（国家、地区、城市等）、时间尺度（一生、年、季节、周、日等）、对象尺度（个人、集体、组织等）上可以自由设定。并且，个人不能在同一时间内存在于两个空间中，所以路径总是形成不间断的轨迹。

图 5-1 展示了一位男性从家到商店购买食品这一过程的时间路径。图 5-1a 表现了空间移动，而图 5-1 b 至 f 则表现了时空路径的构建过程。一开始这位男性独自在家，可能是计划这次出行，由于没有空间上的位移，他的时空路径表现为与时间轴平行，展示了他在时间中的运动而空间中的静止过程（图 5-1b）。之后他出门进行购物，沿着道路从家到商店的这一段在时空路径上表现为斜线，说明他在时间和空间中都发生了位移（图 5-1c）。而在商店的购物过程中他又保持了地理空间的静止而只有时间中的移动（图 5-1d）。值得注意的是，在不同尺度下的时空路径可能存在差异，比如在这个路径中，商店内部的移动就被简化为一个驻点的停留。当购物活动结束，他又一次发生了时间和空间中的移动，从商店回到家中，而由于购买了东西后负担加重，他的移动速度明显变慢，表现为路径斜率的差异（图 5-1e）。最后，回到家后的路径又一次展现为与时间轴平行的垂直线（图 5-1f）。在这个例子中，家和商店都是行为的驻所。

路径同样也被视为个体活动序列中所经历的一组基本事件流（Ellegård，2018）。基本事件的概念有助于准确地表达时空移动过程以及不同个体间的时空相互关系。哈格斯特朗认为，人的一生就是由一系列的小事件组成，而这些小事件往往都属于日常生活中经常发生的常规事件（Hägerstrand，1970）。一般来说，用来描述单一个体时空路径的基本事件可能包括移动、达到、停留和离开，其中，到达和离开可能是一瞬间的，而移动和停留则可能持续比较长的时间。图 5-2a 就展现了时空路径中的基本事件。

时间地理学中的移动往往包括两个含义，一个是移动去某一个地方，另外一个是通过移动离开某一个地方。而用来描述两个或多个个体时空路径的基本事件包括接触、汇合和离开等（Ellegård，2018）。接触表明个体路径之间在某个特定的时间和地点有交集，而在接触之前必然存在一个或多个个体向这个地点的移动过程，而接触后也会出现离开这个地点的移动，从而将多个路径的基本事件与单个路径的基本事件进行结合。例如图 5-2b 就展现了该男性购物过程中与店员之间的汇合、接触与离开的过程。

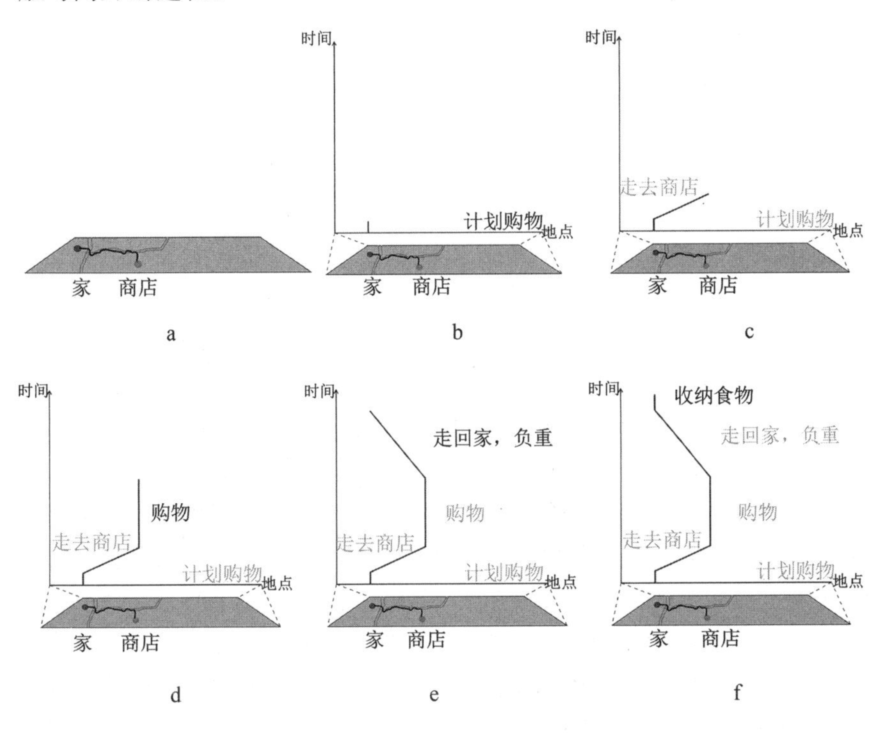

图 5-1　个体时空路径

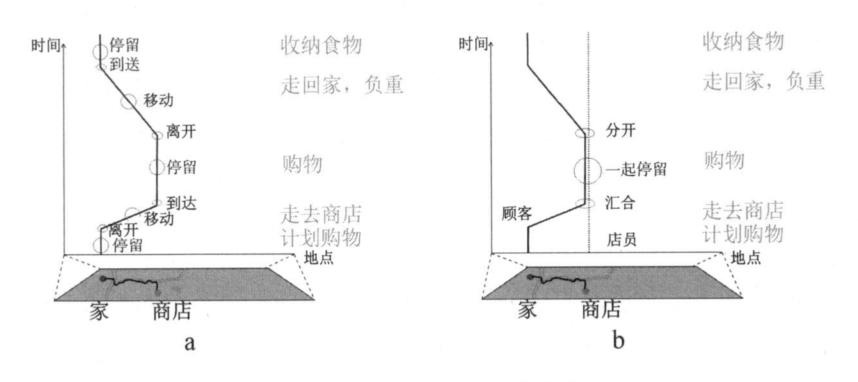

图 5-2　时空路径中的基本事件

当考虑两个或多个时空路径的关系时，时间地理学提出了时空束（Bundle）的概念（Hägerstrand，1970）。人要从事社会活动，必须在同一时刻同一场所与他人或资源共存，这意味着多条路径集合而形成时空束。时空束可能是在一个驻所内的停留而形成的，也可能是多个个体共同移动而形成的。图 5-3 就展示了两个时空路径组合形成的时空束，而这其中的基本事件就包括了个体移动到特定地方、接触、停留、离开和离开这个地点的移动等过程。通过时空束和基本事件就可以展示两个个体的时空间行为互动关系。

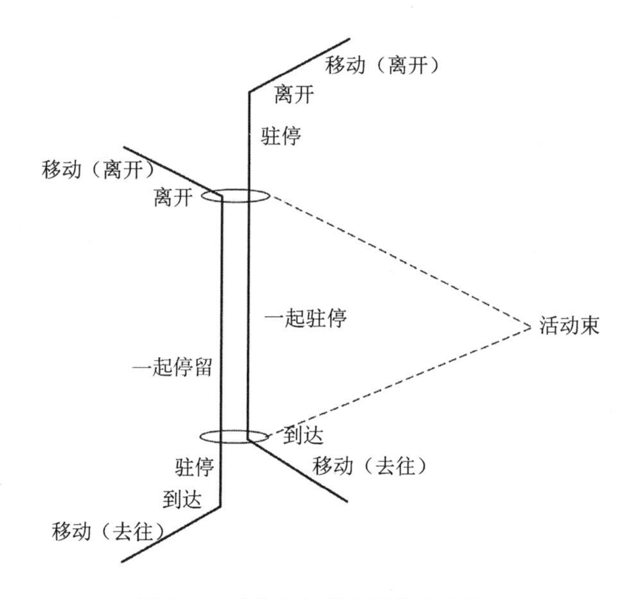

图 5-3　时空束与其中的基本事件

时间地理学将社会理解为由诸多个体路径所编制的庞大网络，其中穿插了一系列时空间中的驻点、时空束和领地。在个体层面，时空路径是由个体在各种制约下在时空间中的运动轨迹所组成，通过对路径的描绘揭示和比较不同群体的行为特征。在驻点层面，借助时空棱柱的形态分析，可以看出活动的时间分配和空间分布，以了解城市节奏和活动系统。在社会结构层面，分析特定群体的时间供给和需求，了解如何通过将日程企划在时间和空间上组织成社会系统（Thrift，1977）。

5.2.2　时空棱柱

如果说时空路径是个体在给定时间范围内、在众多可能性中的一个实际发生的路径，那么时空棱柱（Space-Time Prism）则刻画了个体在该时间范围内一定的时空预算下所有可能发生的路径的集合。它描述了以当下个体所处地点来看，个体有机会离开并在未来前往的其他地点。从本质上说，时空棱柱是对个体运动轨迹的各种制约的图示化表达，直接反映出行为轨迹背后的微观机制，它不仅能够运用在个体层面，也是一个非常有用的分析工具。

时空棱柱的形态综合反映了出发地点、移动速度、活动计划以及活动目的地所施加的组合制约等构成的时空行为决策的微观情境性。图 5-4 表现了个体的时空棱柱的几个可能性。图 5-4a 表现了个体在时空中的某一个点出发，在未来一段时间内可能达到的所有其他点的集合，而个体能达到的范围取决于移动的速度。图 5-4b 则表现了个体在时间制约下的时空路径，由于必须在一定时间内返回初始点，由此形成时空棱柱，而棱柱的大小就取决于出发点的地理位置、空闲时间约束的时长、交通方式的速度（Ellegård，2018）。而当个体的空闲时间变短（如图 5-4c 出发时间延后），在其他条件不变的状况下，时空棱柱的范围就变小了，个体可能得到的城市机会的数量也就相应减少。而另外一种情况是返回的地点发生变化（图 5-4d），时空棱柱的形状也会发生变化。

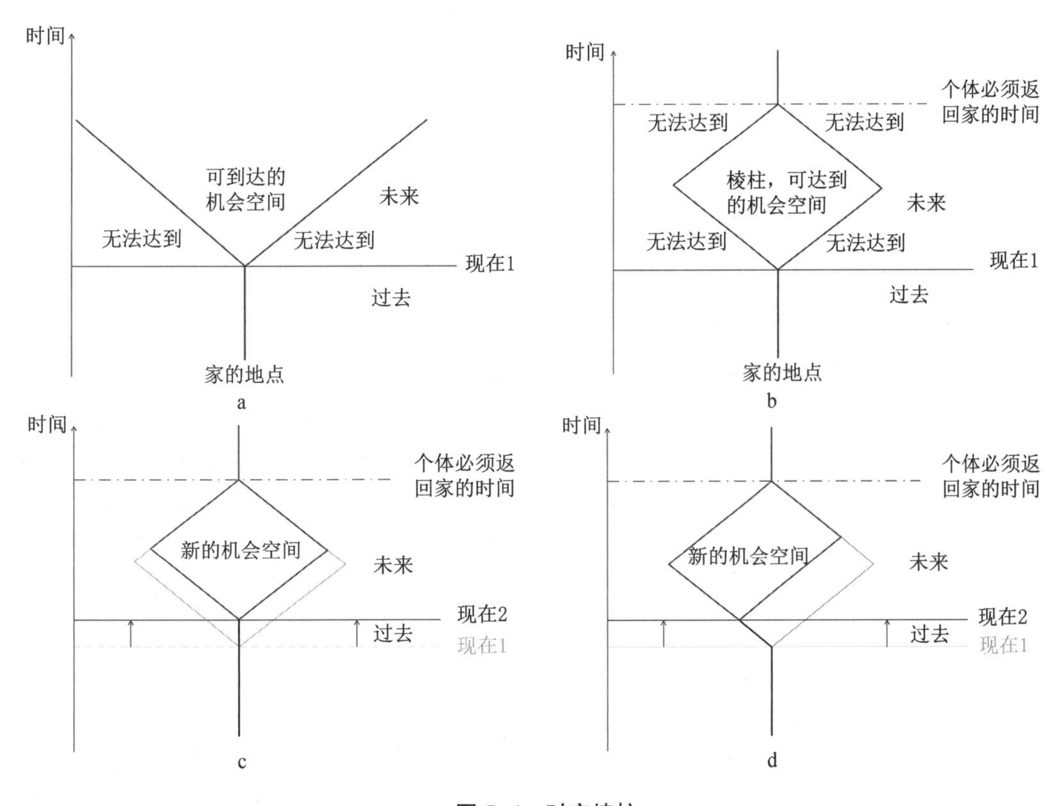

图 5-4　时空棱柱

5.2.3 分析的尺度

在时间地理学理论体系中，社会被理解为由诸多个体路径所编制的网络，其中穿插了一系列时空间中的驻点、时空束和领地（Hägerstrand，1970）。于是，时间地理学关于社会的模型便可在三个层面开展。在个体层面，路径是由个体在各种制约下由时空间中的运动轨迹和停留点所组成，对路径的描绘能够直观地揭示和比较不同群体的行为特征。在驻点层面，借助时空棱柱的形态可以分析活动的时间分配和空间分布，以了解城市节奏和活动系统。在社会结构层面，分析特定群体的时间供给和需求，可以了解如何通过将个体计划在时间和空间上进行分配来实现社会系统的能力（Thrift，1977）。

5.3 时空间行为的制约要素

时间地理学除了强调时空间的整体性，对于个体在时空间中的行为而言，更为重要的是制约。即便能够对个体真实发生的时空路径进行汇总描述，依然无法真正理解系统作为一个整体的运行机制。因此，哈格斯特朗认为，探寻决定路径空间形态的制约的时空机制具有重要意义，包括能力制约（Capability Constraints）、组合制约（Coupling Constraints）、权威制约（Authority Constraints）（Hägerstrand，1970）。这也为行为地理学对于人类活动的研究引入重要的制约视角，弥补了其过于强调主体性带来的问题。

能力制约是由于个人的生理构成以及其所使用的工具而受到的个体行为的制约。例如，人需要固定间隔、一定时间的睡眠，以及必需的用餐。由于活动的连续性，这些需求决定了其他活动的时间界限。其他能力制约有着明显的距离指向，个体移动或传达的工具，以及他如何与休息居所相联系的方式等决定了可达圈层的半径。时空棱柱就可以在三维时空间中表示个体可能的移动范围。

组合制约规定了个体为了完成某项活动，如生产、消费及社会交往等，与其他人或某种工具、材料等在某时、某地同时存在并持续一段时间。时空束实际上就表现了组合制约的状况。例如，在工厂中，工人、机器以及原材料等形成时空束以实现产品的加工和生产。在办公室里，人们也要形成时空束以传达信息。在商店中，销售员和顾客形成时空束来买卖商品。在教室里，学生和老师形成时空束以传达知识和信息。另一种值得一提的活动束，是无线电通信技术如电话、广播、电视等，使人们形成“同时异地”存在的活动束。这样的时空束尽管没有出行时间的损耗，但是它占用了其他活动的时间。

权威制约则关注权力关系，强调需要遵守的规章制度的影响。例如，早期时间地理学使用“领地”（Domain）的概念来强调时空复合体中的事物及事件的发生受到特定个体或者团体的控制。领地的存在是为了限制过多的人进入，以保护自然资源或人造资源，并且使得活动组织更加有效率。领地当中或者非其成员不得进入、或者是获得邀请才能够进入、抑或在支付了一定费用或者通过某种仪式或斗争之后才能够进入。权威制约往往是文化的产物，需要结合特定的社会文化背景来进行分析。

时间地理学对于人的行为的基本态度是强调制约以及围绕人的外部客观条件，对于强调个人“选择”与“能动性”的行为主义理论是一个重要的补充。哈格斯特朗认为，人的行为常常是随意选择的，不能以过去的行为观察为基础来说明和预测将来的行为，而是应当认识那些围绕行为个体的制约条件，并尽可能阐明产生这些制约的主体。另外，如果纯粹认为活动是价值选择的结果而过分强调行为的心理学机制，则难以对行为结果进行调控。因此，时间地理学选择了注重“制约”的分析，不仅关注那些可以观察到的外部行为，而且试图去分析那些没有发生的计划行为以及行为发生以后企图改善的期望行为。

5.4 时空间行为的地理计算

5.4.1 基于 GIS 的时空可达性测度

时空可达性（Space-Time Accessibility）的概念源于时空制约和时空棱柱，是考虑了个体所受的时空制约后的可达性。本质上，时空可达性就是对个体在城市空间生存所承受的时空制约的测度，反映了个体利用城市空间的自由度或者能力。

时空可达性的算法很大程度上是基于 20 世纪 70 年代时间地理学对潜在路径区域（Potential Path Area，PPA）或称潜在活动空间（Potential Action Space）的计算。所谓潜在路径区域，指的是在给定时空制约条件下，个体能够物理到达的时空范围，在时空间中被表达为时空棱柱，而将时空棱柱的体积投影到二维空平面上就成为潜在路径区域。这一概念最早由雷恩陶普提出，并利用这一概念对不同交通方式下的时空可达性进行了计算（Lenntorp，1976）。从活动角度来理解，潜在路径区域指在一个固定活动结束后，在保证能够准时到达下一个固定活动的条件下，个体能够物理到达的区域。潜在路径空间的体积、潜在路径区域的面积或其中的城市机会的数量，都可能作为可达性的测度指标（Kwan，2000a）。

时空可达性对于理解近年来信息化、新技术革命及城市空间重构背景下日趋复杂的个体生活经历有着独特的优势。首先，时空可达性对于个体间的差异更为敏感（Kwan，2000a），这是因为时空可达性源于时空棱柱，本质上反映了个体属性的差异。其次，时空可达性能够综合考虑活动模式的复杂性，同时考虑活动起止时间、持续时间、空间、类型等多个维度，并且能够处理目的出行链等复杂行为模式。最后，基于个体的时空可达性的测度方法并不会受到汇总单元的影响（Weber et al.，2002）。时空可达性在个体差异中的敏感性对于揭示社会及空间公平问题更为有效，因此被用于评估城市公共服务设施供给的时间和空间配置对不同人群活动计划实现的影响的差异性，进而揭示社会公平问题。

目前，时空可达性的测算方法仍在不断更新和扩展，学者们不断尝试将联合行动下的多目的行为决策以及行为决策的不确定性，以及行为决策主体的空间认知等复杂因素纳入其中。此外，面向应用的时空可达性计算模块也在逐渐完善，为时间地理学在规划和政策评估方面应用的工具化奠定了基础。

5.4.2 基于 GIS 的个体时空间行为地理可视化

将时间地理学框架应用于人类活动模式的三维地理可视化可以有效地将时间和空间维度结合起来进行综合考虑，能有效分析时间和空间的互动对个体行为模式的影响。在 GIS 环境中对个体时空路径可视化的核心是将活动和出行的时间信息（比如活动开始时刻）作为 Z 值，而空间信息用传统二维平面中的 X 和 Y 坐标表示，于是时空间中的人类活动点便可以用三维坐标序列表示，并且基于活动序列中的一系列停留点构建简单的线性模型便可以勾勒出个体的时空活动路径。如果基于 GPS 获取时空行为数据，由于采样点的时间和空间精度相对较高，便可以勾勒出个体移动的真实轨迹而非抽象的直线距离。关美宝等运用 1997 年在美国肯塔基州列克星敦市借助 GPS 收集的个体出行数据，绘制了三维时空路径图（图 5-5），揭示了家中无小孩的女性在出行时大部分利用高速公路和主干道的特点（Kwan et al.，2004）。

对于大样本的时空行为数据往往需要进行群体之间或活动之间的比较，那么活动趋势面分析则是一种有效的方式。活动趋势面的构建是借助密度分布函数对空间中离散的活动点计算连续的密度值，再对密度值作出趋势面图。通过分析同一群体不同活动的密度趋势面及其与家、工作地、商业设施等实体空间密度趋势面的空间关系（图 5-6），有助于理解不同活动的空间分布格局，并且通过比较不同群体同一活动的密度趋势面，可以有效揭示不同群体对城市空间利用的差异（Kwan，2000a）。

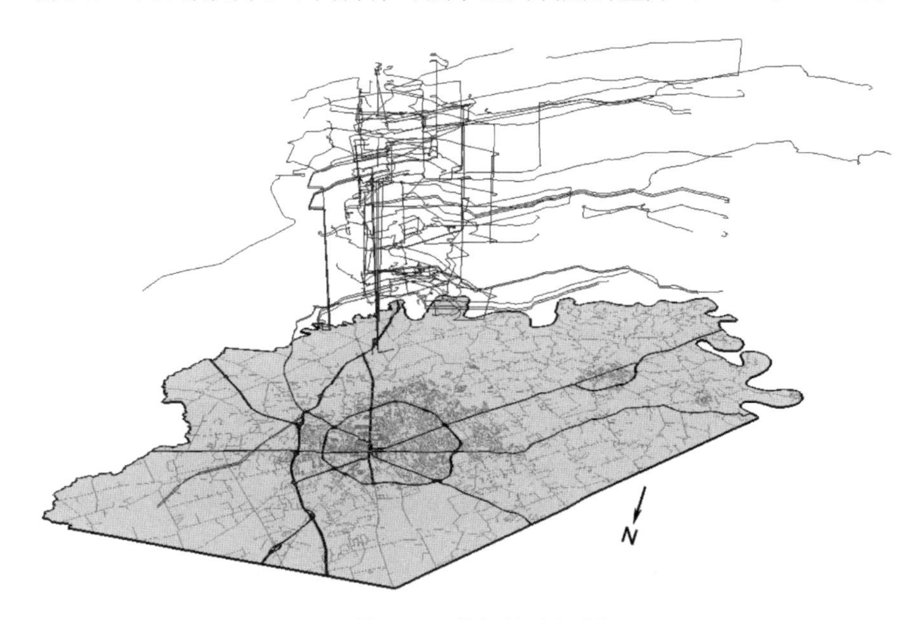

图 5-5　基于 GPS 数据的时空路径展示

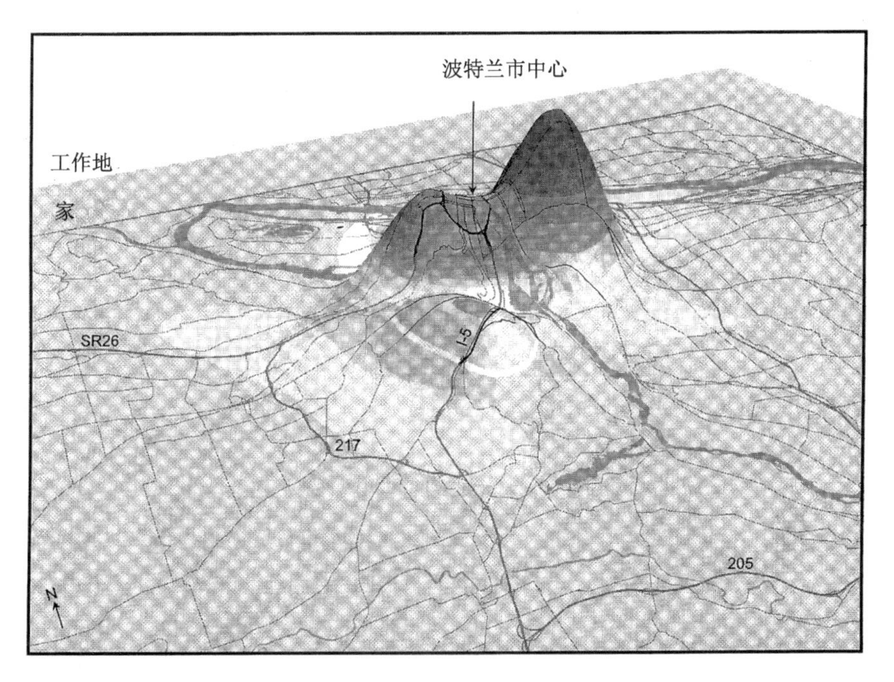

图 5-6　时空密度表面

活动时空密度即活动的时空间分布分析，是日常活动与居住空间关系的有效分析工具。从时间地理学框架出发，家是对于个体具有重要社会意义的驻点，各类活动的展开具有围绕家向外拓展的地理衰减特性。活动时空密度方法采用构建时空坐标系来展示活动在时空间上与家的相互作用关系（图 5-7）：以活动开始时间为 X 轴，以活动离家距离为 Y 轴（Kwan, 1999b），之后以活动持续时间为权重进行核密度分析。由于这一方法能够同时揭示活动在时间和空间中的密度分布，因此便于分析时空间的相互关系。

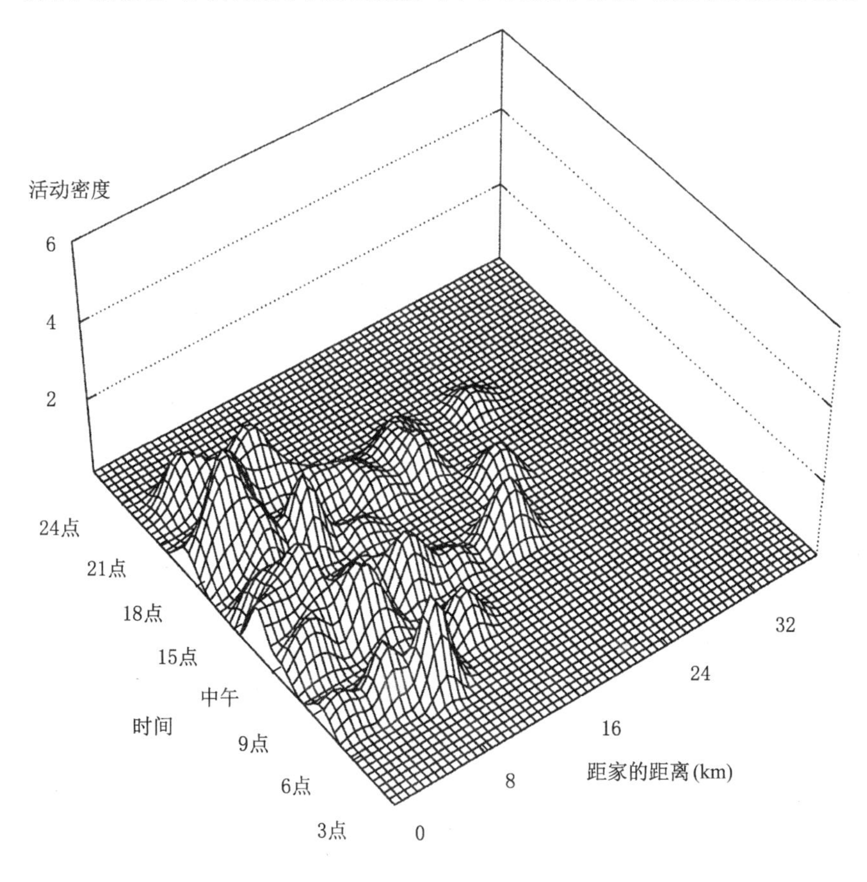

图 5-7　活动时空密度表面

可见，时间地理学逐步发展出一套标准化的、能够分析大规模时空行为数据的计算与分析工具。新技术对微观时空数据采集方式的更新，以及时间地理学对个体时空行为分析工具的应用，为模拟城市行为空间和空间行为、可视化城市活动—移动系统、编制时空间行为规划提供了必要条件。

5.5　时空间行为的复杂性

随着全球化、城市化与信息化的深入发展，城市居民的空间行为呈现日益复杂化的趋势。首先，城市空间的扩张带来居民生活空间的扩大化，而交通方式的多元化也提高了居民移动选择的自由度，促进了居民的移动需求（Krizek，2003；Jones et al.，2014）。其次，居民的生活方式也开始发生转变（塔娜等，2019；Van Acker et al.，2016），居民的闲暇时间增多，需求层次不断多样化，表现出较强的个人偏好和主观能动性。最后，ICT已经深入到城市生活的方方面面，ICT的使用对居民活动—移动行为和日常生活方式产生着深刻影响（申悦等，2011），这在一定程度上打破了时间地理学关于时空间的定义以及关于人的基本假设，从而使时空间行为变得越来越复杂。为了应对这些日益复杂化的城市居民空间行为研究，时间地理学与时俱进地提出了三个方面的理论调整。

5.5.1 从实体空间行为走向虚拟空间行为

尽管已经认识到了人们通过通信技术完成任务的能力，传统时间地理学主要研究的还是人与人之间实际交流的情形。而随着现代通信技术的发展，很多活动都可以在没有空间位移的情况下完成，通过网络、移动电话等设备办公的情况越来越多。因此，空间限制可以是实体的，也可以是虚拟的；时间限制可以是同步的，也可以是异步的。这样就形成人类相互交流的四种模式：同步实体到场仍然是传统的面对面的交流，同步虚拟到场只要求时间的一致性，异步实体到场只要求空间的一致性，而异步虚拟到场对时间和空间的一致性都没有要求（Miller，2004；Raubal et al.，2004）。

这种活动模式的建立对传统时间地理学中的时空制约理论提出了挑战。ICT一方面削弱了活动所受到的时空限制，并且使不同活动的边界变得模糊；另一方面影响了居民获取知识的途径，增强了居民获取其他时间、空间知识的能力，从而削弱了能力制约的限制。在组合制约方面，基于ICT的活动具有较强的互动性，可柔化活动安排，并充分调动社会网络应对突发事件，使得过去基于时间、地点、人的计划逐渐向基于人的计划转变。在权威制约方面，ICT能够帮助规避部分权威制约，如规避实体店、服务和其他设施开业时间的限制，从而增加活动机会。但是，ICT也可能导致时空制约的强化与新生，比如使用时必须有与ICT设备的组合。另外，ICT的使用也会导致新的时空制约产生，如网上购物对实体购物的刺激，网上聊天导致的网友见面等。

面对ICT带来的挑战，运用时间地理学的理论框架，探索人类虚拟行为的特征，挖掘和度量虚拟空间行为与实体空间行为相互影响的机制，已成为时间地理学理论发展的重要课题。米勒对这种活动模式的改变作出了回应，构建了所谓“新时间地理学”的理论框架，引入虚拟行为的研究客体（Miller，2004）。针对ICT对居民时空利用的影响，学者提出应该关注ICT造成的活动破碎化问题（Couclelis，2004）、“多任务”现象（Kenyon et al.，2007）。而近年来，ICT对于居民时空间行为的影响研究也开始向整个活动—移动行为系统转变，远程办公、网上购物、网上娱乐等与实体行为的关系越来越受到关注，为时空间行为研究带来了新的活力。

5.5.2 加入人类能动性

时间地理学发展对行为主体主观因素的考虑及发展受到了两方面因素的影响：一方面来自行为地理学对个体“选择”与“能动性”的强调，从人的主体性角度理解行为与其所处空间之间的关系，弥补忽视人类主观能动性的不足；另一方面则是来源于自身理论的成熟与完善。

一方面，哈格斯特朗逐渐转向对时空间中生活关联性的思考（Lenntorp，1999），转向对人类生活整体性的理解。哈格斯特朗指出，单纯研究路径很难揭露相关联的事情背后的“目的和意义”，企划（Project）产生路径，相交的路径形成状况（Situation）与“情境”，这样便给予人的情感、愿望等更多的考虑（Hägerstrand，1982）。企划受现象的当时当地性与地方关联性的影响，人们通过创造和再创造地方秩序的空间（Pocket of Local Order）来完成既定企划，以防止外界干扰的破坏性影响（Ellegård et al.，2004）。地方秩序的空间是促进活动执行的物质客体和规则系统组成的景观，例如家。时间地理学越来越强调日常生活的时空情境性，并由此逐渐形成社会科学领域的情境理论（Contextual Theory）。哈格斯特朗所提出的情境研究方法，本质上是要捕捉住特定环境与社会背景中的人与事物的地方性，来表达特定的时空情境中“在场”和“不在场”的事物之间的关联性与整体性（Hägerstrand，1984），从而从根本上把握现实行为的发展趋势，并进行预测和规划。

另一方面，时间地理学引入情感、愿望、信仰、价值作为地理空间实践的组成部分，运用地理叙事的方法通过时空路径来表现和分析行为者的心理感受、环境评价等（赵莹，2016；Kwan et al.，2008）。只有把情感、价值、信仰都整合为地理空间实践的一个组成部分，才能引导人们建立一个非暴力的、公平的世界（Kwan，2007）。扩大时空间行为研究的社会影响不仅要致力于个体（或地方）尺度的分析，还要关注时空间行为产生的多重背景（Kwan et al.，2008）。关美宝等尝试将行为者在活动中的心理感受标记并整合到时空路径中，加入情感因素的时空路径可以像照片或录影一样记录日常活动。也有学者尝试建立了面向 LBS 使用者的时间地理学研究框架，可以提供制约条件下完成任务的可能方案，由行为者根据其个人偏好进行选择并实际执行，充分体现了行为过程中个体的主观差异（Raubal et al.，2004）。

5.5.3 长短期行为的关系

时间地理学通过长期—短期行为的思考构建了对于长期生命路径选择和日常行为之间的关系，用以分析社会变迁的微观影响。时间地理学从生命路径—日路径辩证关系（The Life Path-Daily Path Dialectic）的角度，认为日常生活的细节是植根于过去的个人路径和制度性企划中的，同时也是未来的这种长短期相互作用的潜在基础（Pred，1981a），这样就在不同时间尺度上把社会经济制度与个人的日常生活结合起来。

一个人的生命史通常是长期制度性角色的覆盖与继承，这些角色往往与其家庭背景、教育背景等其他背景相关联；当一个人的生命路径与这些角色相关时，他就必须参与到特定的属于一些例行或非例行的企划的时空束中，就会导致个体特殊的日常生活经历，并且使他能够定义和重新定义自己以具体化自己的选择来追求新的长期制度角色；同时，在日常路径中，一个人能够了解到社会赋予的生命路径机会，长期的制度性角色的进入，往往需要以日常路径的相互作用开始（Thrift et al.，1981）。

这意味着一个人之前的制度性角色及其日常企划的参与和社会对其开放的生命路径机会之间存在辩证关系。日常行为作为人类社会实践的一个尺度，受到深刻的社会文化制约与城市空间演变的影响（Thrift et al.，1981），根植于过去的特定时间、地点的行为与社会的相互作用之中，表现出明显的空间约束、累积的时间效应和深刻的制度制约。

普雷德将时间地理学与结构化理论相结合，运用时间地理学方法分析日常生活方式的长期变化过程，在不同时间尺度上把社会经济制度与个人的日常生活结合起来分析（Pred，1981b）。吉登斯提出日常生活在正常情况下包含着本体性安全，使得个人在日常生活的可逆时间中，遵循着例行化的活动路径，而行动者在沿着日常活动路径前进的同时，在时间扩展上再生产了长期确立的实践（Giddens，1984）；除非遇到了不可预见的剧烈断裂等紧要情境，个人所经历的情景会具有明显的例行化倾向，构成社会生活连续性的内在组成部分。

5.5.4 打破男性控制

传统的时间地理学强调以男性价值观为主体的、对公共空间的研究，而长期忽略女性的感受及制约以及家内的行为，因此长期受到以女性主义为主的激进学派的批判。时间地理学忽视了个体在完成时空间行为上的差异，其均质化个体的假设和标准化外部空间的定义均是面向以男性行为主体的（Kwan，1999b）。因此，近期的时间地理学注重了对行为主体假设的改进，开始关注以女性为主的弱势群体的时空行为模式。弱势群体的定位集中在妇女、老人、儿童等群体，往往和种族、社会排斥、阶层和居住分异等关联，而时间地理学的突破主要集中在对女性空间的关注和阐释。女性来自社会、家庭以及能力的限制不同于男性，从人类空间自由的意义上讲，女性的空间并非是无限的、极大的、透明的。时间地理学在对日常行为的研究中，充分考虑了女性的社会地位、家庭责任、情感变化的特殊性，有力地驳斥了“时间地理学是男性控制的地理学”的批判，完善了对行为主体的理论假设（Kwan，1999a，2007）。

5.6 时空间行为的未来

时间地理学所提出的对人的基本假设、时空观与行为观对空间行为研究的发展具有里程碑式的重要意义。对微观个体行为和时空间问题的关注，使得时间地理学方法对研究不同城市群体的空间需求以及城市空间资源的时空配置等议题体现出独到的有效性，将空间行为研究引向时空间行为研究，扩展了行为地理学的研究领域。同时，通过对时空制约的讨论，将只考虑主观选择的行为研究引向主客观结合、能动性与制约结合的行为研究，其后的行为地理学研究中对于社会结构、文化因素、空间效应等制约的考量逐渐增加，显示出对微观个体和宏观社会相互关系研究的有效性。近年来，面对全球化、城市化与信息化的发展，时间地理学的理论基础与分析方法不断创新，使其对研究不同城市群体的空间需求、城市空间资源的时空配置等议题体现出独到的有效性。

基于时间地理学的个体行为的时空分析，对于认识城市空间结构及识别城市问题具有重要的研究意义与应用价值。首先，在个体层面，通过个体时空行为分析可以了解个体日常活动对城市空间的需求以及个体对城市空间利用的状况，而不同个体之间时空行为的差异则反映出个体利用城市空间所受到的时空制约的差异性。其次，从汇总层面，城市居民在城市空间中的活动与移动形成叠加于城市物质空间之上的、动态的、变化的社会与行为空间，即所谓的城市“移动景观”，反映出城市空间的结构特征，并有助于揭示城市空间问题。

6　空间认知与认知地图

空间认知与认知地图是行为地理学一直以来的核心研究内容，学者试图去理解人们是如何将空间知识进行存储与处理、进而影响空间行为的。本章将从空间认知的概念入手，从空间认知的形成、认知地图的发展与表现形式、空间认知的群体差异等方面介绍行为地理学空间认知研究的主要内容。

6.1　空间认知的核心概念

行为地理学首先关注个体的空间认知。戈列齐指出，认知指信息通过接收在头脑中被编码、存储和组织的方式，并与个人的积累知识与价值相适应（Golledge et al.，1997）；而空间认知（Spatial Cognition）是对空间知识的存储与处理，这里的空间知识一般包括空间结构、空间实体和空间相互关系，是对空间和思想的内部化反映和重构（Hart et al.，1973）。空间知识既可以通过与环境的交互而习得，也可以通过媒体、交流等方式间接地获取。

与空间认知相关的另一个概念就是环境认知（Environment Cognition）。所谓环境认知，是指个人对环境的认识、映像、意向以及赋予环境的意义、价值和符号。环境认知还将感情、态度、信仰、价值观等情感的成分注入空间认知的过程之中（Hart et al.，1991）。一般来说，空间认知被看作环境认知的组成部分。

还有一个相关的概念是认知制图（Cognitive Mapping），指的是“一系列心理转换过程，即个体获得、存储、回忆和解释那些关于其他日常空间环境现象的场所信息和属性信息的过程”（Downs et al.，2011）。认知制图的过程通常被认为是空间认知的一部分。认知制图的结果为认知地图（Cognitive Map），它通常指的是一种个人头脑中所具有的类似于地图的东西，反映对日常物质环境中物体与现象所在地点或区域之间联系信息的长期储存（Golledge et al.，1997）。认知地图通常被认为是帮助人们对错综复杂的人类环境的内部作用进行简化和规则化的表现规则，代表了我们对所生活世界认识的个人模型的精髓。

6.2　空间认知的形成

对于空间知识的学习过程，目前被广泛接受的有两个流派：一是阶段发展理论；一是连续发展理论（图 6-1）。

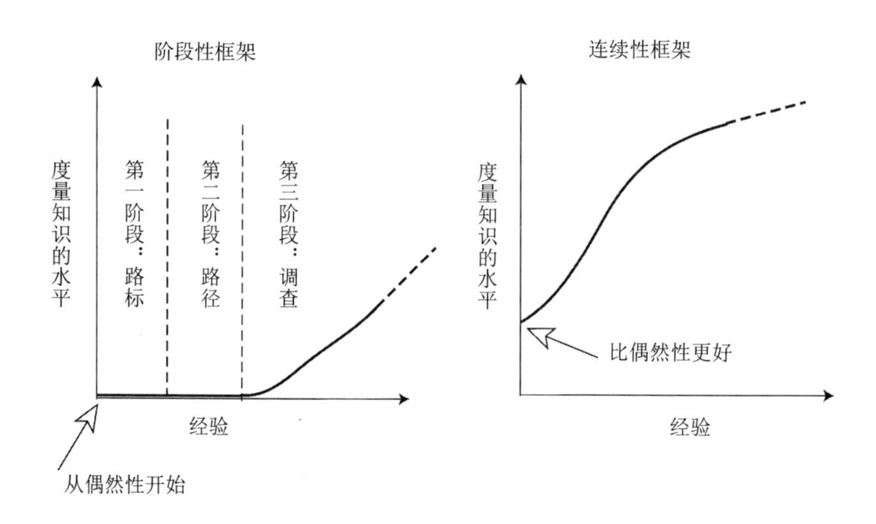

图 6-1　空间认知理论的两种框架

6.2.1　空间认知的阶段发展理论

阶段发展理论受到认知发展理论的深刻影响，提出人的空间感知经历了感知运动阶段、前运算阶段、具体运算阶段和形式运算阶段（Piaget et al.，1956）。随着年龄的提升，人的认知存在一定的顺序性（Santrock，2008）。第一阶段是感知运动阶段，大概是 0—2 岁。这一阶段的发展主要是感觉和动作的分化，儿童能够组织自己的感觉和动作，但是只能直接地认识物体，无法形成抽象观念。第二阶段为前运算阶段，大概 2—7 岁。这一阶段儿童已经开始产生和认识静止的抽象概念，随着语言的出现和发展，也可以用表象符号来代替外界的事物；但是无法对空间物理进行想象转换，而且没有方向的概念，其坐标系往往是以自身为中心的。第三阶段为具体运算阶段，大概 7—11 岁。这一阶段的儿童抽象概念已经很明确，能够进行归类和去自我中心的思考，开展逻辑推理；在空间认知方面，已经能够理解一些复杂的空间抽象概念，比如投影、距离等，也能进行比较复杂的空间思考。第四阶段为形式运算阶段，大概 11—15 岁。这一阶段的儿童已经形成解决各类问题的推理逻辑，能够进行系统化和抽象化的空间思考，开展复杂的空间操作。虽然该理论无法解释一些特殊现象，也忽视了文化和语言可能导致的空间能力的差异，但是该理论对于空间认知形成过程的描述具有一定的理论价值，也已经成为地理学者理解空间认知的重要基础。

另外一个关于空间知识的阶段发展框架则更加强调去解释新环境的控制是如何阶段性地产生的（Siegel et al.，1975）。获取空间知识的第一个阶段包含了地标识别，随着路线知识的性质从拓扑的发展到度量的，在地标之间就形成路径或路线。而在空间知识的前两个阶段，即地标识别和路线识别中，不存在度量关系。关于距离和方向的度量关系仅在空间知识的最后一个阶段获取。作为解释空间知识获得过程的主导理论，这一框架强调在三种不同类型的知识，即地标、路线和图形之间存在着定性转变。但是，也有后续研究发现，该框架与实际之间存在着诸多不符。例如，人们在到达一个新地方后，很快就能够产生走捷径、估计距离和方向等行为，并非一定会出现不同阶段的知识累积。

6.2.2 空间认知的连续发展理论

连续发展理论则相反，强调空间认知发展是连续而渐进的。人们关于微观空间知识的获取是一个连续性的过程，度量知识在一开始就被积累和提炼，而非度量的理解并不是对空间知识深入了解的必须前提。该理论提出了 5 个重要的问题：（1）不存在只有纯粹的地标知识或路线知识的阶段，个体一开始就获得度量的结构知识。（2）随着对空间接触和熟悉程度的加深，个体掌握空间知识的数量、准确度和完整性都会增加。（3）把在不同地方获得的知识整合成有意义的整体是在空间知识微观起源中重要和复杂的一步。（4）即使个体对某一场所的接触程度相同，他们对该场所及其特征的内部表征也会有所差异。（5）在被用来存储和交流的关于场所的空间知识的语言系统中能够发现相对纯粹的拓扑知识。该理论指出，空间知识在个体之间是存在差异的，特别是关于空间整合的能力（Montello，1998）。

6.2.3 空间知识的锚点理论

锚点理论用以揭示在不熟悉环境中的空间知识学习过程（Couclelis et al.，1987；Golledge，2002，2015）。锚点指的是那些对于个体具有重要意义并且经常访问的地点，一般是作为环境中重要事物的认知标志或者与任何个人活动模式有关的主要特殊点。个体最初的位置，如家、工作地点或购物地点，都是锚点的主要组成，它们“锚定”了个人的空间信息集。通过在这些地点之间的出行，个体逐渐获取了关于锚点周边区域及其之间路径的相关空间知识。一般来说，锚点周围的地区首先被认知，之后当个体沿着路径在主要节点之间发生活动时，就会产生溢出或扩散效应，形成邻里、社区、区域以及其他地区概念。所有节点和路径信息按照等级组织起来形成骨架结构，在这之上又结合了其他的节点、路径和区域信息。也就是说，个体对于空间的认知一开始可能有大面积的空白，之后这些空白地域随着日常活动而逐渐填充。戈列齐认为，空间环境中的位置、路径和区域的等级顺序是基于它们对个人的相对重要性，按照主要节点与路径、次要节点与路径、其他节点与路径等顺序展开（图 6-2）（Golledge，2002）。这种描述对于理解空间认知的机制和认知地图的动态性具有重要的意义。

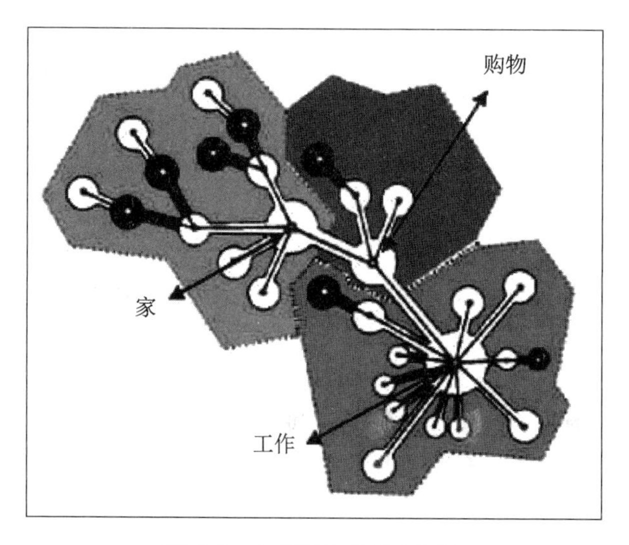

图 6-2　空间认知的锚点理论

6.3　认知地图的发展

行为地理学对于认知地图的理解来源于三个主要的概念，包括意象地图（Mental Map）（Gould et al.，1974）、认知地图（Cognitive Map）（Tolman，1948）和城市意象（Urban Image）（Lynch，1960）。

6.3.1　意象地图

意象地图是指个人心目中的空间映象以及经研究者加工成表示个人

空间偏好与认知度的主题图，来源于地理学者将经典的地图工具与定量空间分析工具的结合（Portugali，2018）。其中，一个最重要的基础研究来自于行为地理学（Gould et al.，1974）。行为地理学者强调主观要素的重要性，并将人们关于地点和区域的态度与想法定义为意象地图。意象地图的制作是通过主体对于空间的偏好进行等级排序来完成的，比如对于居住区偏好的排序。之后通过主成分分析、因子分析等方法提取一致性偏好因素，并利用这些因素对每一个区域进行加权打分，之后采用等值线的方法进行制图（Gould et al.，1974）。利用这一方法，学者对英国居民最愿居住的地方和区域进行分等定级，并依据等级绘制出一组偏好地区图（Gould et al.，1968）（图 6-3）。

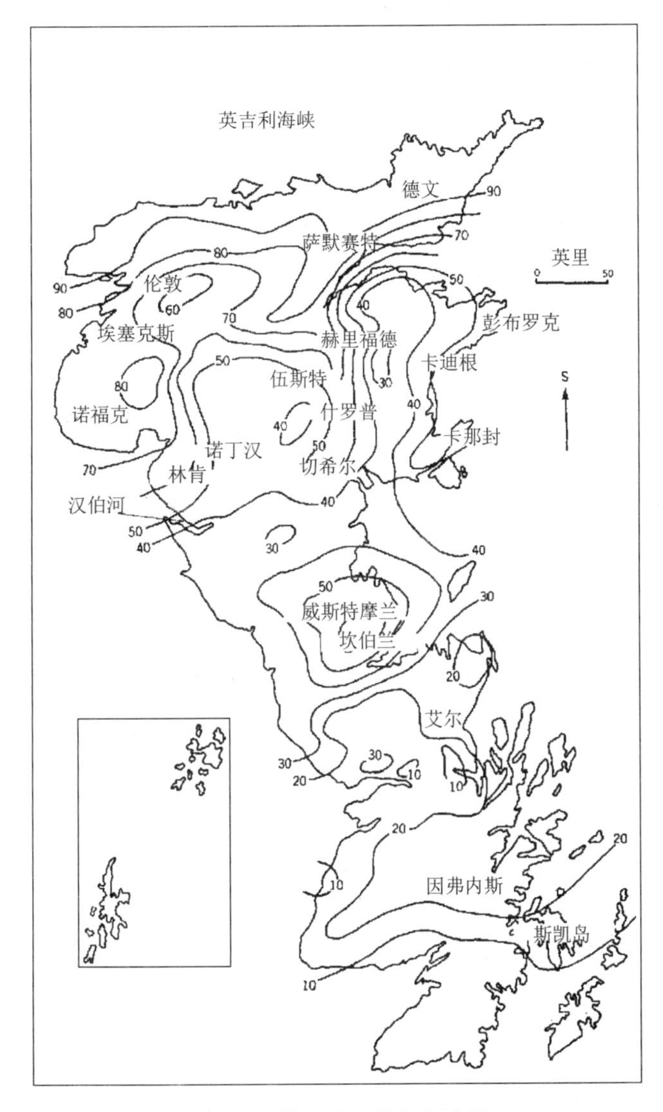

图 6-3　英国居民的意象地图

6.3.2 城市意象

城市意象是指由于环境对居民的影响而使居民产生的对环境的直接或间接的经验认识，是居民头脑中的“主观环境”（Lynch，1960）。这一概念不仅关注人们对于城市环境的感知和认知的质量，还探讨了城市意象的结构元素。城市意象包括5个要素分类体系，即道路（Path）、边界（Boundaries）、区域（Districts）、节点（Nodes）和地标（Landmark）（图6-4）。其中，道路指的是街道、河流、铁道等交通通道，是人们在一个给定环境中经常或偶尔穿越的基本路径，是一维空间。边界为观察者不利用或者不视为路径利用的线状要素，通常被认为是两个不同区域的分界线，可能包含自然环境的元素（如海岸、河岸、高速路等），也可能包含社会、政治和文化的元素（如势力范围的边界、行政界限等）。区域是城市意象中主要的二维面状元素，是指包含在一组清晰边界内的可识别区域，如CBD、工厂、小区等；一般来说，区域内存在共性而区域之间存在差异性。节点是个体的出行地点和到达地点等城市内部的主要地点，是人类活动行为的关键点，可能是公共汽车站、就餐场所、办公楼、火车站等，个体可以进入到节点中。最后，地标是景观中显眼并且容易分辨的元素，是个体行动时的定位参照物，如制高点、历史建筑、文化建筑等。

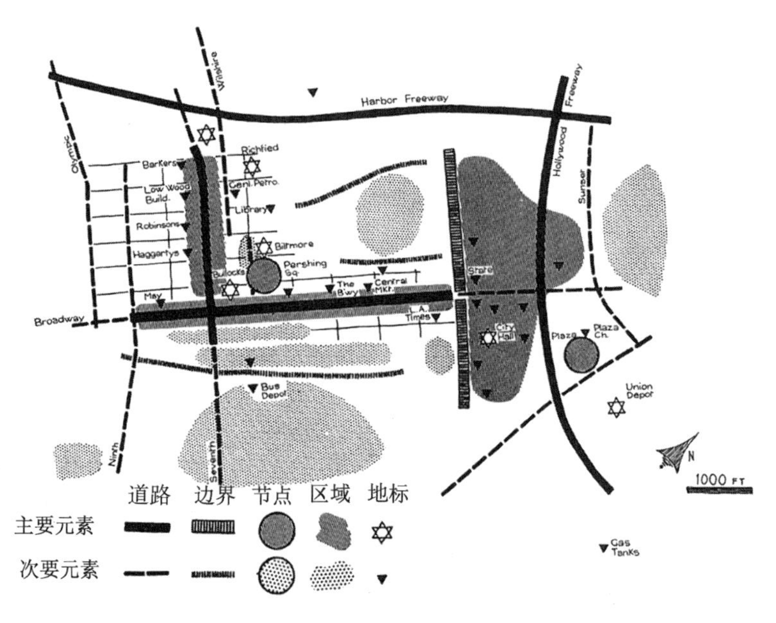

图6-4 波士顿的城市意象

林奇采用这5个要素对不同城市的意象进行图解。道路、节点和地标几乎是所有城市都出现的意象要素，但各意象要素的重要性因城市而异。城市意象要素的丰富程度与城市发展的历史及其规模相关，充分反映了城市的个性特征。例如，波士顿拥有地标、节点、道路、边界和区域5个要素，泽西城和洛杉矶除道路以外其他要素并不显著，芝加哥地标、道路、区域认知表现突出。关于城市意象的元素的讨论至今在城市结构研究中占据着主要的地位，城市意象要素因空间区位、历史、城市文化等而不同，并且会随时间而发生变化。

6.3.3 认知地图

认知地图的概念最早出现于一个动物寻路实验研究（Tolman，1948）。通过实验方法研究饥饿的老鼠在迷宫中的寻路过程，发现随着多次实验的进行，老鼠能够找到出口的时间逐渐缩短、错误率降低，而且能够逾越障碍而直接朝向事物源地而去。可见，自寻捷径这一现象可能受到空间学习和空间导向的影响，动物不用非要沿着以前习得的路径而能够从起点直接到达目的地。基于此，认知地图的概念随即被提出。

认知地图的概念也可以应用于人类行为的研究，个体会在自己的思想或者脑海中构建生活或者出行环境的认知地图（Golledge et al.，1997；Portugali，2018）。行为地理学者将这一概念扩展到了行为研究领域，认为在实际可观察的世界和个体的环境行为之间存在一个中枢神经系统的“黑箱”，即认知地图（Downs et al.，2011）。因此，认知地图出现以后，行为地理学研究就将人类个体的行为与心理环境连接了起来。

戈列齐等指出，认知地图不仅代表已知存在的环境信息，也代表想象的但并不一定存在的信息；而且认知地图可能混合了不同时期所接受的信息，具有不完全性、简化、形变等显著的特征（Golledge et al.，1997）。我们可以将认知地图理解为个体对真实世界的一个不完整的、歪曲的、多尺度的描述，它与真实的客观地图之间不存在一一对应的投影关系，甚至可能毫无关系。若林芳樹总结了认知地图与地图学中常用地图之间的关系（表6-0）。还有学者讨论了关于认知地图概念的4个争议：(1) 认知地图是一种测绘的地图吗？(2) 认知地图像测绘的是地图吗？(3) 认知地图好比测绘的地图吗？(4) 认知地图与我们所理解的地图既没有真正的关联，也没有精确的描述、类比或是比喻，它只是一个不幸的“方便的虚构”或者只是一个假象的结构（Kitchin，1994）。

表 6-0 认知地图与地图学常用地图的关系

	地图学中的地图	认知地图
肯定的	引导空间行为	—
	现实的缩小化、符号化、简单化	—
中立的	图的表现形式	地图的？主题的？
	二维欧几里得平面表达	非欧几里得空间？
	有单一的比例尺与方向	比例尺与方向是局部的？
	大比例尺中水平位置的扭曲较小	与现实的扭曲？
否定的	一种物质存在	一种心理存在
	客观知识	主观知识

认知地图或隐或显的包括了空间相关数据、环境属性，以及个性化的和受社会文化制约的信仰、价值观和态度（Golledge et al.，1997）。认知地图对于个体具有重要的意义，任何空间行为的发生都需要个体从头脑中调用存储的信息并使用这些信息。

认知地图也可以作为一种个体内在的地理信息系统来看待(Golledge，1993a)。与地理信息系统类似，认知地图中的数据也是被符号化和编码的，而解码和回忆的过程依赖于整个知识体系中的某些选择性元素，获取的信息可以用词汇、图像、声音、触觉等多种形式来表达。地理学对于认知地图的研究包括以下三个方面：用地图表示人们的空间认知；从手绘图中推测人们对空间与环境的认知；从地图学角度分析认知地图。

6.4 认知地图的表现形式

6.4.1 认知制图

认知制图的过程就是对来自物质环境、记忆环境、社会环境、经济环境、政治环境、文化环境和其他可能产生影响的环境的复杂信息进行构建、编码和复制的过程，可以采用多种实验方法来揭示和描述小尺度或大尺度环境的认知结构。人们从外界环境提取信息，存储在一个以意识结构的形式来组织这些外部世界的特征、意义、构造关系等的心理空间中。为了在外部环境中生存，个人必须拥有关于外部环境的整体知识；这个整体的描述在结构上被分为特质的部分和共同的部分

(Golledge et al.，1997)。

戈列齐等把提取和描述意象的方法分为在自然条件或控制条件下进行的实验性的观察、历史的重构、分析外部的表述及非直接决策实验等(Golledge et al.，1997)。这些方法覆盖了大部分的外部表述形式，如报告、简图、表、梗概、单词表、对比模型、小说、诗歌、图画、日记、访谈、草案、玩玩具、大概估计、等级缩放、编故事和写作等。因此，在不同的时间里，个体被要求提供一个按照印象深刻程度排序的文字描述和口头描述、图片、简图，并对少量的环境信息进行群组、分等级，或者改编和转换。这些都是从用来回忆头脑中两点之间距离的经验和多维尺度分析中得来的，也是从实验者进行图层触摸探察实验中得出的，还是从实验者解决听觉定位和简单寻路任务的实验中得来的。

6.4.2 手绘图

长期以来，手绘图（Sketch Map）一直就是揭示环境信息的有效工具，并与其他方法一起被用来提取关于环境的认知信息。当一个人在一个地方生活一段时间，就会在大脑里形成关于那个地方的空间结构与空间功能的地图，把这张图画在纸上就形成了认知手绘图。虽然手绘图通常不能提供定量的度量信息，但可以提供一些定性的空间信息，比如要素数量、要素特征的混合信息、绘图者所感知的场所的主要功能的含义信息，以及一些普通的诸如沿路顺序、沿路区段以及转弯顺序等的信息。手绘图可以看做是空间知识的定性载体，传统的空间认知研究往往使用这种定性分析的方法。根据位相—位置、连续—空间的分类标准，可将手绘图分为两种类型：连续型或空间型。其中，连续型包括段、链、支/环和网等四种亚型，空间型又包括散点、马赛克、连接和格局等四种亚型（Appleyard，1970)。

作为认知地图的一种呈现方式，手绘图也是不完全的、歪曲的、度量混乱的或没有度量的表达模型（图 6-5a)。研究者常常让被调查的居民对一个给定环境绘制简图，并挑选出在这些图中出现频率最高的要素(比如道路、节点、边界、区域等)，最终汇总得出一张大多数人所熟悉的组合地图（图 6-5b)（冯健，2005)。这种方法的好处是可以用来理解城市居民对其城市的认知度，并从个体认知的角度对城市形态进行评价。

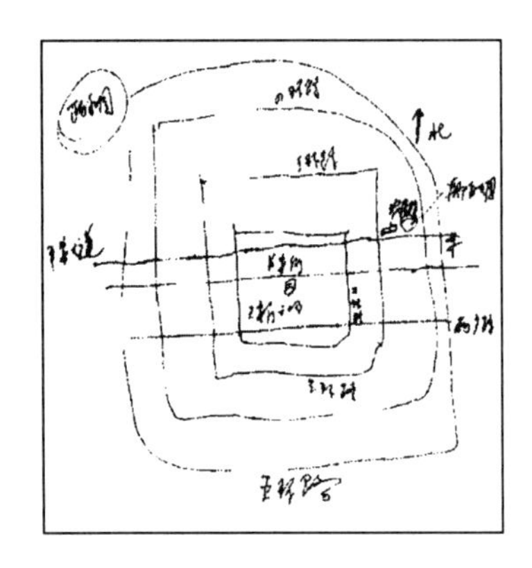

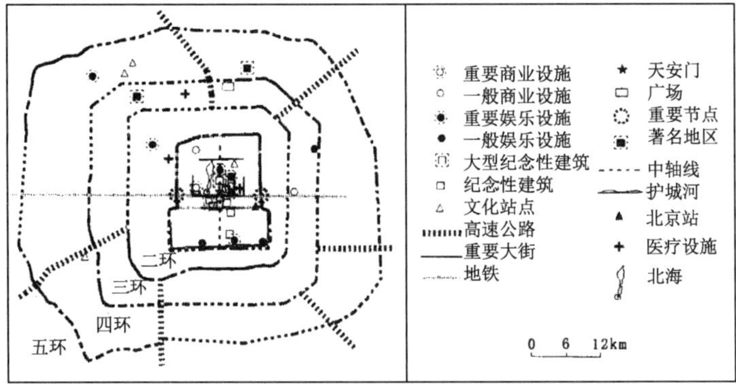

a 单个样本的手绘图　　　　　　　　b 手绘图的汇总地图

图 6-5　手绘图的表现形式

6.4.3　多维标度法

手绘图方法虽然能够提供一些定性的空间知识，但是定性信息在概念上的不确定性、时间限制、记忆模糊、知识的不完整性等问题都随研究的不断深入而显现。近期的研究则更加关注使用定量化的方法对空间信息进行分析，其中比较代表性的方法就是多维标度法（Multi-dimensional Scaling）。

所谓多维标度法，是对不同样本与研究对象之间的相似性进行定量度量的方法，可以看做是一种间接的数值方法。这个方法需要被试估计一组地理对象（一般为地标、城市等可以抽象成点状的地物）之间的距离，以估计距离的矩阵作为输入，利用迭代算法还原出这些点对象在二维空间中的布局。一般来说，多维标度法的研究只限定于几个特定的地物，被试只需要估计地物两两组合的认知距离数值，其他则完全由计算机还原出与这些认知距离相符的认知地图（薛露露等，2008b）。例如，北京的一项研究中，被试给出了三环以内区域的东直门、西直门、天安门、双安商场、西单、天坛、北京西站、国贸大厦计 8 个主要地标之间两两组合的道路网络最短距离估计。将所有被试的距离估计作为输入矩阵，计算每一个样本的欧氏距离多维标度结果，以多维标度结果形成一个不含地理坐标系的二维结构图（图 6-6a）。通过可视化的方法，将规则的网格叠加在实际地图上，并把网格上实际点的位置向多维标度结果中每个地标估计的中心位置做投影，就可以直观地看到个体认知地图的扭曲（图 6-6b）。

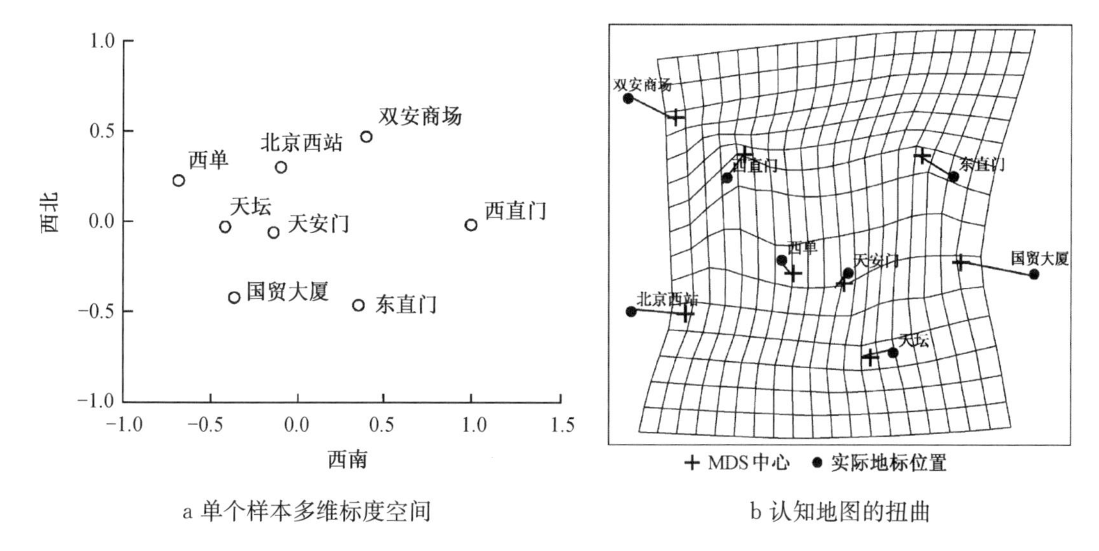

a 单个样本多维标度空间　　　　b 认知地图的扭曲

图 6-6　基于多维标度法的认知地图

相对于手绘图，多维标度法提供了一个可以定量度量空间认知的手段，但也存在一些问题。一方面，多维标度法的客观性并不能保证其结果与人们头脑内部的认知地图一致（薛露露等，2008b）。另一方面，多维标度法假设个体对实验的地标具有相同的熟悉程度，这也是有问题的。尽管如此，多维标度方法能够提升对于空间认知的理解，通过对不同城市、不同群体的分析，有利于定量理解城市结构与人们日常生活经验之间的关系。

6.5　空间认知的个体差异

近年来，行为地理学对空间认知的个体差异的兴趣在不断增加，性别、年龄、社会阶层甚至性格对空间认知的影响日渐被考量（Montello et al.，2005）。个体间的空间认知差异既来源于个体的社会经济属性，也来源于个体与空间的交互过程。

首先，个体的社会经济属性例如年龄、受教育程度、收入、就业状况等与空间认知具有密切的联系（许洁等，2011）。其中，最具特色的是关于老年人、儿童和女性的研究，特别是老年人和儿童的年龄的影响分析（王茂军等，2007）。关于儿童的研究特别关注空间对于儿童认知发展的影响。例如，儿童日常游戏内容和游戏场所大小与空间认知相关，小学 3—4 年级学生的认知空间会随游戏空间而扩大（寺本潔等，1987）；儿童认知环境受到周边空间规模的影响更大（泉貴久，1993）。而老年人则更多受到老龄化进程的影响，老年人的空间认知与周边设施可达性、交通设施可达性、身体健康程度、空间能力、出行行为等相关(Potter，1979；Walsh et al.，1981)。

性别方面的分析则强调男性和女性在空间认知能力上的差异，分别从空间可视化、空间定位、空间关系等不同角度开展分析（王茂军等，2007；Lawton，2018)。例如，男性、女性认知地图的空间形态分别为空间型与连续型（Spencer et al.，1981)。研究发现，男性的优势在于对城市、国家或者有轮廓边界的地区中的地理要素的认知（Beatty et al.，1987；Alhosani et al.，2015)。而且，对于不熟悉区域的地图认知上，性别差异则更加明显（Zinser et al.，2004)。当然，并不是所有的空间认知都存在着性别差异。例如，在线上地图定位世界上的城市，男性比女性更在行，但是在不同空间尺度的距离和方向认知方面并没有差异（Montello et al.，1999)。而且男性和女性在地表的认知上基本没有差别（Tranel et al.，2005)。此外，个体的社会文化背景如语言差异、性别建构、心理因素、教育水平、生活经历、社会阶层、家庭成员等，对空间认知之性别差异的影响，尚需更多的实证研究（Lawton，2018)。

其次，居民空间认知的发达程度以及对待空间的主动或被动态度也会影响到空间认知的差异（王茂军等，2007)。个体空间能力的差异可能会对空间认知研究实验的结果产生重要的影响（Ishikawa et al.，2006)。有些人到达一个新的环境后很快就可以获取精确的认知地图，而有些人则对环境的理解比较弱而且提升缓慢。根据居民的个体差异，可以区分出空间能力好、空间能力差和空间能力有提升等各类人，让被调查者在 3 周时间内分批学习通往山坡上住宅的 3 条路线：前 3 周学习两条小路，第 4 周引入一条与其他两条相连的路线，观察被调查者从路线知识向测绘知识的演进（图 6-7)。不同群体在空间认知的水平上存在明显的差异，在新的学习环境中空间能力好的人的认知效率较高(Ishikawa et al.，2006)。但是，这类实验研究往往面临被试数量较小、代表性不足等问题。

最后，空间认知与个体的出行方式之间也有着密切的联系。认知主体是否发生位移、是否使用机动车等直接影响到认知地图的正确性(Freundschuh，1995)，驾驶员的认知地图往往比乘客的准确性更高(Appleyard，1970)。

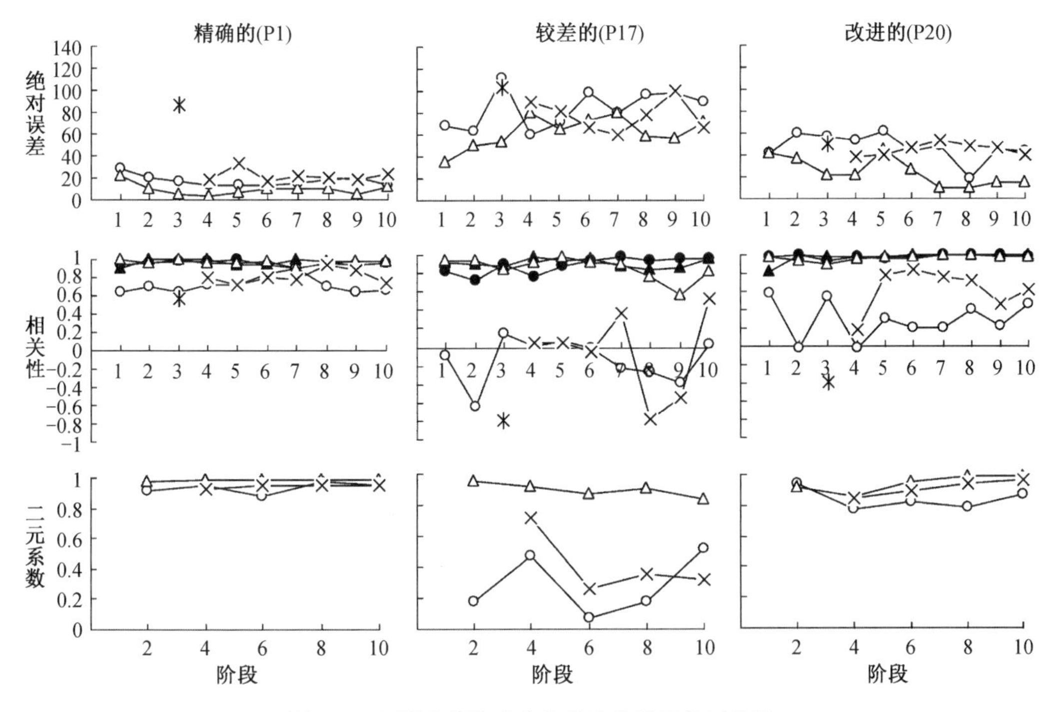

图 6-7 不同空间能力个体的路线学习结果比较

6.6 空间认知研究的未来

空间认知与认知地图是行为地理学研究的重要内容。本章以认知地图为主线，从空间认知理论基础、认知地图的概念与制图、空间认知的个体差异等方面，梳理了空间认知研究的基础理论和概念内涵。行为地理学对于空间认知的探求希望把主观性因素纳入理论模型，而认知模式的研究，从认知地图到空间知识学习过程，构成行为地理学研究的核心部分（Couclelis et al.，1987）。空间认知涉及个人活动与环境的关联，强调个体如何接受并利用外界信息以实现空间中的行为。

认知地图是行为地理学空间认知研究的重要内容。通过空间知识的学习和认知过程，个体形成内在的认知地图，认知地图虽然可能具有扭曲、变形、不完全等特点，但与个体的空间行为有直接的关联。认知地图研究的方法包括手绘图、多维标度法、再构成法、认知距离测定法、时间判断法等，通过在不同国家与地区开展的相关实验，获得了关于认知地图、认知地图与真实地图关系、认知地图扭曲等多方面的研究成果。近年来，学界学者更加强调认知地图与空间行为的关联，对空间认知过程与人的空间行为的关系有了新的思考。

进入新世纪以来，空间认知研究与GIS的结合成为探索的焦点。一方面，在认知地图的可视化、空间化、眼动追踪和布局呈现等方面取得了丰富的成果（Montello，2009ab；Portugali，2018）；另一方面，空间认知研究为GIS的人性化因素提供了基础，在标准化的模型与空间知识之间架起了一座桥梁。例如，利用行为方法可以确定模糊地理查询的边界（Montello et al.，2003）。行为地理学还将探路行为视作空间知识获取的一个特定阶段，提出个人在移动过程中摄取信息的特点决定了导航系统应该在何时提供何种信息（Montello et al.，2005）。这些研究已经结合计算过程模拟、全球定位系统等多学科技术而被应用到智能交通系统（ITS）的构建中。近期，学者开始使用移动视线跟踪技术来分析地图的适用性和地理信息工具的使用。

空间认知研究与脑神经科学、社会科学等的交叉也在不断深入。通过与脑神经科学的结合，空间认知的机理得以深化，例如采用核磁共振成像等方法分析认知功能的神经元活动（肖丹青，2013）。而在于社会科学的结合中，自组织地图（Self-organizing Maps）、协同代表网络（Synergetic Inter-representation Networks）、进化心理学等理论不断得到应用，使思想—大脑—身体—环境的复杂关系研究成为可能（Portugali，2004；Cohn et al.，2005；Agarwal et al.，2008）。近年来，认知地图、环境偏好、空间选择、人工智能、灾害感知、认知个体差异等方面的空间认知分析都在不断地发展（Friedman et al.，2003；Ishikawa et al.，2006；Portugali，2018）。

7　行为决策与空间选择

决策和选择行为是行为地理学所强调的两种最重要的研究内容。决策过程是理解地理环境和居民的实际行为之间关系的桥梁。决策理论希望去描述人们是怎样做决策的以及人们应该怎样去做决策。本章将从决策过程、决策理论假设与决策模型等三个方面介绍行为地理学决策过程研究的主要内容。

7.1　决策与选择过程

认知方面的研究虽然揭示了行为决策背后的一些心理机制，但多停留在“就认知论认知”的局面，认知心理过程与外显行为动机两者也无法完全等同，除非清楚最终决策之前的偏好选择机制，否则直接用认知来解释和预测人类空间行为仍然十分困难。因此，人们如何作出决策、人们应该怎样作出决策的研究就变得十分重要。对于行为地理学来说，决策过程的研究一直以来都是一个重要的议题。

所谓决策，就是为了解决某种问题而从多种备选方案中选择一种方案的过程。戈列齐等人提出了行为决策的一般过程（图 7-1），认为个体或者群体的决策建立在既有的知识基础之上，在个体层面这种知识表现为认知地图，而在群体层面一般表现为文化（Golledge et al.，1997）。除了知识基础之外，决策主体还受到一定的环境、社会、政治以及文化背景的影响，通过个体功能变量、个体结构变量、社会/文化/政治变量和空间变量等表现出来。此外，感觉、情感、信仰及价值观等也会影响决策。个体或者群体可能会受到有意或者无意的刺激，可能表现为驱动或者暗示，推动其进入到一个决策与选择的过程之中。

决策过程包括两个刺激反应阶段。第一阶段的刺激反应是决策过程的启动。首先，决策主体可能会进行一个信息搜寻的过程，搜寻的信息可能包括问题本身的特征、发生的环境、社会或文化的制约以及决策主体以往的经验。信息搜寻将会一直持续到决策者有了足够的信息量来进

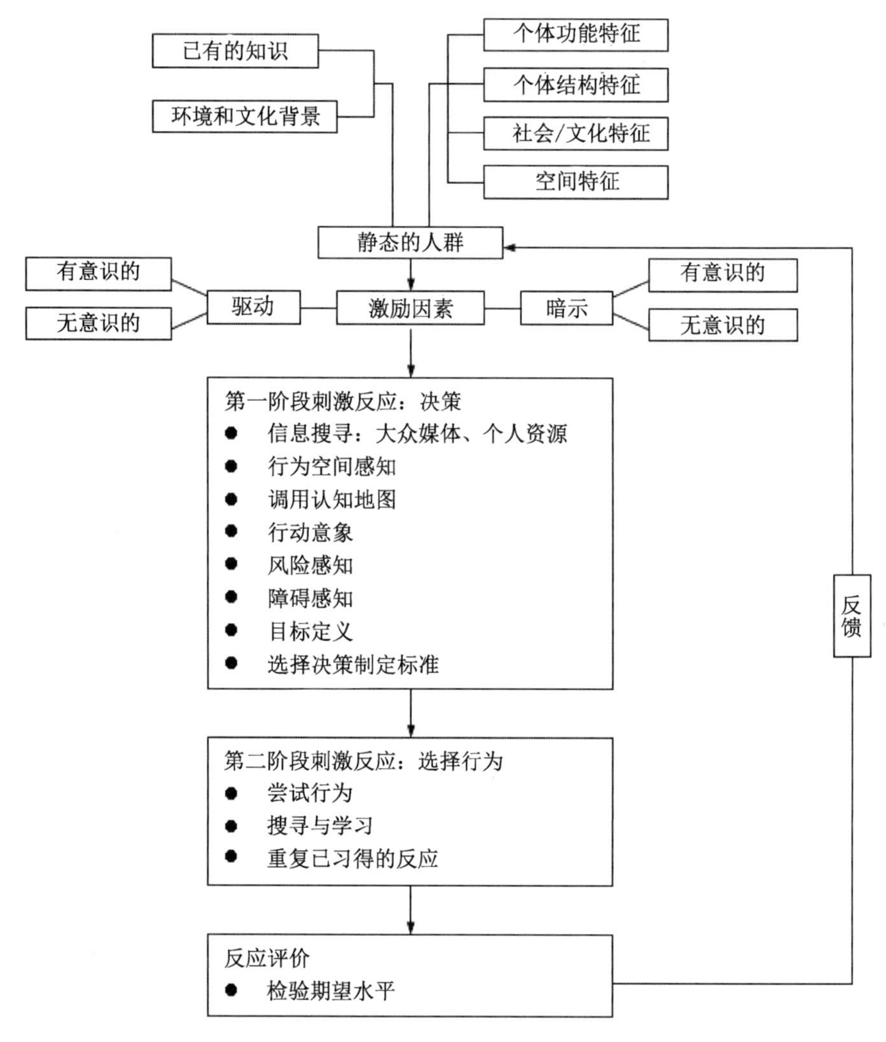

图 7-1　决策与选择过程

行决策过程中的其他行动为止。之后，决策主体将形成其行为空间感知。这一过程可能包括空间意义上的也可能包括了非空间意义的。在非空间意义上，信息可能形成关于事物特征的多维度属性的感知空间；而在空间的范畴下，行为空间可能由一系列的认知地图组成，形成关于任务环境的意象或者是典型表征。不论这种感知是列表的形式还是空间意象的形式，决策者都可以对可能的目的地进行定位和排序，进而对其进行相互之间的比较，最后选出一个或多个可能的目的地。此外，决策者还会对行为空间中的路径进行判断，比如按照一定的准则（如距离最短、时间或花费最少、最大效用等），形成唯一或者多个目标场所集。接下来，决策主体会调用其认知地图，将符合决策需要的内容在头脑中加以汇集、加工，并且运用挑选的决策准则修正原始的策略。可以说，认知地图是在调用记忆内存中那些由于特定目的而储存的知识仓库，是决策过程中的一个重要部分。当决策主体激活了自身认知地图中的相关部分后，就会进行详细的行动意象描述，从而形成出行计划。而这一过程中决策主体会对可能的阻碍因素、风险因素加以考虑，使得活动一出行计划与那些环境中自然、社会和文化的阻碍因素相协调。只要完成上述这一系列过程，就可以实施目标导向的行为。

第二阶段的刺激反应就是选择过程。选择行为是一个较长的内在过程，其最终结果是确定可以达到目标的特定位置，可见，选择即是决策过程的结果。一般来说，一个决策新手可能会开展“尝试行为”。也就是说，由于第一次所搜集的信息并不完备，决策者选择行为的空间表现通常被认为是“非理性的”。而在接下来的尝试中，通过不断的搜寻和学习，决策者会纠正这一过程，空间行为逐渐稳定，最后经过多次的试验，形成特定的重复性习得行为。

在每一次尝试之后，就会有一次反馈，然后已有的知识结构被改变。在这个过程中，对于可行机会集中各个选项的评价（如该尝试是否达到满意的水平），将被作为相应目标空间的信息而被编码记录下来。随着关于环境信息的积累，期望水平也不断调整，越来越多的备选路径、目的地以及行动等从可能的活动计划中被排除。一旦达到合适的满意程度，活动方式就得以确定，并且极有可能成为习惯性的活动模式。因此，在某个特定的刺激情形下，就会诱发这些习惯性的或是自动的反应。长此以往，就意味着从受到刺激到作出选择之间所需要的反应时间会越来越短。而当一种习惯形成以后，反应时间就固定下来，行为也成为一种相对稳定、重复并且很难消除的模式。

7.2 决策理论

大多数地理学研究对于人的行为决策采用了一种规范性假设的理论视角，往往基于一系列选择情景下的行为假设而展开，被称为经济人模型或者理性决策模型（Jankowski，2018）。在理性决策模型中，决策人被假定为完全理性的，具有同样的偏好和对于决策问题的一致性理解。总体来说，理性决策者完全有能力对决策选项进行权衡，并根据效用最大化的原则进行排序，形成最好的选择。同时，最大化原则使人们最终会在所有的可行项中找到唯一的解决方案。

地理学中的典型理性决策模型主要应用于区位选择研究中，例如区位论、中心地理论等。在这些模型中，行为决策者往往被假定为经济和空间上的理性人。经济理性意味着完全的信息，与外界环境各方面、各部分充分及时的联系，以及有能力作出满足最大效用的最优决策；空间理性意味着不存在明显的空间偏好、行为符合典型的距离衰减特征。人口也被假设为在统计特征上完全相同的群体：既没有社会、文化和种族的区别，也没有价值观、信仰、激情、感觉、情绪、偏好、品位及需求等方面的差异。然而，随着学者们对于地理空间问题和行为特征的认识加深，越来越多的学者对理性人假设提出了质疑，发现城乡消费行为中的大部分既非经济理性也非空间理性（Golledge et al.，1966）。

行为地理学中关于行为决策的假设来自于有限理性的概念。有限理性的概念依赖于决策目标和决策者之间不匹配性的认知（Jankowski，2018），有限理性模型来自于程序理性的重要性（Simon，1957）。人们的决策行为要受到环境与自身能力的约束且具有不确定性，因此，人在决策中会追求满意路径而不是最优路径。虽然和理性决策假设一样，有限理性也假设决策者是目标导向的，但这一假设更加强调决策者的认知局限性，包括情绪化、过度合作、有限的注意力、有限的信息处理能力等等。这些限制使得决策者达到最优化行为的能力受到限制而转而追求一个满意的结果。

地理学领域决策模型从规范性假设向行为假设的转变发生于20世纪60年代（Golledge，2008）。在探索真实世界中空间行为的理论假设与概念的过程中，有限理性假设被广泛用于理解消费行为决策、住房行为决策等（Golledge et al.，1997），发现人们的空间行为决策并不符合传统的理性人假设和空间理性行为。例如，在农村居民家庭消费行为的研究中发现，消费者并不是完全遵循中心地理论的理性的、距离最短的出行模式（Golledge et al.，1966）。

后期的研究发现，人们会根据不同的情况而改变其偏好顺序，因此有学者提出前景理论来理解行为（Kahneman et al.，1979）。前景理论认为，人们对于收益和损失的认知态度存在差异，在不同的参照水平下，个体对同一个备选项感知到的效应可能存在很大的差异。大量的实验研究发现了许多偏离传统最优行为的决策偏差，如确定性效应、反射效应、锚定效应、后悔理论、过分自信等现象（Kahneman et al.，1979），充分展示出人类决策行为的复杂性和不确定性。虽然前景理论在行为经济学领域有大量的应用，但在行为地理学中的应用却不甚广泛（Jankowski，2018），主要应用在出行行为决策与路径选择中。例如，采用累积前景理论分析有孩子的家长在面对不可靠的交通网络状况时的决策应对策略（Schwanen et al.，2009）。

随着学者对于人类行为决策机制的理解加深，对于决策中的不确定性、不完全信息和偏好的重要性的认知在加强，基于有限理性和前景理论的研究在增加，为理解复杂的活动—移动行为模式提供了理论基础。但需要指出的是，在行为地理学研究中理性经济人假设的研究也没有完全消失（Jankowski，2018），在这一假设下的区位研究、空间决策支持系统、多代理人模型、GIS 分析等依旧是空间行为研究很重要的部分。

7.3 决策模型

7.3.1 不同类型的决策模型

决策模型不仅被广泛用于探索和描述人们如何进行决策，而且还提供各种决策支持工具，并揭示了空间认知与空间决策之间的联系。消费者行为的空间决策、出行交通方式选择决策等一般需要考虑行为的习惯性和反复性特征，可能的选择集合相对来说就比较有限。在这类决策中，个人一般会在有限的选择集合中进行选择，决策的不确定性和风险相对比较小，而错误的决定只会导致很小的消极影响，因此一般限制条件下的简单选择决策模型比较常用，例如离散选择模型。相比之下，住房选择决策是一个更为重大而谨慎的过程。对于某一个个体来说，寻找住房是一个一生只有几次的过程。个体在住房信息搜集的时候往往具有信息不对等、信息不完全等特性，而且可选择集合可能变化很快，错误决定的影响往往非常剧烈。另外，每个人对于住房选择的偏好存在很大的差异。因此，住房选择决策中对于偏好和态度的考量更为重要。而休闲选择通常更多的是一种受意识驱动的、寻求多样性的行为（Golledge et al.，1997）。在休闲行为的决策中考虑动态过程，应用更为复杂的混合模型可以更准确地展现休闲行为的选择。

戈列齐等以购物行为为例，将行为决策模型总结为以下五类：寻求多样性的行为决策模型、限制条件下简单选择决策模型、解释偏好和态度的复杂选择决策模型、时间选择决策模型（随机模型）和模拟复杂选择结果的决策模型（混合模型）（Golledge et al.，1997）。但在具体的分析中使用哪一个具体的模型，需要首先对决策或者选择过程进行深入的判断。了解决策过程本身不仅能够为选择合适的模型提供依据，也能为决策本身带来益处，比如对决策问题进行精准的定义、确定决策的核心影响因素、获得决策可能的策略、改变解决问题的方法、对决策中的重要参数进行评估、获得满意的解决方法等。这些收获都将帮助决策者和研究者确定决策结果的排序模式和影响机制。

在确定具体的模型时还需考虑的重要因素包括：解决方法至少要满足或者符合决策单元制定的标准；解决方法必须要被执行者接受；解决

方法必须可行或者在决策者的能力范围内；解决方法必须要考虑到执行后的回应；应当对潜在方法的风险有了解；多方案解决需要根据明确的标准进行排序；一种解决方法应根据其质量和可接受性来评估；根据对方案预期的反应进行评估（Golledge et al.，1997）。

此外，当可用的方法多样的时候，最终的模型选择可能受到研究者或者决策者本身的个人偏好影响，包括学科背景、社会背景、应用方向等。在寻求最优解决方案时，最常用的标准通常是根据不同的效用来表示的（Golledge et al.，1997）。很明显，如果使用这类标准首先要决定不同解决方案的预期价值，然后对预期价值进行排序，从而产生最大价值的方案。另一个选择理论或模型的标准是根据理论或模型分析所获得的信息的价值进行判断。一方面，可以从决策模型的理论基础的可靠性进行分析，或者详细考察其推论结构逻辑来评估不同理论和模型的价值。另一方面，可以评估决策模型能产生与解决问题或任务情境相关的经验数据的程度。很多决策和选择模型也可以根据其强度、信度和效度进行评估（Horowitz，1982）。选择决策和选择模型的其他标准还包括简单易用、一般性、可转移性和可接受性。

7.3.2 决策模型与计量分析

基于计量分析的决策模型是行为地理学发展比较早而且持续发展的重要方面。借助精密的模型方法和复杂的研究设计，直接用于模拟消费、居住地选择等空间行为选择偏好和决策，而偏好评价之前的认知“黑箱”不纳入模型的表达中，这是早期决策—选择模型的一大特点。一般是将选择行为作为决策过程的结果，以及决策过程的最终空间呈现，而选择通过显性行为表现出来（例如消费或者出行）。选择一般是受约束的且反映了显示偏好（Rushton，1969；Timmermans，1993）。所谓显示偏好就是通过作出最终的选择而反映出对一组可选择对象的偏好，而这一结果是受到各种约束限制下而形成的偏好展示。

从20世纪70年代早期开始，出现了很多不同类型的决策和选择模型，但是其中的大部分建立在一系列简单的概念假设基础上，包括感知、偏好形成和认知地图等将选择行为与环境影响联系起来的若干过程（Golledge et al.，1997）。由于个体对于环境的认知地图和主观效用存在一定的差异，因此，每一个人的选择集合都是不同的，并且会根据一定的规则或者启发式原则形成偏好结构，而这个偏好结构受到了个人的、制度的或者社会的约束而存在差异。在早期的研究中，大多数模型都是关于单一选择行为的，而少数则通过出行链和活动安排等概念扩展到多行为选择和多区位选择的问题。

最常使用的单一选择行为模型是离散选择模型（Timmermans，1993），被广泛应用于消费者选择行为、居住选择、零售、休闲选择、交通方式选择等领域。离散选择模型认为，个人作出决策的标准是实现效用最大化，将行为决策过程看作是在心理学上的随机选择过程，也就是满足以下两个假设：（1）决策者 n，将在 J 个行为选项中进行选择，无论选择哪一个选项都可以获得一定水平的效用 U_{nj}，$j=1$，…，J；（2）决策者进行的是效用最大化的行为模式，因此决策者 n 选择行为选项 i，当且仅当 $U_{ni}>U_{nj}$，$\forall j\neq i$，$j=1$，…，J。由于个人对每个选项的效用水平都不为研究者所知，存在测量误差，因此通过引入不同的误差项，得到不同的离散选择模型（Train，2003）。

在活动—移动系统研究中最常用的是 Logit 系列模型。一般来说，当单独考虑某一个层级的行为决策过程时，因为同一层级里的多种决策在建模过程中都被假设为同时进行，往往用到多项 Logit 模型（Multinomial Logit Model）、条件 Logit 模型（Conditional Logit Model）和联合 Logit 模型（Joint Logit Model）。例如，我们可以把日常活动模式简单地划分为家外强制活动型、家外非强制活动型和在家活动型 3 类，结合家庭联合效用，构建多项 Logit 模型来解释社会人口统计属性以及家庭联合特征对日常活动模式类型选择决策的影响（Bradley et al.，2005）。我们也可以利用这些模型单独对活动的出发时间选择、持续时间分配、交通方式选择或者目的地选择等进行建模（Bhat，1997；Lam et al.，2001）。当考虑到多个决策层级时，不同层级之间存在包含和嵌套的关系，因此大部分采用嵌套 Logit 模型（Nest Logit Model）和混合 Logit 模型（Mixed Logit Model）等（Ben-Akiva et al.，1998）。

应用较广的效用计量模型和多维态度模型均扎根于区域与城市规划、交通规划、市场分析等许多领域，对所发展出的偏好—选择模型的应用和预测性要求较强。早期决策的缺陷在于效用函数的假定过于绝对，模拟决策规则的非汇总模型则无法处理多目的行为，未充分考虑个人属性差异性。但更大的质疑在于，把通过显示偏好计算出来的偏好尺度与最终表现出的行为相等同，忽略了主观认知的偏好与实际行为之间可能存在的不一致性和所受制约。与行为地理学早期的偏好—选择模型相比，新的行为决策模型放松了单一目的选择、固定效用等严格的假定，更好地体现了个人及家庭如何在复杂环境中安排活动并选择出行方式。换言之，它们能够提供在整个活动系统背景下理解行为与城市空间关系的手段。这些基于“活动”的模型极大地扩充了人的行为研究的内涵。

例如，基于北京的调查数据，中国学者研究了基于巡回的居民出行时空间决策，把居民出行决策过程归纳为巡回类型决策、巡回中主要活动起始时间决策，以及空间距离和交通方式决策计三个层次（图 7-2）。巡回类型决策主要包括单目的巡回和多目的巡回两个选项。活动时间方面，将主要活动的起始时间按照交通量的大小划分为 5 个时段，因此主要活动起始时间决策也包括 5 个选项，分别是早低峰（0：00—7：00）、早高峰（7：00—9：00）、中低峰（9：00—17：00）、晚高峰（17：00—19：00）和晚低峰（19：00—24：00）。第三层次将空间距离与交通方式集合起来进行研究：根据活动距离划分为近圈层（0—1 km）、中间层（1—5 km）和远圈层（5 km 以上）；根据出行距离划分为非机动方式（步行和自行车）、公共交通（公交车和地铁等）以及小汽车（包括私人小汽车和单位小汽车）三种类型。将出行方式和空间距离变量两两相乘，得到关于空间距离及交通方式决策的 9 个选项（张文佳等，2009a）。

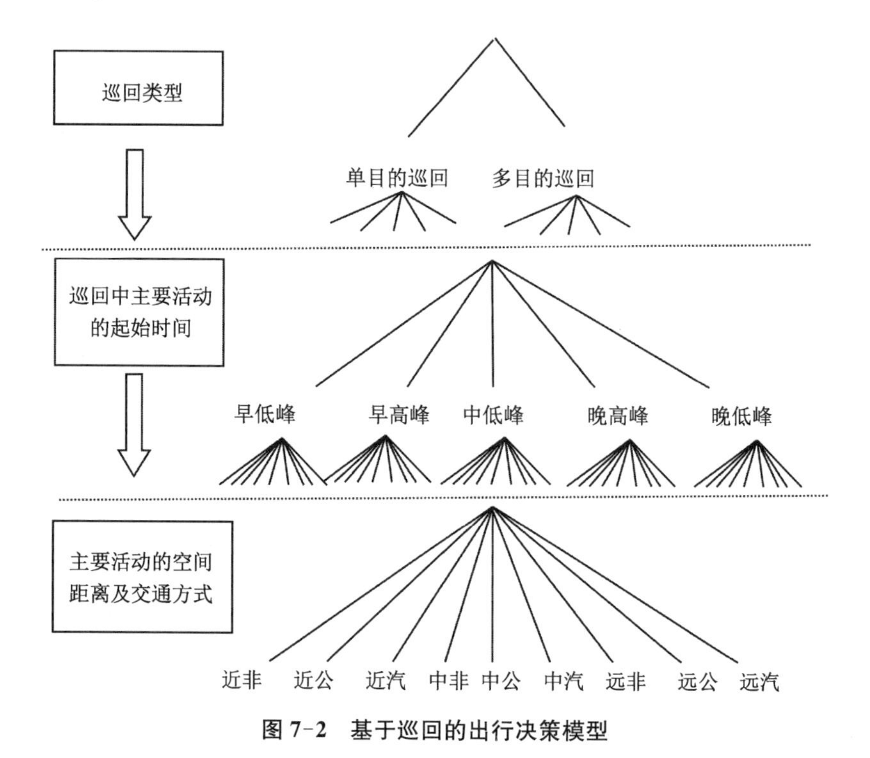

图 7-2　基于巡回的出行决策模型

该研究在概念模型的基础上，采用嵌套 Logit 模型进行出行时空间决策的建模，对于三层选择问题，模型表达为：$P_{ijk} = P_{k|ij} \cdot P_{j|i} \cdot P_i$，其中，$P_{k|ij}$是在选择 i 和 j 之后选择 k 的条件概率，$P_{j|i}$是在选择 i 之后选择 j 的条件概率，P_i则是选择 i 的边际概率。式中，i 指居民出行的巡回类型，j 指巡回中主要活动的起始时间，k 指主要活动的空间距离

及交通方式交叉后选项。该模型假设不同决策过程之间存在层级影响，并且不同决策层面受到不同的解释变量影响（张文佳等，2009a）。

行为地理学研究的日常生活化趋势引发了对更加精确的行为模型的需要，随着西方城市越来越强调居民需求的中心性，基于活动分析法的模型开始被用于城市交通规划研究中（Golledge，2002），出现了其他的偏好和选择模型，比如随机效用模型、分解的多因素偏好模型、复合多因素态度模型、混合评估模型等（Timmermans，1993）。随着地理信息系统技术、全球定位技术和智能交通系统的发展，新的行为决策模型相继问世，除了效用模型（连续和离散选择模型）以外还包括结构方程模型（Cao et al.，2007）、生存模型（Bhat，1996）、规则模型（计算过程模型） （Arentze et al.，2004），以及新兴的各种微观模拟模型（Schenk et al.，2007）。行为决策模型的应用领域已经遍及交通预测、交通优化管理、土地利用系统、空间决策支持等多个方面（Golledge et al.，2002）。

7.3.3 决策模型与多代理人模拟

随着计算机硬件运算能力的不断提高以及基于对象编程技术的发展，多代理人系统也逐渐成熟，将基于个体行为的模型和多代理人系统结合模拟并支持决策已成为行为决策研究的热点。多代理人系统是指一种模拟的框架，其核心是对个体（代理人）行为的模拟，通过计算机编程实现（朱玮等，2011）。在空间背景下，这些模型可模拟土地利用系统参与者的行为，并允许研究这些决策的复杂过程产生的后果（Jankowski，2018）。每个代理人都具有一组选择，这些选择将基于采用效用函数或 If-then 规则形式的决策规则进行进一步评估。代理人可以根据规则对周围环境（包括其他代理人）作出响应，并以简单的反应性模式或协商性选择的形式追求其目标。当计算机运算能力足够模拟众多的代理人的同时性行动时，就可以实现对现实世界运行的逼真模拟。

在决策规则上来说，效用最大化、启发式规则和认知模型都已成为在多代理人系统中使用的决策（An，2012）。一般来说，采用效用函数的多代理人系统遵循理性决策的规范假设，在这种假设的基础上对不同代理人进行假设，比如谁作出最大化效用决策、谁作出利润或成本效益比决策等（Miller et al.，2010）。近年来，学者已经充分认识到对人类决策行为建模的有限理性原则，大多数多代理人系统都以有限数量的选择、不一致的偏好和令人满意的形式对效用最大化代理的效用进行限制，而不是优化决策策略（Jankowski，2018）。

例如，在对上海市南京路商业街的模拟中，基于 NetLogo 开发了模拟商业街消费者行为的多代理人模拟平台（朱玮等，2009），基于边界理性原理对回家决策、方向选择决策、休息决策、商店光顾决策等消费行为决策进行了建模模拟（图 7-3）。该模型对每个代理人的模拟开

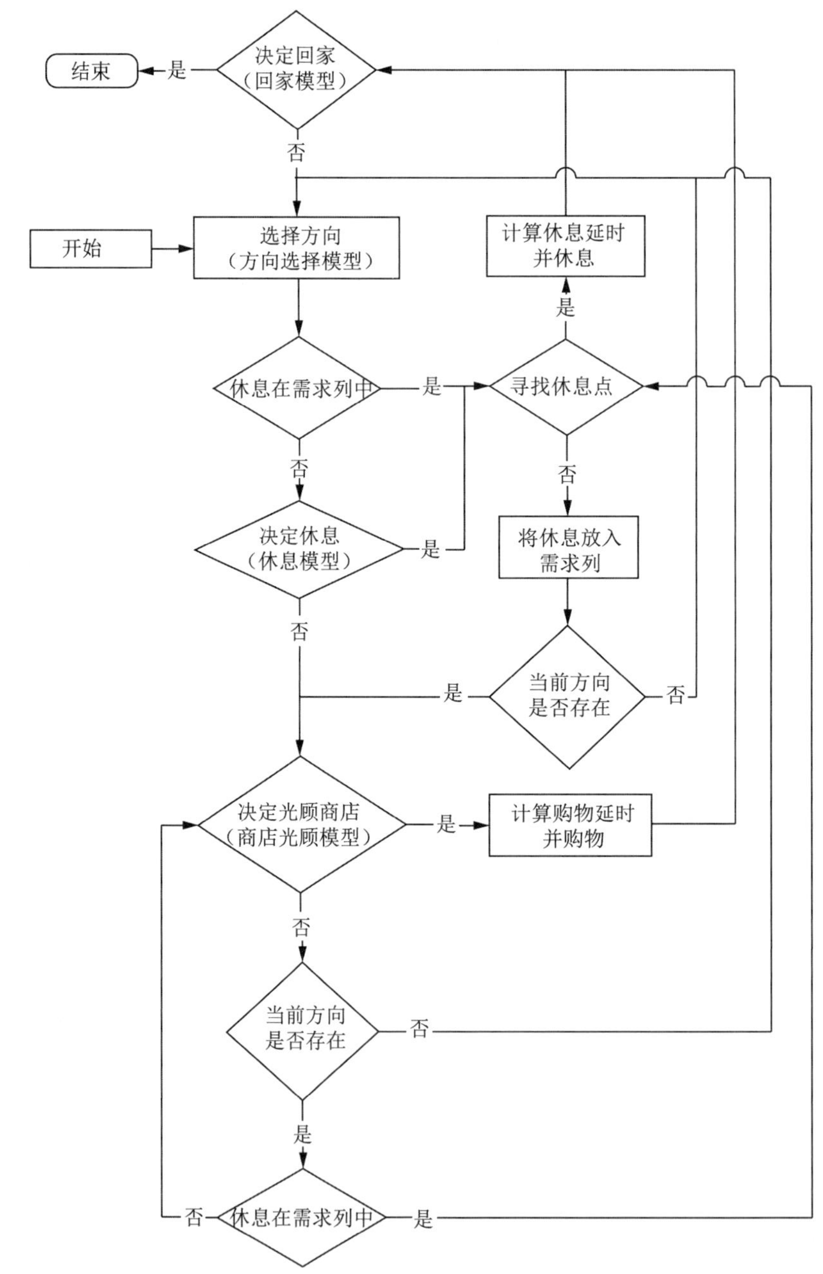

图 7-3　基于多代理人的商店街消费模拟流程

始于代理人从一个入口点进入商业街后，代理人所作的第一个决策即选择行进方向，被选的方向决定了代理人的活动空间，代理人的行进方向立即指向所选方向内最近的导向点。接着模拟休息行为，根据是否有休息需求进行休息和购物两种需求的选择，这两种需求的优先级别会根据不同的行为结果互换。对于选择了休息需求的代理人，在限定行进方向内 100m 搜索休息点的空间，该范围内最近的休息点如果存在，便将休息从需求列中删除并向该点移动，并进入休息时间。休息结束后，代理人选择是否回家，如果决定回家，便结束对该代理人的模拟；如果决定继续购物，代理人重新开始选择方向。对于没能在搜索范围内找到休息点的代理人，就将休息置入需求列并赋予购物较高的优先级，只有当前的行进方向中有商店的时候，代理人才开始寻找合适的商店，否则将重新选择方向。搜索合适商店的过程类似于搜索休息点，代理人从离其最近的商店开始，判断该商店是否满足要求，当发现合适的商店后，代理人便向其移动，到达后生成活动延时并停留相应时间，完成在商店的活动后考虑是否回家。如果在搜索范围内没有发现满意的商店，在休息存在于需求列的情况下，休息的优先级将被提高，并对休息或者商店进行重新搜索。

通过在代理人的决策中使用不同的启发式规则，超越了单一的、规范的效用最大化启发式方法。尽管多代理人系统不能完全代表复杂的认知过程，但它确实可以捕捉各种选择情况下的人类决策结果。这种决策的复杂性，不仅体现在感知和情感上的限制，而且还受到社会结构和规范的控制。在近期的模拟中，决策行为不仅是规范、规则的结果，而且是影响代理人的社会结构的结果，并且可以通过代理的行为对其进行修改（Jankowski，2018）。

从理论基础来看，对于行为决策的假设越来越趋于现实化和复杂化。从早期的理性人假设到有限理性的提出再到前景理论的应用，行为决策中对于信息不完全、风险、偏好等问题的考量日益加深。从模型的进展来看，早期的决策模型往往使用规范决策理论，并从理性或者有限理性的假设下进行检验。这些模型方法对于单一行为或者多种行为进行模拟，多采用离散选择等方法。近年来复杂模拟的方法被越来越广泛地应用在行为模拟之中，包括基于元胞自动机的仿真模型、基于多代理人的建模等。对于地理学来说，理解人地关系、理解人类行为的复杂决策机制与地理空间的关系具有重要的意义，而高性能计算机、众包建模方法、人工智能模型等的发展都为决策理论与模型的发展提供了新的助力，未来的行为决策将能够对真实地理环境下的人类行为进行更加细致准确的模拟分析。

8 住房选择与迁居行为

由于对城市空间结构的深刻影响，住房选择与迁居行为一直以来都是人文地理学研究的重要对象。行为地理学关注住房的迁居决策与住房搜寻过程，形成独特的研究方法体系。本章主要从概念内涵、迁居特征、迁居原因、决策模型等四个方面介绍行为地理学在迁居行为方面的研究。

8.1 迁居行为

迁居是指个人或者家庭从原先的居住地迁到新的居住地、居住地的地理位置发生改变的过程。迁居是城市内部空间结构模式形成的基础，迁居的时空间特征深刻影响着城市时空间结构，包括人口空间分布格局的变化、城市社会空间的变化以及城市地域功能空间的变化（柴彦威等，2002）。

作为人文地理学的重要研究对象，各个分支学科对于迁居行为都有所涉猎，而对于行为地理学来说，迁居决策和居住区位的搜寻与选择过程最为重要（Golledge et al.，1997）。不同的家庭有不同的倾向，而且迁居和居住地选择的自由度也不相同。按照迁居的原因可分为自发型和强制型两大类。前者是指居民自己为了改善居住环境、适应生活方式改变等而主动迁居的情况，具体又可分为调整型和诱导型两种；后者则指住房破坏、住房被占、离婚、家庭成员死亡、长距离通勤等原因引起的被动性迁居。对于大部分的自愿选择迁居来说，可以根据个人或者家庭的效用、偏好和认知进行决策与选择，而城市内也存在一些被动的迁居，这类迁居的决策能力就受到很大的限制。

微观尺度的迁居行为研究可以归纳为 6 种主要的分析方法（Smith et al.，1979；Golledge et al.，1997）：(1) 汇总层面上居住迁移过程的空间特征，探讨宏观上各个普查区和居住邻里之间的人口流动。(2) 家庭在微观层面上的空间行为，更多关注搜索信息行为本身。(3) 城市内部迁移结构的马尔可夫模型，即通过一组综合的模型来识别迁居比例的结构，分析迁居的纵向时间特征，主要基于生命周期因素，重点分析迁居将于何时发生而非迁往何地。(4) 与住房或者邻里特征相关的迁居研究，是关于居住区邻里特征变化的汇总模型。(5) 居住迁移中的决策过程研究，一般分为决定搬迁阶段、实际迁移阶段。(6) 决策与搜寻模型，目标是在选择概率框架下同时考虑居住选择的空间和时间两个方面，并预测城市内部的迁居模式。

8.2 迁居的特征

迁居率、迁居距离、方向性、选择的住房类型是迁居研究的主要关注点。一般来说，城市内部迁居主要有两大类型：市中心内部短距离的无规则迁居和迁向郊区的长距离扇状迁居（柴彦威等，2002）。研究发现，大多数迁居都是较短距离的，尽管实际的迁居距离在一定程度上与特定城市的总体规模有关。当然，不同居民之间存在着显著的差异，迁居距离通常受到收入、种族、户籍和迁居前的住房状况等因素的影响。依据移动性和迁居类型可将城市地域分为三大地带：移动性较高、低收入阶层迁入地的内部地带；移动性较高、高收入阶层迁入地的外部地带；移动性较低、各种阶层混合的过渡地带。

迁居的方向性也是研究的重点考察内容之一。一般来说，迁居有一种从内城邻里迁往郊区的普遍倾向性，但反向迁移流和交叉迁移的存在使得这一问题变得更加复杂。而且，市中心内部的短距离迁居没有方向偏向性，而向郊区的迁居有在同一扇形区域内移动的方向偏向性。根据迁居距离与迁居的地域范围将迁居分为区内迁居和区间迁居，也可根据迁居的方向把迁居分为向心迁居（即由城市外围区向城市中心区的迁居）和离心迁居（即由城市中心区向城市外围区的迁居）等等。例如，柴彦威等（2000）在天津的研究中发现，不同社区的迁居方向具有显著差异，内城老居住区的居民主要来自城市周边地区，而新建小区居民主要来自城市中心区，反映了当时城市建设中央商务区、进行大规模旧城改造中原居住人口大量外迁的现象（图 8-1）。

不同国家、不同城市结构下的研究存在比较大的差异。比如，罗西总结了西方国家典型的迁居模式：刚结婚的夫妇居住在中心区临近工作地的公寓，第一个孩子出生后搬到郊区的别墅或低密度住宅，孩子长大离家后可能再次迁回市中心寻求照护（Rossi，1955）。而日本在快速城市化背景下呈现出“飞旋标”迁居模式：从乡村或小县城到大都市中心就学或就业，接着结婚后留在具有良好工作机会的市中心，退休进入老

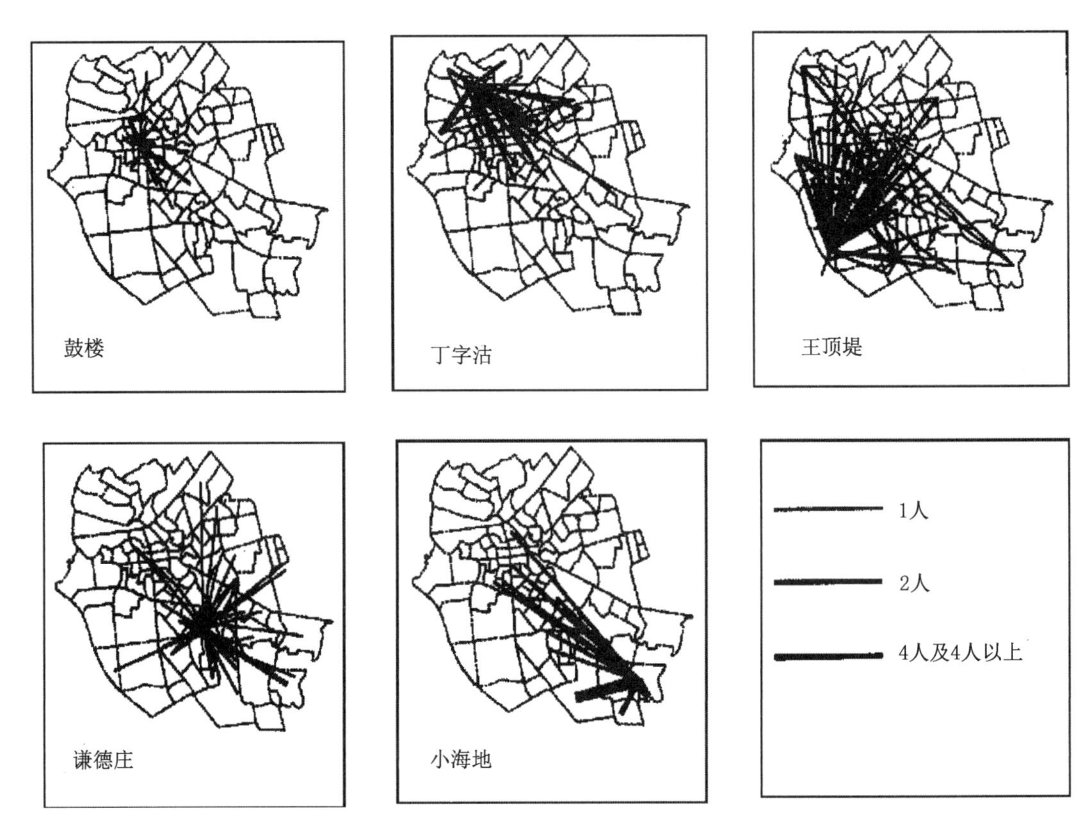

图 8-1　天津居民的迁居方向

年期后返回老家或退居郊区（荒井良雄等，2002）。中国城市如大连、天津和深圳的实证研究发现，居民迁居没有明显的方向偏向性，没有出现类似西方国家迁居呈扇形扩展及从市中心向郊区扩展的推移式迁居现象（柴彦威，2002）。但一般来说，城市内部迁居模式的最显著特征与来源地和目的地的相对社会经济状况有关，绝大部分的迁移发生在具有相似社会经济属性或者住房所有权类型的普查区之间。

8.3　迁居的原因与偏好

从 20 世纪 70 年代开始，迁居研究开始关注迁居的决策过程，并重视分析迁居的限制因素。当实际的居住现实与居住期望不一致时居民就会产生"刺激"，但有刺激不一定就会立即迁居（Brown et al.，1970）。搜寻新住房时可能还会受到家庭收入、可获得的信息、交通花费的承受能力、搜寻时间、搜寻空间成本等限制因素的影响（Rossi，1955；Smith et al.，1979；Montgomery，1993）。此外，住房所有权、住房类型等住房属性特征，不仅是影响家庭迁居决策的重要因素，也会影响到住房选择的偏好（刘望保等，2006；党云晓等，2011；Kingsley et al.，1993；Li et al.，2004）。

根据自愿和非自愿可将迁居原因分为两类，可分别考察这些反映住房、环境和个人因素综合作用的变量（图 8-2）。自愿迁居又可以分为调整性和诱导性两种。在调整性的原因中，居住、邻里和可达性是主要的三个方面。一般来说，对住房本身状况的不满、社区质量与服务的过时，以及就业、学校、医疗、社交等方面的可达性差都有可能导致居民的迁居行为。而诱导性原因一般指的是各种变化导致的迁居，比如就业的变化可能带来居民的住房调整，另外生命周期的变化也是迁居的重要原因，由于结婚、生育、养老等原因的迁移在国内外都很常见。例如，罗西考察了美国城市变化过程中的高比率迁居现象，并试图解释不同家庭居住迁移的动机问题（Rossi，1955）。通过建立迁移潜力指数（Mobility Potential Index）和不满指数（Complaints Index），将迁居分为决定搬迁、搜寻住房和选择住房三个阶段，分析不同阶段中的关键因素，比如决定搬迁的原因、搜寻住房的信息来源和具体要求，以及选择中的偏好排序，提出家庭生命周期所处阶段以及家庭成员对住房和居住环境的态度对于预测家庭迁移的需求亦非常重要。

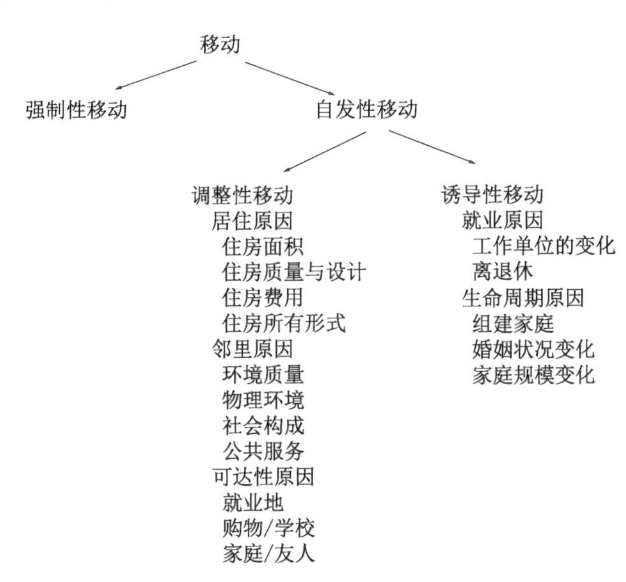

图 8-2　家庭迁居原因分类

迁居需求可能不是单一因素作用的结果，而是内外压力交互作用的结果（Robson，1975）。内部压力是由于家庭收入增加和社会经济地位提高等变化所产生的对住房的新的需求与期望，外部压力主要是由住房本身的变化（如年久失修、设备老化等）和居住环境变化及邻里社区关系的变化等所引起的居住变动压力。内部压力与外部压力共同形成一定的迁居压力水平，当这个压力水平达到一定的门槛值时，居民就会因忍受不了压力而采取各种对应措施，其中之一就是选择新的住房进行迁居（Brown et al.，1970）。

迁居偏好分析的一个重要方法是叙述性偏好法（Stated Preference），即为获得“人们对假定条件下的多个选择方案所表现出来的主观偏好”而进行的意愿调查。将方案属性变数及水准值，通过实验设计产生数个模拟情境，将情境组合的替选方案供受访者选择并评分、排序或选择，以了解不同情境下受访者对替选方案的偏好（王德等，2014）。

8.4 迁居的区位决策模型

居住区位决策过程的行为模型强调不同特征人群在寻找居住区位的过程中存在多重的目的和不完全的信息，同时决策也并非最优。另一方面，相关理论也承认在进行选择的过程中存在很多经济和制度的制约。决策者的目标是实现自我满足，而行为则具有内在理性。从个体层面对居住区位决策进行研究，可以总结出居住区位选择过程的行为模型（图8-3）（Brown et al.，1970）。

8.4.1 决定迁居

按照布朗和摩尔的住房选择模式，居民寻找住房的行为大致要经过三个阶段，即决定迁居、寻找住房和选择新居（图8-3）。居住迁移过程的第一个重要决定是对家庭的需求、期待及愿望与现实住房条件及环境设施之间的满意程度进行判断。居民往往会根据上述原因和偏好对住房进行评判。同时，这种评判标准往往因居民类型而异，比如选择机会少的居民更加看重得到住房的机会，而选择机会多的居民则强调社区的环境氛围等。一般来说，年龄、收入、阶层、宗教、种族、生活方式、家庭生命周期及以往城市生活经历等都会影响居民的评判标准。

无论家庭的期望与愿望如何，迁移决策的最重要因素是由于期望和现实环境之间的差异所导致的压力的程度。可忍受压力转变为无法忍受的临界点的情况视家庭的不同而不同，一旦达到该临界点，家庭就必须在以下三种行为之间作出决定：

（1）原地调整、改善环境。这包括一系列不同的活动，比如对于房子来说，可以通过扩展房屋的面积、增加设施（暖气、空调等）、重新翻修和装饰、增加租户等增加对房屋的满意度；对邻里或“环境”压力来说，可以通过请愿、诉求、协商等方式要求地方政府和规划部门提供

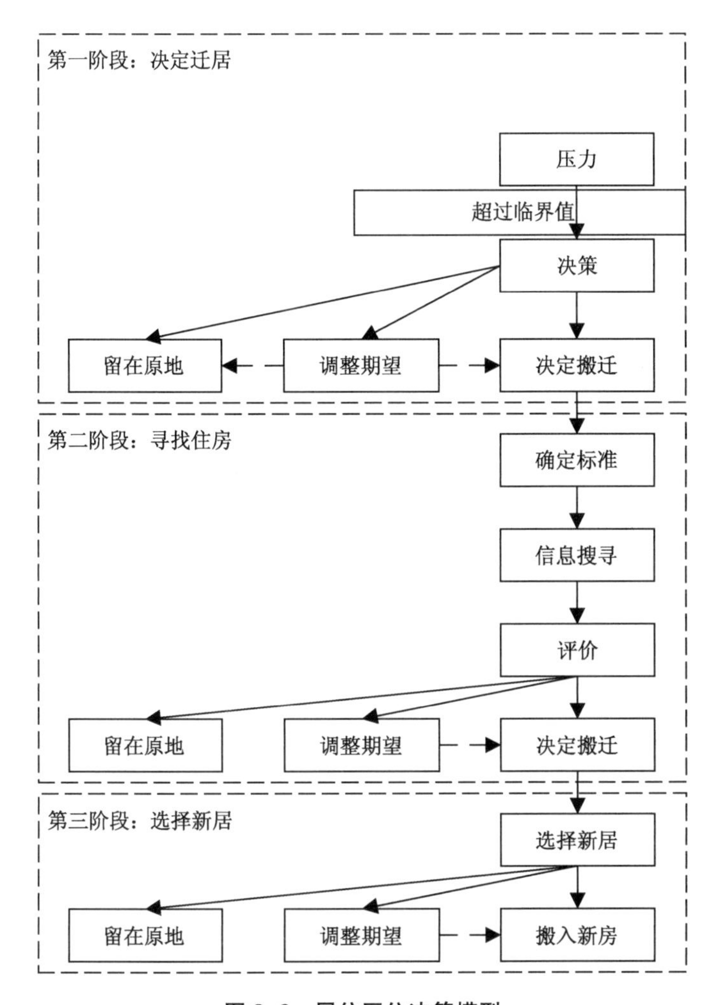

图 8-3 居住区位决策模型

更好的公共设施或服务来解决，也可以通过公众参与来增加社区绿地、美化公共环境，甚至还可以通过群力赶走不受欢迎的人等方式来加以解决。而这些策略的实施可以根据不同的家庭和个人而有所差异，但最终的结果就是留下来。

（2）降低期望。这是一种向现有住房条件妥协的方法。降低期望也有多种途径，比如改变生活方式、重新制定搬迁计划等。更一般地讲，这是一种“降低不协调”的心理过程：学会去喜欢自己已有的东西，并且对自己无法拥有的东西变得无动于衷，当然其最终的结果有可能留在原地。

（3）居住迁移。当家庭作出这个决定的时候，就需要开始进行第二个决策，那就是新住房的寻找与选择。

8.4.2 寻找住房

第二阶段是收集住房信息，寻找适宜的空房。地理学家对这一过程的主要兴趣在于：空间偏向性的存在与否；如果存在的话，不同的家庭类型是否存在着偏向性上的差异。这一过程分为三个部分（Brown et al.，1970），即确定评价空置住房的标准、寻找符合这些标准的住房和最后决定新的住房。在住房的搜寻过程中包括信息收集，而且在收集的过程中也同时形成现实居住区域的概念。

搜寻过程中比较重要的因素包括：(1) 搜寻者可获得的信息可能会因为选择性而发生歪曲；(2) 搜寻者最初得到的信息使其对于特定区位的空间更加熟悉；(3) 搜寻者利用信息的行为决定了期望建立的方式、实际和期望之间平衡的感知，关系到能否成功地找到合适的区位；(4) 时间，作为一个压力因素督促搜寻行为的进行，同时也作为学习过程中的一个变量。

一般来说，住房搜寻过程的目标是在可利用的时间范围内找到合适类型、合适价位的住房。在这个过程中，大多数家庭考虑的首要因素是区位，即确定一个住房寻找空间，而人们往往集中关注一些特定的社区，这些社区是基于其感知环境特征以及家庭对寻找到满足其地点标准的空置住房的适宜性评价后所挑选出来的。并且，面对在有限空间内的寻找这一问题时，很多家庭很自然地会在最熟悉和最可达的区域内集中寻找，以便进一步节省精力并降低不确定性。换言之，居民新住房的寻找空间有一定的空间偏向性，其根源在于居民在住房信息上的偏向性以及居民认知空间和活动空间上的偏向性。

从认知空间和活动空间上来说，居民对城市地域的认知空间和活动空间的偏向性表现为居民对居住地和工作地之间的城市地域比较熟悉，构成各自独特的认知空间和活动空间。不同类型的家庭，由于活动空间和认知地图的不同，其住房寻找行为也倾向于表现出不同的空间偏向。例如，对于居住在郊区的居民而言，这个空间是自市中心向外辐射的扇形区域；而对于居住在市中心的居民而言，这个空间更接近于圆形区域。又如，低收入居民的搜索空间受到有限的活动空间和信息来源限制，往往局限于以过去居住地为中心的相对较小的地区；而更高迁移性和更高收入的家庭搜索空间则更加广宽，但一般都是集中在城市中居住地和工作地之间最熟悉的地区。

从住房信息上来说，搜索空间内寻找空置住房时利用的信息来源可能同样具有显著的空间偏向性。住房信息来源于新闻媒体、各种广告和房地产商等正式的渠道以及亲友、同事和自己的亲自考察等一些非正式渠道。但是，寻找住房的居民很难掌握到大量、全面的关于整个城市地域的住房信息，并且因为不同类型的家庭倾向于依赖不同信息来源的次序和组合，在实际情况中居民属性的不同也增加了住房信息的偏向性。比如从亲友和同事处获取的信息多少往往受寻找住房者的社会地位与社会交往的影响，而个人的亲自考察则与其活动能力和活动空间密切相关。房地产中介机构在扮演信息中介者角色时也有明显的空间偏向，他们对整个城市的住房市场并没有全面、正确的认识，往往是给居民推荐自己经营的住房。所以，居民住房信息集中于城市地域中的某一特定区域，居民在确定理想住宅选择范围时也自然而然地偏向于这一区域。这里最重要的问题是对不同家庭而言的信息来源的相对重要性和有效性的差异。另外，信息来源的可达性同样重要，这里涉及搜索障碍会提高搜索和收集信息的成本，同时会明显地限制可能住房单元或区位的选择机会。

另一重要的复合因素是住房寻找过程中的时间制约。如果家庭花费更多的时间和金钱用于寻找新房，那么搜索空间和搜索过程都可能有所变化。一方面，住房选择的时间期限将近的时候（比如说现有房子的租期到了等），家庭就必须改变搜索策略以确保找到新房，比如缩小搜索的空间、改变对信息来源的利用等等；而且，时间的压力可能使人们作出错误的选择。另一方面，搜索过程越长，家庭对住房市场的了解就会越多。因此，每个家庭都必须在搜索带来的好处与成本之间找到平衡。

8.4.3 选择新居

最后是新住房的选择阶段。对可选择的住房进行筛选，当空房与理想住宅相吻合，并且能够提供足够的效用时，居民就决定选择具体的住房。也就是说，迁居是由于对现有住房不满意引起的，但只有当理想住宅的效用超过现有的效用时，迁居才会发生。理论上，这种选择是基于家庭对逐个空房进行排序的效用方程。此时，住房价格与住房特征是选择的重要标准。当然，不同社会属性的居民有各不相同的住房偏好和选择标准。

另外，有些家庭可能由于无法在有限时间内寻找到期望区域中的空房而改变其策略，从而重新进行环境改善或重新定义期望的选择。

需要注意的是，迁居行为是一个与家庭决策相关的过程，行为模型主要是侧重个体行为与经济因素之间的关系分析，注重个人对环境的感知、评价和决策，在一定程度上阐明了家庭住房选择行为的内部原理，但对影响家庭迁居的社会因素和社会结构以及与个人住房选择行为之间的相互关系缺乏深入研究。另外，由于迁居行为是一个小几率事件，而且大部分人往往是信息不完全下的局部选择，因此难以建立综合概念模型，从模型概念到经验假设验证也比较困难（张文忠等，2004）。对于中国城市的住房迁移来说，虽然市场化背景下迁居的次数和主动性有了不少的提升，但是政策因素和社会结构方面的限制依旧比较显著，如何在转型期的背景下分析中国城市的居住空间偏好依旧是一个需要深入探讨的问题。

8.5 迁居中的过滤现象

在住房选择过程中，由于一部分居民迁向新的住房和居住区，他们腾出来的空房就会有其他居民迁入，如此延续下去，就会形成由迁向新住房引起的一系列连续反应而产生的住房链，这就是所谓的住房过滤现象。随着时间的变化，住房的质量和价格都会下降，因此高端的住房将会不断地向着更低的价格等级下降。因此，低收入者的住房可以通过为高收入者建造充足的住房得到满足，而旧房将被空置并不断地传递给更低收入者，直到达到市场的底部（Ratcliff，1949）。此过程被命名为"滤下"，反映了居住者的变化，即住房由某个收入组的占有过渡到更低收入组居民，是市场价格下降的结果。其实，滤下过程包括了三个组成部分：价值下降、住房的周转、迁居。而从家庭的角度来看，所有的家庭，不论属于哪个阶层、哪个种族，都在积极地寻找更适宜的住房（Myers，1983）。当然，过滤过程的形成和住房链的长度取决于住房市场的供给状况、城市人口和家庭户数的变化、经济发展水平和居民收入水平的变化、住房价值和质量的变化等因素。

过滤也存在着主动与被动的关系。主动过滤代表家庭通过迁居、更新或改建其现有住房，调整其住房来适应变化的环境（Baer，1991）。因此，家庭的主动迁居导致过滤，即使住房没有变化，邻里的变化也会导致过滤的发生。被动过滤是指，除了那些主动迁居的人，没有搬迁的人也经历了过滤（Grigsby，2015）。被动过滤也可被理解为，当住房或其环境发生变化时，其居住者在这种变化的周期中没有改变自己的住房所经历的效用的变化（Little，1976），即邻里质量变化导致的家庭过滤（Skaburskis，2006）。

9　出行行为

出行行为是人们在日常生活中前往不同活动地点而产生空间移动的一种特定行为，它连接了活动空间中的不同节点，是行为研究的重要对象。本章从出行行为的概念出发，对不同类型出行行为特征进行讲解，并探讨社区环境对出行行为的影响。

9.1　出行行为的内涵

根据人们不同的出行目的，出行行为可以包括连接工作地的通勤出行，由于非工作活动需求（例如探亲访友、购物、休闲等）产生的非工作出行，以及前往多个活动场所的多目的出行等。

通勤出行作为研究者和规划者关注最多的出行行为，依赖于居住地到工作地的特定路径，因此涉及两个方面的决策：居住地点的决策和工作地点的决策。居住地决策和工作地决策过程对于通勤出行具有重要影响，而通勤出行作为关联居住地（住房市场）与就业地（就业市场）之间的纽带成为城市地理学的重要研究内容（Hanson et al.，1998；Horner，2004）。在给定居住地和工作地位置的条件下，通勤者在出行过程中需要考虑通勤路径、通勤方式、通勤时间等因素的影响，同时通勤者自身的态度和偏好也会对通勤出行产生影响。从时间段上看，通勤出行具有在工作日、早晨和傍晚的交通高峰期集中的特征，具有一定的规律。

与通勤出行不同，非工作活动出行的出行目的更为多样化，可进一步划分为购物出行、休闲活动出行、探亲访友的社会出行等类型，它们既可以是某种规律的出行（例如定期固定地点的朋友聚会），也可以是不规律的出行。从空间上看，非工作活动出行既可以是连接居住地（工作地）和不同活动地点的出行，也可以是连接不同活动地点之间的出行。此外，部分休闲性的出行本身就可能是休闲娱乐的一部分，例如散步、骑车游览城市等。

并非所有的出行都仅仅为了一个目的，一些出行可能是有若干活动而去往一个场所，而另一些可能为了一个或更多目的而去往若干个不同的场所。前者的一个很好的例子就是，为了许多不同的购物目的而去主要的购物中心和商业区。那些地方常常兼具社会、休闲娱乐、商业和其他活动的功能。另一种类型的多目的出行则是在空间上相互分散的多个活动地点做多次停留，形成包含多个活动地相互关联的出行。

出行行为的主要研究包括：特定时间段的出行，例如夜间出行、非工作日出行等；出行过程的时间消耗和空间距离；特定的某种出行类型，例如通勤出行、购物出行等；某种出行方式，例如步行、公共出行或小汽车出行；一日内多个出行的出行链；出行的时间弹性、出行方式弹性等（表 9-1）。

表 9-1　出行行为的研究对象

研究对象	定义
出行时间	在一定周期内出行发生的特定时间段
出行时耗	出行过程所花费的时间
出行距离	出行过程所移动的空间距离
出行目的	不同目的的出行；单目的或多目的出行
出行方式	出行过程所采用的单个交通工具或交通工具组合
出行链	指以家为起讫点，包含一个或多个活动地的一系列出行的组合
出行弹性	出行时间的可调整性、出行方式可调整性等

9.2　社区建成环境对出行行为的影响

9.2.1　建成环境的测度及其影响

建成环境对出行行为的影响是交通和城市规划研究的热点，一般来说，建成环境因素包括密度（Density）、混合度（Diversity）和设计（Design）三个方面（Cervero et al.，1997；Crane，2000；Ewing et al.，2003；Handy，2005）。随着对建成环境认识的深化，目的地可达性（Destination Accessibility）和公共交通邻近性（Distance to Transity）等要素开始成为学者关注的重点（Ewing et al.，2010），形成所谓的“5Ds”指标体系。建成环境的传统研究关注客观的物质环境对城市居民日常生活的影响，例如居住社区的建成环境对居民日常出行的影响。表 9-2 显示了一些常用的建成环境测度指标。建成环境测度的指标体系和空间分析也需要考虑不同国家背景和不同城市发展状况，需要选择适宜的标准对社区环境进行细致的刻画（张文佳等，2019）。

表 9-2　建成环境测度指标

分类	变量	说明
密度	人口密度	人口数量除以空间单元面积，反映人口特征
	就业密度	就业岗位数量除以空间单元面积，反映就业特征
	建筑密度	建筑数量除以空间单元面积，反映建筑特征
混合度	土地利用混合度	空间单元内不同类型土地利用混合状况，常用熵值测量，反映土地利用多样性
	兴趣点混合度	空间单元内不同类型兴趣点混合状况，常用熵值测量，反映设施多样性
设计	路网密度	道路里程数除以总面积，反映路网状况
	道路交叉口密度	道路交叉口数量除以总面积，反映道路设计
公共交通临近性	最近地铁站距离	从居住地到最近地铁站的距离，反映地铁可达性
	最近公交站距离	从居住地到最近公交站的距离，反映公交可达性
	地铁站密度	地铁站数量除以总面积，反映地铁可达性
	公交站密度	公交站数量除以总面积，反映公交可达性
目的地可达性	到城市（副）中心的距离	从居住地到城市（副）中心的距离，反映区位临近性
	累积设施可达性	设施数量除以总面积，反映一定范围内的设施可达性
	最近设施距离	从居住地到最近设施的距离，反映设施可达性

这里以社区建成环境特征与居民汽车出行行为的关联为例，说明建成环境与出行行为的关系研究。社区的客观建成环境要素如高密度、混合土地利用等可以减少汽车出行及相应的社会问题。学者对此开展了大量的研究（表 9-3），提出郊区的低密度发展和单一土地利用模式导致更高的汽车拥有率和更长的汽车出行距离，居住地附近的人口密度、就业密度、零售业密度、职住平衡指数、公交通达性、居住区位与城市中心的距离、住房类型以及停车设施的可用性等都对汽车出行行为有重要影响（Cervero，1995；Handy，2005；Christiansen et al.，2017；王丰龙等，2014）。从出行目的看，人口密度高、土地混合利用度强的居住环境可以减少通勤出行中小汽车出行的选择（孙斌栋等，2015）。并且居住地的土地利用、交通可达性、到城市就业中心或 CBD 的距离等特征与居民的通勤出行距离特征存在一定关联（Miller et al.，1998；Sun et al.，2017；尹超英等，2018）。但是，社区环境特征的影响方向并不是单一的，例如方格路网、混合土地利用等因素对汽车出行、汽车行驶里程和交通方式选择的影响并不总是一致的（Crane，2000）。因此，我们还需要考虑建成环境特征在不同社区的差异化影响。

表 9-3　建成环境对汽车出行影响研究

建成环境要素		总研究数量	控制自选择因素的研究数量	汽车行驶里程的平均加权弹性
密度	家庭/人口密度	9	1	－0.04
	就业密度	6	1	0.00
混合度	土地利用混合度	10	0	－0.09
	职住平衡	4	0	－0.02
设计	道路交叉口密度/路网密度	6	0	－0.12
	十字路口百分比	3	1	－0.12
终点可达性	基于汽车的就业可达性	5	0	－0.2
	基于公共交通的就业可达性	3	0	－0.05
	到市中心的距离	3	1	－0.22
到公共交通的距离	最近的公交站的距离	6	1	－0.05

随着对出行行为影响机制认识的逐步深入，实证研究发现只关注单一的客观建成环境要素对出行的影响已经面临着很大局限，因此，相关研究开始关注诸如居住自选择现象和居民主观认知因素等对出行的影响。

9.2.2　居住自选择的影响

20 世纪 90 年代就有学者开始讨论在出行行为中的居住自选择现象（Kitamura et a al.，1997；Boarnet et al.，1998；Schwanen et al.，2005；Mokhtarian et al.，2008）。居民自选择指的是人们根据自身出行行为的倾向和需要选择居住在什么样的社区，其主要来源于两个方面：人们对居住区与出行的偏好和社会经济属性（曹新宇，2015）。因此，在考虑居住自选择存在的情况下，研究者需要注意建成环境行为与出行行为之间的关联是如何产生的，是因为建成环境特征影响了出行行为本身，还是由于具有某种出行行为偏好的人选择住在特定建成环境特征的社区，从而表现出建成环境与出行方式之间的关联。有学者提出居住自选择、建成环境与出行行为可能存在四种关系，包括态度先导、态度干预以及态度无关（图 9-1）。他们认为，居住自选择对于出行行为确实存在一定的影响，而在研究中控制了居住自选择效应后，建成环境的影响依然存在（Mokhtarian et al.，2008；Cao et al.，2012）。在比较不同的研究时有学者发现，相关结论之间存在差异，但建成环境特征的影响总体大于居住的自选择效应（Schwanen et al.，2005；Cao et al.，2009）。目前，居住自选择理论的研究集中于西方国家，而中国城市多元化的住房体系可能使自选择理论的实际应用更为复杂，当然，中西方城市居民之间居住偏好差异和出行方式偏好差异的比较也是重要的研究方向。

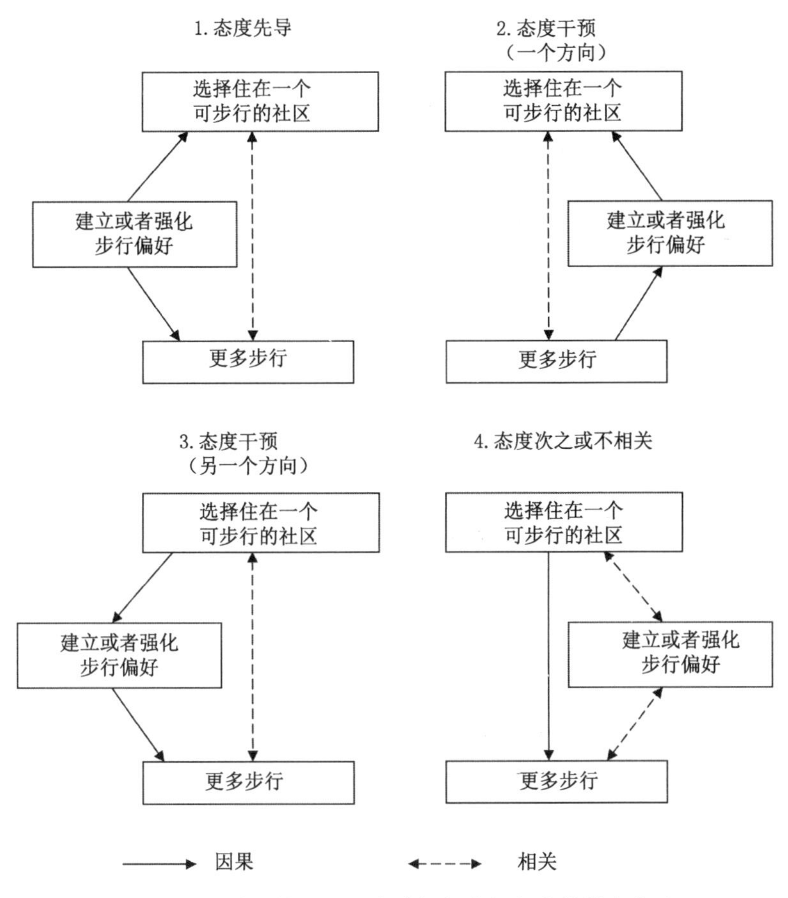

图 9-1　建成环境、居住自选择与出行行为的潜在关系

9.2.3　主观认知因素的影响

从居民的主观认知方面来看，由于不同居民的社会经济属性、习惯和偏好、个人经历等方面都存在着一定差异，因此即使居住在同一个社区中的居民，其出行的选择过程受到主观因素影响的部分也是难以被客观建成环境要素所解释的，即不同的居民对于同一个建成环境特征的认知可能存在差异。例如，居民所感知到的环境特征对其日常生活中是否选择自行车出行会产生一定的影响，即主观感知到更加适宜的骑行环境特征对居民的自行车出行具有积极影响（Ma et al.，2014）。值得注意的是，在观察主观认知对出行的具体影响过程中，若将主观认知等同于一般的客观建成环境要素，则可能难以反映客观要素和主观要素之间的关系（曹新宇，2015）。因此，我们还需要考虑主客观要素对出行行为产生的不同的影响机制，例如主观认知在客观建成环境特征与实际交通行为的关联中可能产生的间接作用。在南京的一项研究中，有学者发现客观建成环境对老人休闲步行出行的影响，可能通过影响个人对周围环境的感知而产生间接作用，主观建成环境对步行的影响则相对更大（冯建喜等，2017）。目前，大多数出行的研究都集中于建成环境的物理方面，而较少关注建成环境的社会或制度因素对出行行为的影响。并且不同邻里建成环境中的社会网络与邻里关系可能也会对居民的活动出行决策产生影响（韩会然等，2019）。

9.3 超越社区的出行行为研究

随着个体流动性的日益加强，以往基于地的测量（Place-Based Measures）已经不能满足当代城市流动性的研究需求，需要从基于人的测量的角度（People-Based Measures）建立个体层面的分析框架（Geurs et al.，2004；Kwan，2012）。关美宝提出地理背景不确定性问题（UGCoP），认为“空间变量对个体行为作用效应的分析结果，可能受到地理背景单元或者邻里单元的划分方法及其与真实的地理背景作用空间的偏离程度的影响”（Kwan，2012）。因此，将社区作为出行研究的地理背景就存在一定的局限，因为居住地并不能准确地展现对个体行为或经历产生影响的真实区域，个体一日内在城市空间范围内发生移动，其出行方式的选择可能受到其他城市空间的影响。

出行的研究视角从社区扩展到整个城市空间中与个体产生关联的所有地方。这体现在三个方面：首先，建成环境与个体的交互具有时间动态性。由于机动化程度的提高，个体与城市空间交互的时间频率上升，从以年、月为单位的住房迁移为主转向以周、日、小时甚至更短时间单位的时空行为为主。其次，建成环境与个体的交互具有空间动态性。这一互动关系的核心已经从单纯的相对静态的居住空间环境拓展到居民日常生活、利用城市空间而形成的动态活动空间环境的问题（Schönfelder et al.，2003；Kwan et al.，2014；Tana et al.，2016a；张艳等，2011；申悦等，2013)。最后，从行为地理学、交通地理学、健康地理学的发展趋势看，基于个人（Person-based Measures）、时空间中的测量(Spatio-Temporal Exclusion）所体现出的改善社会参与的可达性比仅仅提供物质环境机会更能对可持续性的研究产生积极的意义（Geurs et al.，2004)。

因此，建成环境与出行行为的研究需要对"建成环境"的内涵做进一步的思考，寻找测量居民真实地理背景的方法，而在何种空间背景下测量建成环境成为研究城市中人地关系的重要问题。区别于以往基于社区空间尺度的度量，活动空间尺度由于动态性、多元性的特点，对于理解居民行为模式及其社会—环境影响具有重要的意义。表 9-4 比较了基于居住空间的度量、基于活动地点的度量与基于活动空间的建成环境度量及其意义。

表 9-4　不同地理背景的比较

	基于居住空间的度量	基于活动地点的度量	基于活动空间的度量
关注点	社会—空间分选与住房	行为的目的地效应	行为动态过程
时空间尺度	中长期、中微观	短期、微观	短期、微观
研究单元	社区或居住空间	活动目的地空间	活动空间
度量方法	居住区行政单元、以家为中心的缓冲区等	交通小区、活动地点周边缓冲区等	标准椭圆、最小凸多边形、最短路径面积、轨迹缓冲区等

因此，建成环境与时空行为的关系包括三个方面，即居住地、工作地和活动空间对于行为模式的影响（图 9-2）。居住地周边的建成环境主要影响社区内活动与出行、通勤行为以及其他以家为起止点的非工作出行，工作地周边的建成环境主要影响通勤行为和以工作地为起止点的非工作出行，而活动空间主要对相对大空间尺度的出行行为产生影响。

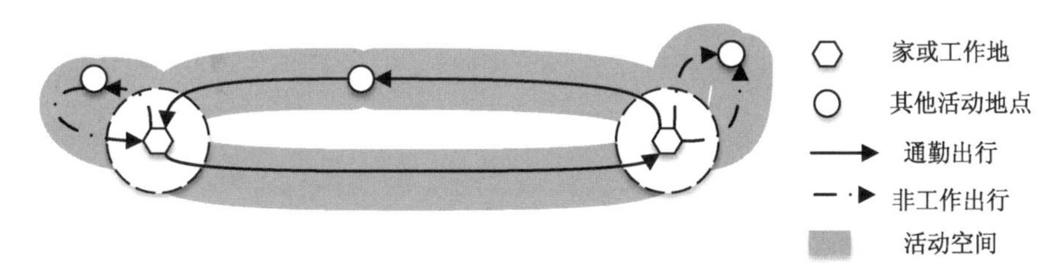

图 9-2　地理背景与行为的关系

9.3.1 目的地建成环境

随着行为研究对于日常行为的认识不断加深，一些研究开始关注非居住区位的地理背景的影响，提出出行行为的目的地效应问题。通过比较工作地和居住地的建成环境差异后发现，工作地的密度和土地利用混合度对于交通方式选择的影响大于居住区位。例如，在工作地附近提高商业设施密度可以减少白天的出行和整日尺度的汽车使用（Cervero，2002），个体是否使用汽车通勤也受到其家庭成员工作地区位的影响（Maat et al.，2009），居住地和工作地的人口密度、就业密度、到市中心的距离等因素对于通勤交通方式选择都有重要的影响（Ding et al.，2014）。但是，也有研究发现，相对于居住地的建成环境，工作地的建成环境对通勤行为的影响相对较弱（孙斌栋等，2015）。总之，出行研究中对目的地建成环境的影响研究逐渐兴起，关注其对个体的通勤距离、通勤方式，以及非工作活动出行中与体力活动相关的步行、骑行等出行特征等的影响。

9.3.2 活动空间与出行行为

活动空间作为个体活动—移动行为的重要测度指标，被广泛应用于城市居民的出行行为研究中（塔娜等，2015a）。一方面，学者们关注不同出行方式对活动空间的影响。例如，利用不同方法测度活动空间的大小用以识别个体受到的社会排斥，发现小汽车使用者的活动空间显著大于其他方式的出行者（Schönfelder et al.，2003）；家庭汽车出行次数的增加会使家庭日常活动空间范围变大（Buliung et al.，2006）；相比于使用公共交通，私人汽车使用不但能够扩大活动空间的范围，而且能够显著提高活动空间内可利用城市设施数量（Kwan et al.，2015）；汽车使用能够显著增加活动空间面积（塔娜等，2015b）。

另一方面，活动空间内的设施可能对个体出行行为产生显著影响。个体的活动空间远大于其所居住的社区的范围，不同的活动空间在建成环境特征上具有显著差异（Zenk et al.，2011；Jones et al.，2014），例如，活动空间内部的设施密度会影响个体的出行方式选择，增加个体的非机动出行（Kestens et al.，2010；Jones et al.，2014）；相比居住地，工作地和活动空间属性对居民整日汽车出行距离有显著影响（塔娜等，2015b）。并且工作地和活动空间的建设密度的提高会减少居民汽车出行距离。因为居民工作地的日常活动受到工作活动的制约，在居民整日出行交通方式选择中需要考虑工作地的建成环境因素。在高密度地区工作，一方面方便近距离进行非工作活动，另一方面受到交通拥堵等因素的影响也会减少居民的汽车出行（Cervero，2002）。另外，活动空间内部的设施密度提高，就提供了更多的城市机会供居民沿途进行活动，减少了冗余出行，同时居民出行沿途建设密度较高也会增加交通拥堵的风险从而减少居民的汽车出行。

为了有效解决地理背景不确定性问题，不仅需要将复杂的个体情境和复杂的时空配置考虑在内构建新的地理背景的概念，而且还需要描述这些环境背景单元的新的分析方法。因此，关美宝基于时间地理学方法，提出了基于个体的动态的地理背景概念，依据人们去了哪里、用了多长时间，以及其交通路径来描述地理背景单元（Kwan，2009，2012）。总之，将日常活动空间作为地理背景单元范围来判读建成环境对出行行为的研究仍然需要加强。

9.3.3 应用价值

出行行为作为人们日常行为的重要特征，连接了个体活动空间中不同的节点，是具有显著的时空间特征的独特行为。社区作为居民长期生活背景，社区建成环境对出行行为具有基础性的影响，因此要以社区作为研究的起点和焦点。但地理背景的不确定问题的存在使得对个体的环境背景单元的考量需要拓展到个体所能遍及的所有潜在的城市空间。超越社区空间思考出行行为的影响，有助于更加深入地探索多元化的城市环境和不同的个体倾向对日常出行行为的影响。从城市发展的角度来看，如何以适宜的城市环境引导居民绿色健康的出行方式，在不同空间尺度、不同地理背景下开展的出行研究对于社区规划、基础设施建设等方面具有积极的现实意义。而从城市居民的角度出发，出行研究不仅强调对行为特征本身的刻画，更重要的是通过对行为的分析来提出提升个体出行感受，增加出行满意度的空间措施。

10 消费者行为

消费者行为研究自20世纪60年代在西方国家兴起，长期以来一直是经济学、地理学、社会学、心理学等学科的共同研究领域，从不同的研究视角和研究方法进行了大量研究。本章引入消费者行为的概念，通过消费者的空间选择模型和影响因素来讨论消费者行为模式，并从商业业态、网络消费行为、城市商业空间等方面讨论其与消费者行为的关联，最后以北京市居民不同业态的消费行为为例，分析影响生活中消费者业态选择的各类具体因素。

10.1 消费者行为的概念

消费者行为研究首先要明确消费和消费者行为的概念。狭义的消费是指对于商品的消费，指使用商品和享受服务以满足需求（杨魁等，2003）。传统的经济学所认为的消费是满足需要的行为，是人们在物质资料和劳务的生产与生活中，对物质产品和劳动力的消耗过程。它包括生产消费和生活消费两类，但是只有生活消费才是最终消费，即为满足居民家庭或个人需要而对物质产品、精神产品及劳务的使用与消耗（欧阳卫民，1994）。

根据研究传统和研究方法的差异，不同的学科对于消费者行为有着不同的理解。经济学中的消费者行为研究就是要建立起解释或预测消费者需求与行为变化趋势的规范性模型。社会学者研究消费者行为主要是从作为社会成员的消费者的文化、交往和社会生活过程的角度解读消费。消费者行为学和营销学通常定义消费者行为人的主观意识以及行为与环境之间的动态互动过程。地理学侧重于消费行为的空间表现与空间选择，消费者行为是消费者与特定的场所或设施发生空间互动的过程。从行为科学的研究角度来看，人们获取、使用、处置消费物品或服务的行为构成消费生活。消费者行为研究的目的就是分析影响人们消费行为的各种因素之间的因果关系，从而解释和预测消费者行为。

10.2 消费者行为选择与决策

10.2.1 消费者行为研究方法

19 世纪中期到 20 世纪初，消费者行为研究在西方社会经济迅猛发展和交叉学科快速萌生的背景下产生。从经济学效用学派开始，研究者们基于“经济人”的假设建立了消费者行为的基本模型；到 20 世纪初期，心理学和社会学也纷纷展开对消费者行为的研究。与其他学科不同，地理学对消费者行为的研究更加注重消费者行为的空间模式和决策过程，形成独特的研究视角。

总结西方地理学关于消费者行为研究的谱系后发现（Thomas，1976），相关研究方法总体上可以归为规范性空间模型和行为主义方法两类（图 10-1）。其中，规范性模型代表了一种对消费者空间行为的汇总研究方法。研究者基于经济人和效用最大化的假设，将居民的消费行为一般化并纳入到不同的空间选择模型之中。这一流派的代表性分支包括中心地理论和空间相互作用理论。虽然中心地理论在消费者行为研究中的应用已经不大常见，但空间相互作用理论在研究消费者行为时却考虑了商业中心的吸引力和距离的排斥力的共同作用，被认为对消费者行为的认知起到了重要作用。

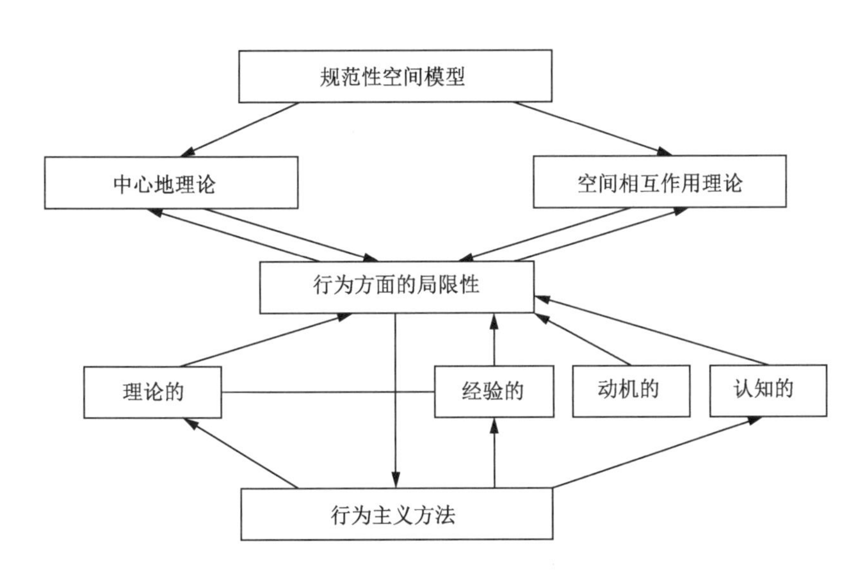

图 10-1 城市内部消费者行为研究的方法取向及其关系

另一方面，规范性空间模型中对汇总行为假设的缺陷表明，对消费者行为的特性、动机、机制应该进行更为深入和正面的研究。这些基于个人尺度的研究在20世纪60年代以后形成一股行为主义方法的潮流。其中，理论行为主义方法尝试建立某种消费者行为理论以纳入地理区位、社会特征、个人机动性的新的因素。经验行为主义方法侧重于揭示诸如居住区位和社会分层等具体的分类对消费行为的影响。基于认知的行为主义方法则更多地将焦点集中在消费者决策的感知维度上。

10.2.2 消费者空间选择模型

上述两类消费者行为研究的范式都对消费者空间选择问题进行了数学模型分析，以理解消费者空间选择的决策机制。这里介绍几个消费者空间选择的经典模型，而其后的研究通常是在这些模型的基础上不断修正参数、调整具体变量来展开的。

1）概率重力模型

重力模型是空间相互作用模型的重要组成，主要应用在中观和宏观层面的消费者行为研究中，预测城市或者区域中不同商业中心、商业街区的消费者数量（朱玮等，2011）。代表性模型是赫夫提出的概率重力模型（Huff，1960），强调主观距离等变量在决策活动中的重要性，并用描述地方间互动的概率面来替代消费者与中心地之间的决定性配置模型，使得重力模型的方法从决定性分析转向了概率性分析。

$$P_{ij} = \frac{S_j / T_{ij}^b}{\sum_{j=1}^{n} S_j / T_{ij}^b} \tag{10-1}$$

其中：P_{ij}为i地区的消费者光顾j购物中心的概率；S_j为j地区某商店的吸引力，通常以商店的规模表示；T_{ij}为从居住区i到购物中心j所花费时间；b为实验确定的系数，用以估计出行时间对购物出行的影响。这时候，i地区消费者可能到j购物中心消费的期望值E_{ij}为：

$$E_{ij} = C_i P_{ij} \tag{10-2}$$

其中：C_i为i地区消费者数量；P_{ij}为i地区的某一个消费者选择购物中心j购物的概率。基于此，就能够总结出零售中心商圈性质和范围的几点基本结论：（1）一个商圈代表着对特定商业中心的特定商品或服务的潜在消费者的需求面；（2）其中心可能是一个公司，也可能是几个公司的联合体；（3）需求面由一系列的需求梯度或需求区组成，反映了不断变化的销售潜力，但在绝对垄断的条件下，需求梯度不复存在，将产生一个单一、均质的需求平面；（4）如果没有垄断存在，那么需求梯度就具有概率特征（$0<P<1$）；（5）商圈内消费者的规模其实就是每一需求梯度范围可期消费者的总和；（6）相互竞争的购物中心的需求梯

度是在空间上是叠加的，而竞争的空间均衡点就是相同的作用概率相交的地方。因此，可以这样界定商圈：

$$T_j = \sum_{i=1}^{n} P_{ij} \cdot C_i \tag{10-3}$$

其中：T_j 为中心 j 可望能够以特定商品或服务而吸引的在既定区域内的消费者数量；P_{ij} 为梯度区 i 内的居民前往 j 地购物的概率；C_i 为既定梯度区 i 的居民的总量。

重力模型自提出以来一直是消费者行为研究的重要理论基础和方法之一，除了其原理易于理解、计算操作相对简单等原因外，数据来源的方便性也是其中一个方面。但这种研究所关注的是消费者行为的集体表现而非个人特征，因此重力模型也被称为集合模型。

2）离散选择模型

集合的消费者流动是众多消费者个体行为结果的总和，重力模型只是描述了空间相互作用的模式，并不能用于解释行为与空间的作用关系（Timmermans，1981）。因此，以个人的选择行为为研究对象的离散选择模型开始被广泛应用于消费者行为的地理学研究中。

离散选择模型基于随机效用理论和效用最大化理论，假定人们的效用和偏好都是随机的，并且决策者是在效用最大化行为的假设下作出选择的。离散选择模型描述了决策者（个人、家庭、企业或其他的决策单位）在不同的可供选择的选项（如竞争性的产品、行为的过程等）之间所作出的选择（Train，1986）。选择集合就是所有可供选择项目的加总，它必须具备三个性质：互斥性即意味着选择了其中的一个选项，就不能再选择其他；完备性即所有可供选择的选择项都必须包含在集合中；有限性即选择集合中的选择项的数量必须是有限的。

在与消费者空间选择相关的离散选择模型中，多项 Logit 模型（Multinomial Logit Model，MNL）因其较为简单的计算过程得到了最广泛的应用。行为个体从一套限定的离散选择中，如对房子、汽车、职业、大学和购物点等等的选择，作出若干重要的决定。这些模型的假设是关于选择的预测，需要充分的理论基础和先验研究。在进行 MNL 模型的应用前，必须满足以下六个假设：（1）假设每个决策者都面临一系列离散的选择项；（2）离散选择模型的选择规律是效用最大化；（3）MNL 是一种概率选择模型，因此行为个体选择不同的选择项有不同的概率；（4）行为个体选择某选项所获得的效用可以分为两部分，即效用可见的或系统的部分和误差或扰动项，反映选项未被发现的属性；（5）根据假定效用的以上定义，可以得到随机效用模型；（6）MNL 模型中效用可见的或系统的部分是独立恒等分布的。

由于MNL模型难以处理消费者对不同备选项产生的效用并不一定独立的问题，消费者空间选择模型开始应用新的嵌套Logit模型(Nested Logit Model，NL)，并且这两种离散选择模型在不同空间层级的消费者行为研究中都有广泛的应用。在宏观层面，MNL模型可用于解释城市内部居民的日常用品购物出行（Recker et al.，1978）、研究人们的购物中心选择行为（Timmermans et al.，1985）。在中观的商业空间层面，消费者行为可以理解为一系列的决策和选择，如选择商店、路径、行进方向（朱玮等，2009）。例如，利用MNL模型和NL模型分别建构上海市南京东路入口阶段和回游阶段的消费者行为模型，通过考察模型系数，对影响消费者消费行为的不同商业空间要素进行研究（朱玮等，2006）。

3）多代理人模拟

伴随着计算机硬件运算能力的不断提高以及基于对象编程技术的发展，多代理人系统（Multi-Agent System，MAS）逐渐成为包括消费者行为在内等多个领域研究的热点。多代理人系统的核心是对个体（代理人）行为的模拟，代理人可被认为是一个自动的、目标导向的个体，可以具备属性、实施行动。通过MAS，可以模拟人的计划、感受、认知、偏好、决策过程，提供了极大的灵活性和真实性，因此被大量应用于消费者行为的模拟中。例如，模拟商业环境中消费者行为的AMANDA系统（Dijkstra et al.，2002），关注行人微观行为的PEDFLOW系统(Kerridge et al.，2001)。此外，借助MAS，规划者可以更有效地评价规划方案。例如，应用MAS验证包括回家、方向选择、休息决策、商店选择计4个决策在内的消费者模型（朱玮等，2009）。

10.2.3 消费者行为影响因素

为了提高模型的预测能力，消费者行为影响因素的探讨十分重要。最初的消费者行为研究是在中心地理论的基本框架中展开的，克里斯泰勒提出了影响消费者出行行为的四个因素：中心地的规模与重要程度，购买者的“期望价格”，主观经济距离，商品的类型、质量和价格。通过中微观尺度的研究发现，克里斯泰勒的影响因素并不能完全反映个体的消费行为，商店形象、运营变量（比如商店布局、外观、服务、管理）等也会影响到消费者偏好和选择（Oppewal et al.，1999）。

在考虑商业地的影响的同时，消费者行为研究还在宏观层面上寻求影响消费者行为决策的因素。大量研究证实了城市环境特征的重要性，例如城市的空间结构、人口密度，以及城镇内的购物设施的规模、数量、可达性及结构等，都可能会影响消费者的具体行为。对多中心人口密度梯度与多目的购物的实证研究表明（Papageorgiou et al.，1975），人口密度也是影响消费者行为的因素。此外，文化差异、社会背景、经济背景也不断被纳入到考虑的因素之中（Murdie，1965；Grossman，1986）。随着网络对社会生活的影响日益突出，它们也被纳入消费者行为影响因素之中（Tacken，1990）。

随着消费者行为研究的深入，消费者自身因素即需求方面和消费者主观方面对其行为的影响越来越受到重视。消费者行为的影响因素不仅包括与目的地有关的变量，同时包括消费者个人属性的变量，还包括反映发生在消费者与目的地即吸引物之间相互作用和联系的变量，如交通方式、可达性、环境信息、感知等（图 10-2）。此外，消费者所掌握的关于商店的信息量也可能是影响其行为的重要因素。

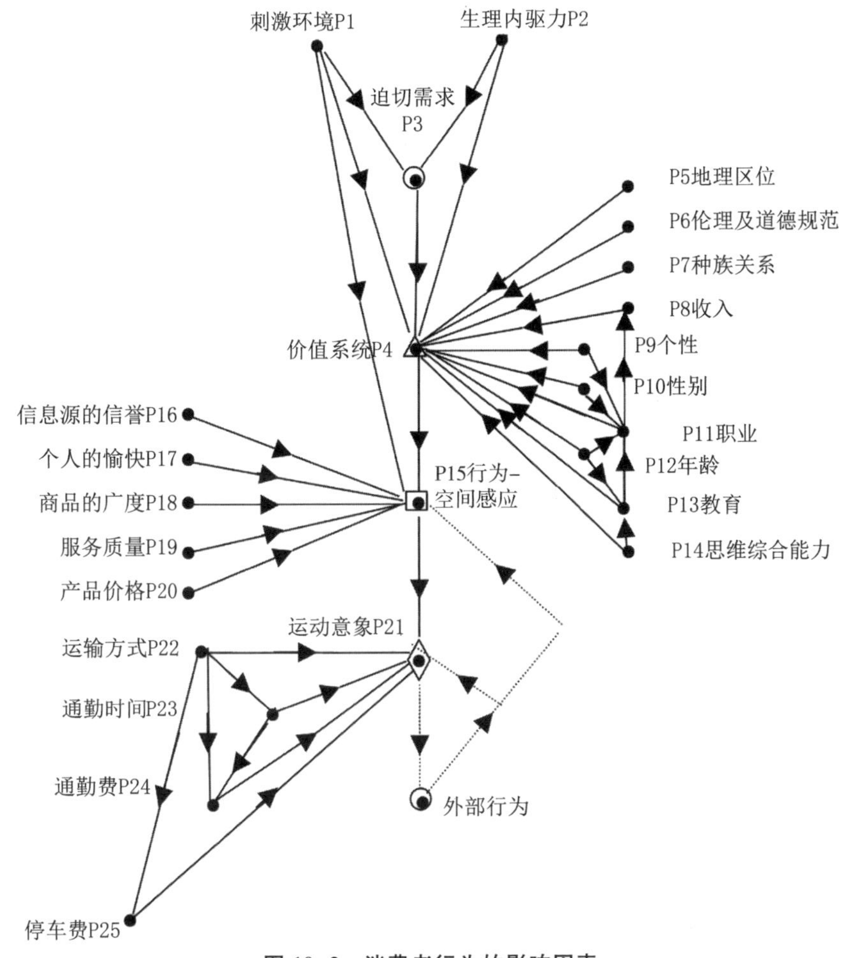

图 10-2　消费者行为的影响因素

一方面，个体和家庭属性成为重要的变量，年龄、性别、职业、种族、家庭人数、社会阶层、是否有孩子等都对消费者行为产生重要影响(Pahl，1970；Gayler，1980；Niemieier et al.，1996)。而且，地理学研究还关注收入、社会地位和个人机动性的联合影响，可以选取两个在购物环境和其他方面均十分相似而仅在某些待研究的影响因素上有差别的小区进行调查，以观察假设是否成立。

另一方面，消费者的兴趣、态度、动机、习惯及学习等心理和情感因素也是影响消费者行为的重要方面（Golledge et al.，1997)。拉什顿等提出显示空间偏好模型（Golledge et al.，1966；Rushton，1969)，用坐标轴表示消费者空间选择的机会，其中Y轴表示逐渐增加的商业中心规模，X轴表示消费者到商业中心的距离。通过消费者行为调查，计算出每一种类型的中心对每一区域内人口的吸引力（显示空间偏好)，并据此绘出中心吸引力的无差异曲线。所有商业中心的偏好都被计算出来并加以排序，而消费者对商业中心的选择被认为是这些偏好的直接反映。

在认知心理学的影响下，认知行为主义方法从个体的主观感知出发，关注消费者决策过程的感知方面，研究的重点放在与零售机会相关的个体心理结构和心理过程（如信息水平、偏好、决策制定标准）的考察上。其基本假设是：消费者决策过程中最重要的刺激因素是消费者对不同购物地选择项的感知。这一方法取向下的研究主要包括学习过程、空间信息场、购物中心感知和将感知因素纳入消费者行为汇总模型等(Smith，1976；Oppewal et al.，1999；Wong et al.，2003；Kushwaha et al.，2017；柴彦威等，2010)。

10.3 零售业态与消费者行为

10.3.1 零售业态的变革

零售业态通常指零售企业为满足不同的消费需求进行相应的要素组合，进而形成的不同经营形态。按照不同的经营方式、商品结构、服务功能等特点，常见的零售业态包括便利店、超市、大型综合超市、百货店、专业店和购物中心等。

零售业态的变革影响着消费行为变化，而消费需求的变化又是引发零售业态变化的动力。零售业态不只是一种买卖行为，它从产品的质量、品种、服务形式到网点布局，多层次、多角度制约和影响着人们的消费行为。与此相对应的是，消费需求的不断变化、消费指向的不断分化，对零售业态变化、商业设施的布局也都起到了引导作用。一般来说，随着经济的发展和商业的繁荣，城市居民购买力提高，消费者需求的相似性和平均化程度不断降低，而个性化多样化的需求日益增强，引导现代城市零售业态的多样化发展方向。消费群体层次的不同、偏好的多样性、消费行为的多元化特征都决定了多种业态存在的局面。零售业态和消费行为之间的双向互动决定了商业所体现的消费属性，它是消费质量、消费水平、消费观念和消费模式的标志（柴彦威等，2010）。

每一种新兴业态的产生与城市消费空间、消费群体变化密切相关。农业时期的集贸市场是行政型城市的产物，其消费群体主要是农民和手工业者。工业时期百货商场的中心集聚效应促进了单中心城市结构的强化，其消费群体主要是中产阶级。随着网络技术的兴起，服务经济时期所诞生的新业态与多中心、郊区化的城市形态密切相关，消费群体也日益分化，此时出现了超级市场、连锁店、仓储商场等零售业态（武前波等，2013），而近些年来，电商企业提出“新零售”、智慧零售等概念也极大地拓展了消费者选择的范围，形成更加综合的跨渠道、全渠道的零售业方向发展，以消费者体验为核心，线上、线下和物流整合发展的新型零售业态（Rigby，2011）。

10.3.2 消费者行为与零售业态的关系

零售业的革新与发展对消费者行为造成了巨大影响。一方面，随着新型零售业态的不断涌现，传统的城市零售中心等级体系已被逐渐打破，消费者的购物空间选择也开始越来越多元化；另一方面，开车购物、一次购齐、休闲购物等新的消费方式和消费理念逐渐为人们所接受。零售业态的发展对消费者行为的影响总体上表现在以下三个方面。

第一，新型零售业态的出现总体上增加了消费者的购物场所选择。消费者不再受限于传统的多级中心地体系，而是有了更多在不同业态和不同店铺之间进行比较和选择的可能（柴彦威，2010）。随着业态选择的增多，消费者的购物习惯也变得更具冒险精神（Solomon，1993），购物行为也显示出多店铺、多业态的特点（Kopp et al.，1989）。而在新零售的背景下，消费者的消费行为越来越向全渠道扩展。学者指出 2/3 左右的网上购买者表示一定程度上网购取代了原本可能会在城市中心的购物行为（Dixon，2002）。学者发现消费者对便利性的重视会提升其线上渠道消费，对即时性的强调则会提升就近线下购买的可能（Chopra，

2018)，而消费者感知安全性和感知有用性是消费者购买意愿的关键决定因素（Kazancoglu et al.，2018）。

第二，新型零售业态的出现对不同的消费群体产生了不同的影响。零售业态的发展对消费者的影响并非均值的，而是存在着明显的群体差异，特别是有可能导致弱势消费群体（disadvantaged consumer）现象。这些群体通常包括低收入的家庭、女性、少数族群、老年人和残疾人等，其共同的特征是机动性较差。例如学者在英国城市斯旺西进行的实证研究发现，虽然58%的消费者仍将大型综合超市作为他们的首选，但对驾车者和无车者之间购物行为的极化现象起到负面的影响（Thomas et al.，1993）。学者对北京郊区大型购物中心的研究也发现类似特征，专业人员与公司白领、年轻女性和带小孩的中年夫妇是其主要消费人群，而且私家车主导了购物出行方式（龙韬等，2006）。广州的研究发现，年龄、家庭人数、居住时间与家庭月收入的增加、不稳定的就业状况等都可能导致消费者选择更近距离的商业中心（傅辰昊等，2018）。而网络购物、新零售带来的“数字鸿沟”越来越受到学者的关注，年龄、性别、收入、购物经验、社会网络等（Park et al.，2017；席广亮等，2014）会影响居民线上消费与全渠道购买的选择。

第三，新型零售业态的出现对位于不同区域的消费者也产生了不同的影响。由于商业空间布局、公共交通可达性、物流便捷程度等方面的差异，居住在城市不同区域的居民也会存在对不同业态消费的差异。大型专业店、购物中心等往往集中布局在郊区区域，内城居民可能面临着可达性的差异。比如由于一些食品零售商无法承受中心区高昂的地价和逐渐减少的人口而纷纷迁往郊区，内城的居民不得不面临所谓“食品沙漠”（Food Desert）的处境（Wrigley，2002）。而比较南京市内城、外城和郊区三个圈层居民的网络消费情况，学者发现南京居民网上购物比例、团购消费比例都呈现由内城向郊区递减的特征，与城市网络信息化水平递减的状况相符合（席广亮等，2014）。

10.4　网络与消费者行为

随着ICT的快速发展，网络消费市场得到了飞速扩展，网上购物、网上团购、虚拟消费等基于电子商务平台的网络消费成为居民日常消费行为的重要方式，传统的基于实体消费空间的购物消费逐渐转向网络与实体并存的新阶段。

网络消费首先取决于电脑、移动设备以及互联网技术的发展，带动了各种形式的电子商务的发展以及在线交易平台的建设（Golob et al.，

2001；Pérez-Hernández et al.，2011），成为网络消费飞速拓展的基础性条件。其次，网络消费具有信息内容丰富、形式多样的特点，较少受到时间和空间的限制，同时节约了出行的时间（申悦等，2011）。此外，多样化的移动传媒设备所传播的网络信息、网络广告等对网络消费具有明显的刺激和推动作用（Rotem-Mindali et al.，2007）。居民的性别、年龄、收入、学历等社会经济属性对网络消费行为的影响较大，交通出行方式对团购消费具有显著影响，公共交通方式成为网络与实体互动消费模式发展的重要支撑（席广亮等，2014）。

网络购物与实体购物之间的关系包括替代、补充、修正和中立等（Mokhtarian，1990；Pendyala et al.，1990；Rotem-Mindali et al.，2013）（图 10-3）。替代关系是指网络购物替代了实体店的购物行为；补充关系是浏览网络上的商品信息激发了居民前往实体店体验、购买商品的行为；修正关系指网络购物的使用会改变购物的时间、地点、出行路径、购买方式等；中立关系指网络购物并不会对实体店购物出行造成明显的影响。

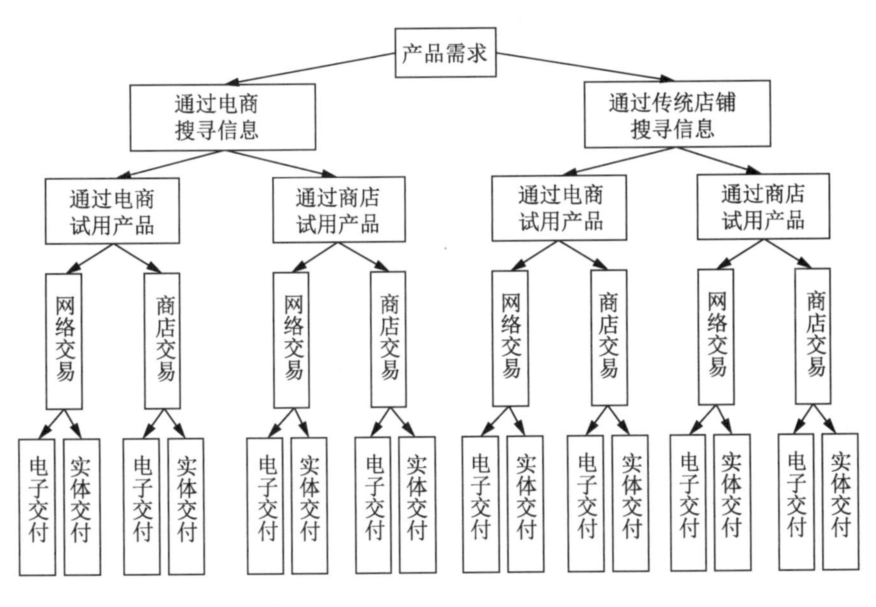

图 10-3　购物过程中的线上线下关系

与此同时，这种影响关系可能会扩展到其他领域。例如，网络购物对出行的促进和替代效应会促使交通的时空特征产生不同变化（刘卫东等，2004）。网络消费对城市不同圈层的实体消费及购物出行产生不同的作用，导致城市商业中心地的空间结构变化（席广亮等，2014）。网络购物和实体店购物的互动与交错使用形成居民各种复杂的购物模式，并且受到商品类型、居住区位等各种因素的影响（张永明等，2017）。

此外，网上购物行为对城市零售空间的影响包括：扩大化和碎片化的活动空间、虚实融合的零售空间转化、线上线下零售活动与其他空间的渗透和融合（刘学等，2015）。

而大多数研究都将购物行为看作一个整体活动。其实购物行为是由几个按照特定顺序连接起来的环节共同构成的过程，而网络购物改变着居民购物的每个环节（Peterson et al.，1997），因此需要在购物过程分解的基础上再对网络购物和购物出行的关系进行研究（张永明等，2017）。学者将购物过程总结为六个环节：产生购物欲望、商品信息搜集、体验商品、购买商品、获取商品、退换商品或售后服务（Mokhtarian，2004；Cao，2012）。例如，比较搜索型和体验型两类商品的购物过程，学者发现体验型商品更多地依靠实体店搜索、体验，搜索型商品更适合在网上搜索、体验、购买（Couclelis，2004；Ha et al.，2009）。搜索型商品的网络购物对实体店是替代与补充的混合效应，而体验型商品的网络购物对实体店存在替代作用从而减少了出行；但是网络购物还会产生搜索、体验和退换货出行，并且网购体验型商品产生的额外出行比搜索型商品多（张永明等，2017）。

10.5 消费者行为与城市商业空间

10.5.1 消费行为空间

消费行为空间通常指的是消费者从居住地到消费地的出行行为所构成的一个虚拟空间，根据消费行为类型、消费者群体和消费时间等特征可以划分出不同的消费行为空间类型。

从消费类型来看，消费行为空间可以分为购物消费行为空间和服务性消费行为空间。其中，购物消费行为空间可以根据购买商品的不同细分为蔬菜食品类商品、日常用品类商品、大型家电类商品、高档服装类商品等消费行为空间；服务性消费行为空间又可以进一步细分为餐饮消费、体育健身、美容美发、酒吧等消费行为空间。

按照消费者群体不同，消费行为空间可以分为女性消费行为空间、老年人消费行为空间、残疾人消费行为空间等等。通常，利用这种分类法进行的消费行为空间研究比较关注城市中的特殊群体和弱势群体，关注其独特的消费行为空间以及所受到的特殊制约。

按照在一天中消费进行的时间段，消费行为空间又可以分为日间消费行为空间和夜间消费行为空间。其中，日间消费行为空间和夜间消费行为空间又可以根据消费类型或者消费群体进行进一步细分。

10.5.2 基于消费者行为的商业空间

消费行为空间是居民在购买商品时利用城市商业设施的活动路径在空间上的投影，它与实体商业设施的分布直接相关，但又不完全等同于实体的商业设施。

消费行为空间的研究起源于商业空间的研究，这些研究侧重于供给层面，以及供给与需求相互作用的动态平衡关系在商业业态以及业态的等级、规模、组织等方面的空间体现。因此，早期的购物消费行为与商业空间研究紧密联系在一起，可以看作是基于购物行为的商业空间研究。赖利较早使用了零售引力规律来定义市场区，但其零售重力模型（包括后来由此演变的断裂点公式）在概念和操作上有诸多限制。克里斯泰勒的中心地理论利用中心性、门槛值、等级结构等概念体系构建出商业空间结构理论，侧重于城市内部商业地或商业中心的等级结构的性质与划分的研究，对后续的消费者行为研究影响深远（Christaller，1933）。但是，传统的基于商店或者商业中心地的商圈结构视角已难以很好地解释消费者的购物行为，随着商店经营规模的扩大，广域中心水平的商圈结构实质上是“高频率近购物、低频率远购物”的消费者购物原理同商店规模经济的均衡产物（高阪宏行，1972）。当然，这些研究都基于购物通勤的理性经济人的假设。

因此，从消费者的角度研究商业空间，需要强调消费者空间行为与商业布局统一在“供需主体间的相互关系”之中，消费者不是“流通企业的附属对象”，而是“具有能动性、合理行动的生活者”（生田真人，1986，1991）。消费者所期望的商业结构应该是由大量现实的消费者行为归纳出来的合理的商业集聚单元的有机组合。例如，从消费者的角度看待大型店，在确保商品丰富、自由选择优势的同时，大型店也带来了周边商业环境的恶化，特别是商业空间结构的重构与消费者购物行为之间产生了空间错位。零售商店数目减少与大型店布局有着一定的联系，其内在机制是消费者活动空间的广域化和购物行为原理共同起作用的结果。

10.5.3 城市商业空间对消费者行为的影响

城市的商业空间是消费者购物消费活动的物质基础，对于消费者的购物活动空间具有重要的影响。尽管城市居民的购物消费也会促使城市商业空间结构的发展与变迁，但是商业空间结构往往具有更大的惯性，它不会在短时间内发生改变，而城市的商业结构特征却可以及时地在消费者购物行为中反映出来。

在不同的城市商业空间结构下，消费者表现出的购物消费空间是不同的。在商业等级结构发展完善的城市中，消费者的购物消费空间通常比商业等级结构发展不完善的城市要小，并且不同等级的商品购物表现出清晰的等级结构。这是由于在商业等级结构发展完善的城市，消费者通常就近购买低等级商品，远距离购买高档商品，不同等级商品的购买大致对应了不同等级的商业中心。而对于商业等级结构发展不完善的城市，即便是低等级的商品，消费者可能也需要远距离出行，从而出现在高等级的商业中心购买低等级的商品的现象，使得同类商品的购物活动所对应的购物消费行为空间较商业等级结构完善的城市大，并且商品的等级与商业空间结构的等级并不完全对应，购物消费行为空间等级结构相对更复杂。

伴随着新零售地理学的兴起，西方相关领域的研究已经打破了只强调商业布局空间区位的传统，转而进行经济和文化视野的探讨。对于处于转型期和全球化背景下的中国城市而言，等级体系的演变特征正是零售环境变化重要影响的反映（柴彦威等，2008b）。因此，需要在更深入的经济、社会和文化层面来研究城市商业空间结构的变化以及对消费者行为的影响。

11 休闲行为

20世纪80—90年代，欧美发达国家先后进入大众休闲时代，关于居民休闲行为的研究开始兴起，成为衡量城市居民生活质量的有效途径。休闲行为研究成为社会学、交通学、地理学等学科共同探索的研究领域。本章首先引入休闲行为的概念，接着从休闲时空行为出发，从地理学、交通学和时间地理学的多学科视角，疏理对休闲行为从宏观到微观的认识过程，提出休闲时空行为所关注的社交关系以及网络时代休闲行为的前沿命题，最后总结休闲行为研究的新趋势，包括休闲行为本质的再认识、重新审视日常休闲的时空尺度、从实际行为到潜在行为的休闲研究。

11.1 休闲行为的概念

目前，关于休闲，存在来自不同学派的各种观点，但尚未形成统一的概念（表11-0）。一般而言，休闲具备三个特点：可支配的自由时间；所从事的活动区别于工作和义务，并非源于外力所迫，而是自己真正想做的、个人偏好的事情；休闲是一种主观体验，是一种精神享受，人们从中获得惯常活动中没有的愉悦、满足和自我发展。在对于休闲活动的理解上，存在着广义和狭义之分。从广义上来讲，休闲活动是指人们在可自由支配时间内进行的所有活动（刘志林等，2001）。从狭义上讲，休闲活动是指人们的日常休闲活动和一日游（吴必虎等，1999）。

表11-0 休闲的不同观点

学派	核心观点
西方古典派	休闲与思考不可分，强调意识、精神、个性的开发
休闲三要素论	休闲的三个要素：放松、娱乐和个性发展
整体论	认为休闲的活动或事务就是休闲，否认分割开来看待生活
阶级特权论	富人通过消费来打发自由时间的方式，否定“自我开发”
现代流行观点	利用可自由支配时间从事自己真正想做的事，一般是与工作、义务等无关的活动，并能从中获得愉悦

休闲行为是与休闲相关的，复杂、变化、多样的个人或群体行为（窦树超，2012），是探索休闲本质的具体途径。休闲行为具有广义和狭义之分：广义的休闲行为是指除了工作和家务以外的消遣型活动，如旅游、娱乐、文化活动、运动和社交；而狭义的休闲行为是日常休闲行为，其时间性和空间性具有相对明确的边界，即居民在一天 24 小时内在城区及周边郊区范围内完成的休闲活动（刘志林等，2001）。休闲行为研究多种多样，包括休闲同伴的选择、休闲场所的选择、休闲时间的分配、休闲方式的选择、休闲消费的支持等。整体看来，国内外学者对休闲行为的研究主要包含休闲行为的类型划分、休闲满意度研究、休闲行为的时空规律以及休闲行为影响因素等方面。

11.2 不同视域下的休闲行为

休闲行为由于休闲主体、客体的复杂性和多样性，其研究具有跨学科的特征，社会学、心理学、经济学、管理学、地理学等相关学科对休闲行为都有不同的探讨。时间和空间是认识休闲主体行为的两个重要维度。基于时空视角的休闲行为研究有效实现了休闲时间结构和空间结构的整合和互动，是休闲行为研究的重要前沿课题。

社会学研究闲暇时间的测量和预算，强调城市居民的休闲行为已成为现代城市生活必不可少的组成部分（Urry，2012），揭示出休闲行为需求总量增加的态势。地理学和交通学强调休闲空间的分布和休闲行为的产生，以及空间要素如何影响休闲行为的分布，对微观主体“人”的休闲需求及休闲行为的本质理解尚显不足。社会学偏向宏观汇总性的讨论，对需求结构、个体差异的解释力度相对有限。地理学与交通学对休闲行为的规律分析较为全面，即能够较好地描述过去、现状及问题（Ettema et al.，2012），偏向于非汇总性的分析。

11.2.1 交通学视角下的休闲出行

休闲作为现代化生活的一种重要方式，对出行行为产生了深刻的影响。在 20 世纪末的欧洲，休闲出行占总出行距离的 40%—50%。荷兰 2005 年休闲出行占 44%，意味着每人每天产生 1.04 次、11.15km 的休闲出行，并在过去 10 年间增长了近 30%（Ettema et al.，2012；Van den Berg et al.，2012）。诸多交通调查数据显示，休闲出行是城市间动态流动的重要组成（Ahas et al.，2008；Limtanakool et al.，2009）。中国城市的休闲出行已成为交通需求的重要组成，并保持了快速的增长

（赵守谅等，2010；赵莹等，2014a）。

基于交通学视角的休闲研究，重点关注到达休闲目的地而进行的移动过程，主要集中在休闲出行的特征分析和影响因素等方面。休闲出行不同于其他以工作为目的的交通出行需求，可以根据交通堵塞等实际交通问题随意更改休闲目的地，在出行时间和路线上有很大的选择性（Anderson，1996）。因为休闲出行具有弹性大和随意性强的特点，传统交通模型的分析和预测就有局限性。与休闲特点相对应，休闲出行的弹性较大，在时间和空间上都可以调整，甚至是否发生也可以随意变化。另外，有些休闲本身就是活动目的，并不像通勤那样遵循快速到达、路线固定的规律，表现出较强的随意性，可能选择路程较远但风景较好的路线，也可能因为同行亲友改变路线等（赵守谅等，2010 ）。因此，休闲出行的预测和分析就更为复杂（李晓伟等，2016）。

休闲出行受到城市空间形态和个人社交网络等多因素的影响。高密度、混合的土地利用形态有利于居民更多参与休闲，并产生短距离、低碳化的出行（Ettema et al.，2013）。半数以上的休闲行为是以社会交往为目的的，因此休闲的产生与个体居民的社会关系、家庭观念等相关，也受具体休闲出行同伴的影响（Ettema et al.，2012；Van den Berg et al.，2012）。利用 NL 模型建立休闲地点和出行方式的联合选择模型，可以得到不同影响因素对公交车和公共自行车分担率及休闲地点选择概率的影响程度（杨万凯等，2017）。

交通学的分析主要基于居民出行问卷调查数据，一定程度上建立了微观个体的研究视角，交通决策模型也为休闲制约机制的实证分析提供了较为清晰的理论原型。但是，休闲的活动目的地和出行过程复杂难分，传统交通四阶段模型只能将休闲等同于通勤、购物而采用同样理性高效的出行决策，仍然无法针对休闲的特点提出较优的解决方案。

11.2.2 地理学视角下的休闲空间

空间视角是地理学休闲研究的核心。休闲物质空间，即有形的休闲设施等构成的环境空间是地理学最初关注的重要议题，包括大尺度的休闲城市创建、城市休闲空间、市郊休闲空间到微观尺度的社区休闲空间、家内休闲空间，研究对象涵盖了购物、体育保健、文化、餐饮、绿地等诸多类型，研究内容包括空间体系创建、空间分布特征、空间结构、等级特征评价及空间影响因素等（徐秀玉等，2018）。

休闲空间按照地理尺度可进一步细分为家内休闲空间、市区休闲空间、市郊休闲空间和旅游休闲空间等。其中，家内休闲空间讨论家庭微空间打造、家庭关系及家内/家外休闲边界的划分等议题（赵莹等，2013；陈梓烽等，2014；柴彦威等，2015），而旅游休闲空间属于长时间尺度、大空间距离和低使用频率的空间，往往超出城市日常利用空间的范围（Bell et al.，2000；Hall，2005）。因此，市区休闲空间和市郊休闲空间是中国城市休闲空间研究的主要领域，涉及发展历程、功能演变、空间分布、结构特征、规划影响等内容，属于供给型研究（保继刚，2005；朱鹤等，2015；Stodolska et al.，2015）。

中国城市的研究表明，休闲空间具有显著的空间差异和圈层结构（杨振之等，2008）。城市外围的绿地区域中，环城游憩带是最为典型的休闲活动地（吴必虎，2001）；在城市内部，休闲空间体现出多样化和等级结构，包括游憩商业区、城市广场、城市餐饮空间等（陶伟等，2006；周尚意等，2006），其布局受到经济、人口、社会、文化等多方面的影响。城市空间扩展与城市群的形成，促进了居民休闲空间的扩展，尤其以高速铁路和高速公路为依托的休闲流动性增强（柴彦威等，2013a；罗震东等，2013）。

休闲行为的制约因素与决策过程研究表明，个人主观偏好、同伴关系及时间、金钱或信息等外在结构性制约成为主要方面（Crawford et al.，1991；Schwanen et al.，2008）。休闲行为的参与通常代表了居民参与社会活动、人际交往和社会地位的优势表征，而社会地理领域所关注的女性、青少年、老年人、少数族群、残障人士等群体，通常对休闲行为参与表现出明显的弱势（林岚等，2012）。

11.2.3 时间地理学视角下的休闲时空制约

休闲行为具有时空非固定性的特征，时间地理学强调以时间的有限性、空间的不可逾越性为基础对其决策机制进行解释。休闲行为出现在个人活动安排的闲暇时间，即居民在保证工作、购物等必需行为后才能够实施休闲，而个人的总时间是有限的，休闲行为与其他行为具有此消彼长的制约特征（Susilo et al.，2010）。休闲行为的产生与闲暇时长、起始地点、周边城市设施提供的活动机会相关联，同时也需要考虑同伴的时间安排（Kim et al.，2003；Carrasco et al.，2009）。换言之，在可支配的闲暇时间里，居民需要克服空间摩擦力完成休闲出行，到达开放且可进入的休闲设施，与同伴共同进行休闲活动。时间地理学利用时空路径、时间棱柱、时空可达性等实现了时空制约的表达，对微观个体休闲行为时空决策过程这一“黑箱”的打开起到了推动作用。

休闲行为也具有体现个体主观意愿的特征。不同于通勤和购物行为，居民的休闲行为很大程度上取决于是否有能力参与或是否愿意参与，即受到个人社会经济属性和行为偏好的影响（Susilo et al.，2010）。在城市发展的成熟阶段，个体居民为追求生活质量和实现自我表达，表现出不同的休闲态度和行为特征。因此，休闲行为可能在不同的群体间产生差异，这也代表了某一群体在经济能力和休闲态度上处于劣势，从而限制了其高等级生活需求而形成了新型的社会排斥（Kwan，2004）。

11.3 社交关系与休闲行为

休闲行为是城市居民日常社会交往的主要载体，休闲目的的活动和出行最有可能与他人共同完成，即同伴陪伴（赵莹等，2014b）。个体居民与同伴共同活动或出行的过程中，能够实现交换信息、交流情感的目的，因此对维系社交网络关系具有重要作用（Wellman et al.，1990）。社交关系组成了居民“是否选择同伴及选择谁一起活动”的资源库（林岚等，2012），并随着归属认同的差异而变化（Crawford et al.，1991；Van den Berg et al.，2012）。行为同伴的选择过程是社会人际联系与个人选择偏好共同作用的结果（Schwanen et al.，2008），可作为认识不同社会个人主义与集体主义偏好与特征的一个维度。

休闲行为同伴的选择深受社会文化背景的影响，有助于理解不同社会中社会关系网络的差异。从大背景讲，东方社会偏向于集体主义价值观，而西方社会倾向于个人主义价值观，这在时空行为上反映为日常活动单独/共同完成的比例差别（Hofstede，2001）。中国的家庭观念强调“养儿防老”，父母对子女的抚养、子女对老人的赡养，具有一定的互惠互利关系（赵莹等，2013），“大家庭”或“扩展家庭”广泛存在，日常交往的临近性促进了家庭成员作为行为同伴（Ahas et al.，2008）。欧美社会的家庭责任主要是父母对子女的抚养，很少涉及扩展家庭成员（如祖父母、成年兄弟姐妹等），其变化具有家庭生命周期特征（赵莹等，2014b；Limtanakool et al.，2009）。

休闲产生与同伴选择具有互为因果的关系，这可能是因为休闲活动而引起多人共同活动，也可能因为重要的同伴而产生休闲（Carrasco et al.，2009）。弱势群体为了抵御外部压迫，更容易产生集体主义的团体行为（Susilo et al.，2010）；社交与休闲活动通常有同伴参与，其发生频率、地点和时间因活动目的有所差异，并受到建成环境的影响。

11.4 网络与休闲行为

信息通信技术形成的“时空压缩”对休闲行为有着错综复杂的影响。如前所述，休闲行为本身就具有复杂性，例如与其他活动的边界不清晰（如购物—休闲、家务—休闲等），并且其时空行为特征具有多任务化（如通勤路上与朋友闲聊）、破碎化（如看电视过程中经常中断处理其他事务）等，而 ICT 的广泛使用加剧了这些特征（Mokhtarian et al.，2006）。

ICT 对时空行为的改变主要体现在时空约束性的减弱，而行为本质特征并未改变（Schwanen et al.，2008）；针对休闲行为，ICT 的初步影响是增加了个体居民的选择机会，但这些机会是否会被实践，则取决于活动情境和个人决策，因此这种影响机制仍有待商榷。总体而言，ICT 的休闲影响可能巨大而广泛，但由于行为的复杂性，现有研究仍仅从理论模型上讨论居多，而实证验证相对匮乏。

城市居民在 ICT 使用过程中留下的大数据痕迹，为休闲行为的科学化分析及商业化应用提供了基础。大数据作为社会感知的一种描述形式，其具有“望远镜”和“显微镜”的双重功能（Liu et al.，2015）。作为“望远镜”的大数据是跨学科、跨尺度的。例如，根据银行刷卡数据分析休闲消费行为习惯，是跨越金融与休闲的领域，并实现了大至全国、小至景区的尺度转换。“显微镜”的功能是指 ICT 数据采集技术能够提供个体化、实时化且高精度的信息。例如，城市大型活动期间的手机信令、蓝牙等数据，提供了基于个体的休闲行为群体性特征信息（Versichele et al.，2014）。已有研究相对重视大数据对于休闲行为模式的刻画能力，而对精确详细的个体休闲行为机理剖析不足（甄峰等，2015）（图 11-1）。

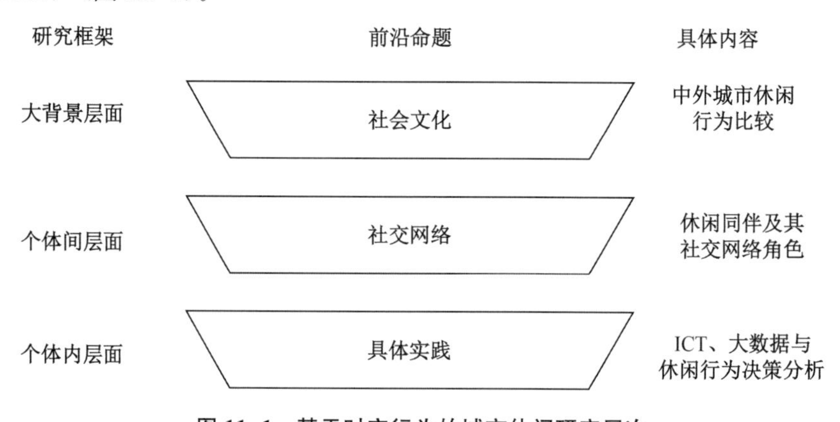

图 11-1　基于时空行为的城市休闲研究层次

11.5　休闲行为研究

11.5.1　休闲行为本质的再认识

社会心理学对休闲本质和休闲动机的研究具有悠久的历史和深入的认识（杰弗瑞·戈比等，2008；张中华等，2012）。休闲最早可追溯到希腊文明，亚里士多德认为，休闲是从必要劳动中解除出来的一种自由状态，幸福与生活质量是源于休闲的（Iso-Ahola，1995；Kleiber et al.，2011）。人从事工作是外部驱使的，最终目标是获得休闲。由此，休闲理论发展融入了社会心理学方面的解释，休闲动机是受到外部的社会动力和内部的性格特征共同影响的（Iso-Ahola，1995）。休闲研究的主题以个性和心理研究为主导，围绕儿童、青少年、老年人等弱势群体而开展（杰弗瑞·戈比等，2008）。这些研究既阐释了休闲社会化的关键阶段，也回应了社会发展的热点问题，对休闲本质的认识起到了积极的推动作用。

这些对休闲行为本质的探索加深甚至颠覆了对休闲行为表象的理解，为诸多学科提供了新的理论视角和分析手段。比如，关于休闲定义的分歧是北美休闲研究领域的棘手问题之一（Hall，2005）。从概念层面来说，休闲的本质可以理解为闲暇时间、自由选择的活动、特定场所或主观感受，即休闲行为作为研究对象，通常由学者来定义，所以将明显具有自由放松功能的日常活动（如运动、社交、观看文化表演等）归类为休闲行为（Shaw，1984）。然而，从操作层面来说，定义休闲的主体可以分为研究者和参与者两种视角，即休闲行为定义不仅包括客观的活动类型和时间，还包括主观的活动含义与体验等（Kleiber et al.，2011）。这表明，休闲体验和功效可能存在于多种活动类型中，甚至是购物、工作、家务的过程中（Shaw，1984；Walker et al.，2008）。实证研究表明，不同个体对日常活动中的休闲定义存在着显著的差异，如男性将家务视为休闲的可能性高于女性（Shaw，1984）。这样就形成学者/参与者、主观/客观等多重的休闲定义维度。

对于休闲行为的认识也存在于跨文化的休闲比较研究中。中国城市居民的主要休闲方式为看电视、锻炼身体、棋牌、看书等，这些方式的核心动机是放松和娱乐（Walker et al.，2008；宁泽群等，2009）。而西方城市居民的主要休闲方式则为运动、社交聚会等，这些方式的核心动机是挑战和刺激（Jackson et al.，2006；Walker et al.，2008）。以老年人参加太极运动的目的为例，中国人相对一致的描述是“为了健康”，而美国人则倾向于“自我实现、锻炼意志力”（Farquhar et al.，2005）。

因此，中国人的休闲行为方式表现为低成本、方便型居多的“被动休闲”，西方人则为有积极意识的“主动休闲”（Walker et al.，2008）。

这种休闲方式的差异在一定程度上影响到城市休闲空间的选择。中国城市居民被动休闲的空间表现为家内休闲或近家休闲的活动比例较高（刘志林等，2001；许晓霞等，2012；柴彦威等，2015）。而西方城市居民的休闲行为空间则更为发散（赵莹等，2014a）、休闲空间选择更为多样（赵莹等，2014a；Feng et al.，2013）。

11.5.2 日常休闲时空尺度的再审视

日常休闲的时间尺度应当从“日”扩展至“周”。休闲行为与工作、购物、家务具有替代或制约的关系，其行为具有随意性强、规律不易掌握，居民经常在一周或一月内进行统筹安排。以往研究多数采用1个工作日和1个休息日的活动日志调查法，以日为单元，兼顾周末与周中的休闲行为差异（刘志林等，2001；许晓霞等，2012；Walker et al.，2008）。这些努力对认识休闲行为特征起到了重要推动作用，但对休闲行为机制及与其他活动的关系分析上仍显不足。因此，休闲行为调查应当扩展时间尺度，加强以“周”为时间单元的调查和分析，利于认识居民休闲行为安排的系统性和统筹性。

日常休闲的空间尺度应当从“城市”扩展至都市圈。随着高速铁路、高速公路等交通设施建设，以及私家车等交通工具改善，城市居民的活动范围明显扩大，休闲空间也从城市、环城游憩带扩展到都市圈（柴彦威等，2013a，2015）。因此，城市居民休闲行为的调查分析应当兼顾都市圈的活动机会及行为实践，并分析需求和供给在城市间的结构性特征（图11-2）。

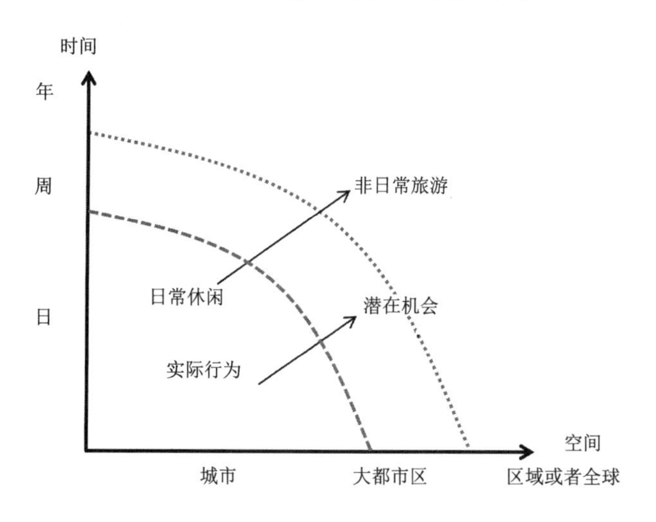

图11-2 基于时空行为的城市休闲研究尺度

11.5.3 从实际行为到潜在行为

休闲行为的实际发生特征是休闲行为研究的基础。休闲行为具有时空非固定、决策随意性和出行即目的的特征，因此需要有针对性的行为指标或刻画方法。休闲行为的时空特征可以从行为产生、频率、时间利用、空间分布、出行链、交通方式选择等方面进行过程分析。时间地理学的时空路径分析，建立三维可视化技术整合时间与空间维度，利于分析固定性活动的部分及其对休闲行为时空特征的制约。

休闲行为的潜在机会是未来研究的重点之一。潜在行为的测量基于时空棱柱、时空可达性等概念（Lenntorp，1978；Miller，1991；Kwan，1998）。在给定时空制约条件下，个体能够实际到达的时空范围，在时空间中被表达为时空棱柱或潜在路径空间（Potential Path Space，PPS）。将时空棱柱的体积投影到二维空平面上，即潜在路径区域（Potential Path Area，PPA）。从休闲行为角度来理解，指在一个固定活动结束后，在保证能够准时到达下一个固定活动的条件下，个体能够实际到达的休闲活动区域。PPS 的体积、PPA 的面积或 PPA 内城市机会的数量，都可能作为可达性的测度指标（Kwan，2004）。潜在行为对休闲的研究意义在于：在客观制约方面，城市资源的不合理配置、城市交通拥堵出行能力的制约均造成休闲机会供给的不平等；在主观制约方面，由于个体活动安排偏好的差异，休闲机会需求因人而异。因此，潜在行为研究是窥视休闲行为主观和客观制约的重要手段，是社会公平、主观幸福感等研究的基础。

11.5.4 休闲行为研究展望

休闲行为不仅由于休闲主客体的复杂性和多样性而具有多层次的内涵，追根溯源更涉及人们对休闲本质的探索和解读。休闲时空行为作为休闲行为的重要视角，建立了休闲内在需求与休闲空间实践的关联。从休闲行为模式的特点描述到休闲行为时空制约的机制探究，休闲行为研究经历了从休闲行为表象的理解到对休闲行为的原动力和复杂性的关注，更加接近对休闲本质的认识。加强对休闲行为的本质认识是开展前沿研究、实现理论创新的有效途径，社交关系和网络化时代对休闲行为的影响是当前的研究热点。

休闲时空行为研究立足于空间与行为的互动，而休闲行为是更为宽泛的领域，既包括动机、决策、参与、满意度等休闲行为过程，又涉及偏好、制约、参与、意象等休闲行为心理（程遂营，2009）。中国的休闲行为讨论也广泛涉及休息制度变化、家庭收入增加等经济与政策主题（王雅林等，2002；程遂营，2006）。休闲时空行为研究在坚持时间性和空间性讨论的同时，不可避免地涉及上述领域，这将是未来需要深入研究的话题。

未来，中国城市的休闲行为研究将涉及休闲经济、公共健康等多学科领域（杰弗瑞·戈比等，2008；程遂营，2009）。基于休闲时空行为的主观选择与客观制约并重的研究立场，休闲需求增长、休闲选择多元及时空压缩下的跨境旅游，形成休闲经济，并在新型城镇化中发挥着重要作用。休闲行为与健康的讨论，可以涉及运动休闲与个体身体健康、休闲习惯与个体心理健康、户外休闲与城市公共健康，以及休闲参与和社会公平等。休闲时空行为重视每个城市居民生活质量的提高，以休闲行为剖析其在城市中的社会融入和社会资本，有助于厘清城市快速发展中的空间与社会问题。

12 行为地理与老年人

随着人口出生率的下降，人均预期寿命的增加，老年人越来越成为人口结构中的一个重要组成部分，并成为多学科关注的热点（Golledge et al.，1997）。在老年人规模不断壮大、独特性增强、对社会提出挑战的背景下，对老年人和老龄化进行研究具有重要的现实意义。立足于行为的视角，可以更好地审视人与环境之间的关系。通过行为的空间结果来解构实体空间、社会空间形成的机制，剖析空间对老年人社会行为的制约以及在这种制约下形成的行为决策，以此推动对老年人生活现状及其动态变化的把握（周洁等，2013）。本章主要关注老年人的时空行为问题，并从老年人的日常移动性、居住安排、社会网络等方面进行解说。

12.1 老龄化与老年人

人口老龄化是老年人口占全部人口比重增加或是群体平均年龄不断提高的动态过程（邬沧萍等，2006）。从20世纪开始，发达国家相继进入老龄化社会，随后这一过程逐步扩散到发展中国家，成为全球人口发展的普遍趋势。这种显著的持续的人口结构变化，引起了社会各界的关注。

12.1.1 老年人的独特性与老龄问题的出现

第二次世界大战以后，人口老龄化问题在西方开始引起重视。1956年，联合国出版了《人口老龄化及其社会经济后果》一书，以65岁作为老年人的起点年龄（刘璇，2003）。这一界定成为许多有关老年人的社会经济政策的年龄基础，也为发达国家所普遍采用。而发展中国家则多采用60岁作为老年人起点年龄。

老年人有着众多特性。随着年龄的增长，老年人的身体功能与感知能力趋于下降，对生活环境的需求及作用方式表现出一定的特殊性。由于退休后脱离了生产劳动，有较多的闲暇时间，促使其心理方面发生变化，高度依赖社区和社会生活服务，因此日常生活受制于整体社会环境，尤其是社区环境（塔娜等，2010）。这些特性使老年群体成为可辨识的独特群体，具有区别于其他年龄群体的特殊生活需求与行为习惯，并直接影响其生活方式形成、幸福感获得及生活质量的提升。

老龄问题的出现与社会经济转型、文化变迁、快速城市化等过程同步，并从不同角度对老年问题的出现发挥着不同程度的作用（Cowgill et al.，1972）。随着医疗技术的进步，老年人的预期寿命不断增加，规模不断壮大；经济的现代化发展使得工作更为专业化，一方面将老年人排除在生产体系之外，另一方面使老年人的社会地位逐步弱化。在现代化的教育制度下，老年人同时沦为文化和教育上的弱势。而城市化进程的快速发展使得工作和家庭分离，并导致家庭规模缩小，老年人与年轻的家人也逐渐分离。现代社会将老年群体定义为一个需求不能在自身和家庭所能及范围内得到满足的依赖性群体，需要社会或集体力量来作出反应。

综上所述，老年人日益成为人口中显著的可辨识的群体，同时老年群体也面临着社会地位下降并与社会其他群体隔离的社会状况（Brown，1990）。随着老年人规模不断壮大，对社会的挑战不断严峻，老龄化与老年人成为一个重要的社会议题。

12.1.2 老龄化与老年人研究的行为视角

20世纪40年代，社会学、人口学、经济学、心理学等诸多学科从不同的视角对老龄化与老年人开展研究（杨俊龙等，2017）。到了20世纪中后期，随着全球化与科技的快速发展，老年群体的空间流动性增强，老龄化研究开始强调空间与环境的重要性，人文地理学逐渐参与到研究中。相关研究内容涉及老年人的地理分布、老年人迁居、老年人与环境的作用关系、福利的空间多样性等方面（刘璇，2003）。在研究方法上，根据老年问题的复杂性，不断借鉴社会学、心理学的研究方法和理论，经历了多学科、多视角的融合过程。研究方法上也超越了经验主义和实证主义的框架，人本主义、女性主义、后现代主义等研究范式也越来越多地被运用到人文地理学的老年问题研究中（Laws，1993）。这些发展趋势清晰地表明，人文地理学参与老年问题研究具有重要意义与很好的有效性。所以，“地理学在对老龄化和老年人环境的研究中具有先天的优势”（Warnes，1990）。

行为地理学是人文地理学中研究老年人的一种十分有效的方法（李昌霞等，2004）。人的行为是客观条件制约下对环境感知的一种反应，是既定社会、空间、制度背景下人的生活方式与生活状态的一种表征。

基于老年人行为视角，可以解读老年生活的社会与空间制约，更好地审视社会物质环境对老年人日常活动安排的影响，从而更深入地理解老年人面临的现实问题与症结所在。

20世纪50年代，退休后迁移行为研究拉开了老年人行为研究的序幕（田原裕子等，1999），早期的研究借鉴了社会学与人口学的理论和方法论，从区位和空间的视角进行了老年人状况与行为特征的实证研究。20世纪70年代之后，研究领域扩展到购物、社交、休闲、驾驶小汽车等老年人行为研究，并通过老年人行为模式特征来探究区域差异及环境的适宜性。随着对生活质量和社会公正的逐步重视，相关研究越来越强调老年人的异质性，关注地域公正性、老年人与环境关系变化、代际关系及社会网络对老年人日常生活的影响。另外，老年群体的研究也越来越精细化，应用综合信息数据库、GIS空间分析方法等，提炼不同类型老年群体的行为模式，从而深入剖析时空动态变化下老龄化现象的变迁及其机制（柴彦威等，2010）。

相较于国际老年人行为研究的发展，中国老年人行为研究起步较晚。20世纪90年代初期中国学界开始关注老年人日常活动安排（万邦伟，1994）；2000年之后，老年人空间行为研究更加细化与深入。总体来看，老年空间行为研究可以分为三类：老年人就业迁居等长期空间行为的研究，尤其关注老年人的居住状况及迁居迁移行为的影响机制分析；老年人日常生活模式的研究，着重于日常生活活动的时间利用及日常生活活动空间结构的研究；老年人短期空间行为的分别研究，主要聚焦于老年人就医、购物及休闲等行为，从空间分布、时间利用、交通方式、发生频率等方面的特征提取与影响机制分析延伸至行为决策的研究。

12.2 老年人移动性

在一般意义上，健康领域的研究认为，老年人移动性是其健康状况的表征，对维持身体健康、运动功能、疾病修复等具有重要作用（Clarke et al.，2008）。在当前就地养老（即老年人进入老年生活后继续生活在自己的家或者原来的社区）被广泛接受和提倡的社会背景下，移动性（尤其是家外移动性）对于老年人有更加重要的意义。一方面，移动性是老年人独立生活的先决条件，直接关系到个体生活质量，在一定程度上直接决定了个体就地养老能否延续（谷志莲等，2015；Lee et al.，2020a）；另一方面，移动性与积极老龄化、健康老龄化有着直接的联系。已有研究表明，移动性与老年人的自主性感知、自我评价有密切的关系。“在社区自由出行的能力不仅有实际意义，也有强烈的情感意义，即对日常活动的追求使其感到融入社会至关重要”（Coughlin et al.，2001）。关注老年人的移动性是当代老年人行为研究的重要课题。

12.2.1 移动性的内涵和测度

移动性（Mobility）在多个学科领域已引申为不同的内涵。在交通、地理等空间学科领域，移动性的概念可以适用于多种时空尺度，如从家去购物、休闲等相对短距离、多频次的运动，以及相对远距离、长时间尺度的居住迁移（Nutley et al.，1995）。这里，我们主要关注老年人的日常移动性。日常移动性是个体在居住地进行的日常出行，在交通、地理学领域的研究中，一般看作为到达特定地方的出行行为与机会（Metz，2000）。

目前已形成一般生活环境下测度老年人移动性的比较成熟的方法，通过实际发生的出行行为来反映个体移动性是最常见的移动性测度方法。比如利用出行调查数据，通过出行行为的相关指标（如出行时点、时长、目的、同伴、方式、花费等）来刻画老年人的移动性特征。考虑到移动性的内涵不应只包含实际的出行，还包括以休闲康体为目的、获取心理与健康益处的人类室内外移动行为，少数研究则尝试基于生活时间和使用数据来核算个体的综合移动性（Spinney et al.，2009）。活动日志方法作为人类行为研究最为普遍的方法，也被运用到老年人的移动性研究中，但作为特殊群体的老年人，其视力、记忆力等身体功能障碍，使得活动日志调查面临很多挑战。近年来，得益于GPS等移动定位技术与GIS等空间分析技术的发展，老年人较慢的步行速度及在更微观环境下的行为反应等可通过GPS等技术加以测度（Laws，1993；Shoval et al.，2010）。基于GPS技术的调查方法可用于有认知和身体功能障碍的老年人，并可提供持续较长周期的连续、大量、精确、客观的人类行为时空信息。但基于GIS对大量轨迹数据的人工处理仍然十分困难，并且也不能完全代替日志与访谈方法，尤其在了解活动背后的潜在动机方面。

12.2.2 老年人的移动性研究

1）老年人的移动性特征研究

老年人移动性研究可以追溯到20世纪70年代，早期的研究主要分析老年与中青年人群移动性特征的差异。随着年龄的增长，老年人的流动性急剧下降，普遍呈现出行次数减少、出行距离和时间缩短（Hanson et al.，1977；Collia et al.，2003；Schwanen et al.，2010）。从出行目的来看，老年人普遍由以工作出行为主逐渐转变为以满足个人或家庭基本生活需要的出行；以购物为目的的出行时间多集中在上午，以访友为目的的出行活动多集中在下午晚些时候或晚上（Collia et al.，2003）。在出行方式上，由于西方发达国家越来越高比例的老年人拥有驾照，老年人出行对小汽车的依赖变大（Rosenbloom，2001；Collia et al.，2003；Conner et al.，2019）。据此，提高车辆技术创新、开发适合老年人驾驶的机动车等交通措施被提到政策上来（O' Fallon et al.，2003；Faber et al.，2020）。

由于中西方国家社会、经济、文化和制度环境的差异，中国老年人的移动性特征与西方老年人存在一定的差异（曹新宇，2015）。中国老年人的出行次数和出行距离均有所下降（夏晓敬等，2013），但也有研究指出，香港老年人的出行能力与年轻人相比并没有显著降低（He et al.，2018）。在出行目的上，以满足基本生活需要及精神需求的生活性出行为主（毛海虓等，2005）。由于大部分老年人有午休习惯，其中午外出活动稀少（曹丽晓，2006），并且退休后的无工作生活使得一周内的出行差异不大。就出行方式而言，不同于西方国家，中国城市老年人多采用公交和步行（夏晓敬等，2013）。

2）老年人移动性的个体差异

老年人群内部的移动性差异以及对老年人群进行细分的研究也是热点之一。年龄、性别、经济和健康状况、认知与偏好等个体因素，可在较大程度上用于解释个体移动性特征的差异。例如，低龄、男性、健康、受教育水平高、驾车的老年人有最高的、较满意的移动性；高龄、女性、独居、健康状况不好的、受教育水平低、低收入、乡村老年人有着最低的移动性和满意度，更容易面临移动性制约（Pettersson et al.，2010）。没有移动障碍的老年人的日常移动性主要与身体机能指标相关，心理（包括自我效能感、社交能力、抑郁、可感知的年龄歧视等）也是影响流动性的重要因素（Giannouli et al.，2019）。年龄、性别、有无配偶、家庭结构与收入状况等因素对中国老年人的出行行为有着更为显著的影响（陈团生等，2007）。

3）地理环境对老年个体移动性的影响

地理空间是个体因素之外解释老年人移动性的另一重要因素。近年来，地理环境对老年个体移动性的影响受到密切关注，不同区域与城市环境特征下的个体移动性研究，将土地利用类型与密度、所生活区域的安全感知等主客观空间性因素纳入移动性的定量分析中（Fobker，

2006；Pettersson et al.，2010；Srichuae et al.，2016）。并且，郊区化环境下的老年移动性尤其成为关注的焦点。西方发达国家城市的郊区形态具有更少的步行机会、更差的公共交通服务、更高的小汽车依赖；低龄、高收入和教育水平较高的老年人更多采用日常小汽车出行，因而具有更高的移动性；个体小汽车使用的差异在很大程度上构成个体整体移动性水平的差异，如由于小汽车使用率的差异，女性表现出平均比男性更小的个体移动性。国内研究则多侧重揭示老年人日常生活活动在城市空间上的投射规律，关于地理环境对移动性的影响研究较少。日常生活所涉及的公共开放空间、商业及公共服务设施的密集性，以及主观建成环境感知对老年人交通性与休闲性步行活动具有显著影响（姜玉培等，2020）。

4）老年个体移动性的质性研究

总体来看，移动性的定量研究致力于探寻个体移动性的统一机制与规律，关注个人因素和空间因素对个体移动性的解释和形成机制。不同于定量研究，质性研究更多地对移动性的家庭、社会、心理、时间路径背景等加以关注，更加强调移动性对于个体心理、生活经历、日常生活构建的重要意义。

在个体移动性的主观感知与生活体验方面，采用定量定性相结合的混合方法，分析随时间推移的个体移动性变化与主观认知的差异（Mollenkopf et al.，2011）。即使老年个体逐渐失去移动出行的机会，无法满足移动性需求，但移动性仍然处于极其重要的地位（Mollenkopf et al.，2011）。通过跟踪式研究发现，随着年龄的增长，老年人移动性体验变化和移动能力逐渐下降，呈现为三种情况：收缩的城市（活动空间缩小）、破碎的城市（失去对特定区域的可达性）、被代理了的城市（通过调整社会关系来获得特定活动与出行中的辅助）（Lord et al.，2011）。最终，老年个体可能通过迁居到有更好老年服务的地方来维持一定水平的生活质量（Lord et al.，2011）。而在中国城市，学者也采用质性研究的方法分析了老年人移动性随年龄的变化，基于叙事分析比较老年人退休后不同阶段的移动性变化与生命历程的关系，将老年人的移动性分为日常活动空间的拓展、逐渐向社区及周边收缩、局限于家及住所附近三个阶段（表 12-1），为宜老社区规划提供了建议（谷志莲等，2015）。此外，在移动性与个体心理层面，不少研究关注到生活于以汽车化为突出标志的郊区的老年人，关注汽车驾驶在老龄化过程中的可达性对老年人日常生活的意义，以及逐渐失去对汽车的可达性后个体心理过程，如对老年人小汽车使用能力的失去与抑郁症的关系进行了研究等（Heidrun et al.，2004；Adler et al.，2006；Siren et al.，2009）。

表 12-1　北京市某老年居民夏季日常活动与移动性特征

		地点	频率	出行距离	出行方式	单程出行时间	同伴	是否感到困难
65 岁以前	购物	玉渊潭农贸市场	1 次/天	3 km	脚踏三轮车	15 分钟	配偶	—
		社区内商店	2 次/周	50 m	步行	3 分钟	自己	—
	休闲	玉渊潭公园	1 次/天	3 km	脚踏三轮车	15 分钟	配偶与一起活动的人	—
		社区南门	1 次/天	500 m	步行	15 分钟	社区居民	—
		国家图书馆	1 次/周	4.5 km	脚踏三轮车	30 分钟	配偶	—
	医疗	304 医院	1 次/月	700 m	脚踏三轮车	10 分钟	配偶	—
65—75 岁	购物	金沟河路便民商店	2—3 次/周	3 km	脚踏三轮车	30 分钟	配偶	一般
	休闲	首都师范大学食堂	1 次/周	1.5 km	脚踏三轮车	15 分钟	配偶	一般
		社区内（散步）	1 次/天	400 m	步行	30 分钟	配偶	否
		首师大操场	2—3 次/周	1.5 km	脚踏三轮车	15 分钟	配偶	一般
		社区图书馆	1 次/周	300 m	脚踏三轮车	8 分钟	配偶	否
	医疗	304 医院	1 次/月	700 m	脚踏三轮车	10 分钟	配偶	否
75 岁以上	购物	社区便民菜站	1 次/周	500 m	电动三轮车	30 分钟	配偶	困难
	休闲	住所楼下（晒太阳）	3 次/周	20 m	—	—	配偶	一般
		社区商店附近散步	3 次/周	200 m	步行	30 分钟	社区同事	一般
	医疗	社区卫生服务站	1 次/月	300 m	步行	20 分钟	自己	较困难
		304 医院	1 次/月	700 m	电动三轮车	1 小时	配偶	困难
	餐饮	老年食堂	3 次/周	200 m	步行	15 分钟	出行同伴	一般

12.3　居住安排与日常活动

人口老龄化的快速发展引起了国内外学者对老年人居住安排的普遍关注。老年人的居住安排是其生活的重要方面，与其家庭规模、家庭生命周期、代际关系等密切相关，通过它可以透视老年人日常生活的物质条件、社会支持网络、邻里关系等生活现状。不同的居住安排下，老年人的生活状况与生活质量、日常行为特征、养老方式存在显著差异。对于居住安排与日常活动的研究对厘清老年人生活现状、提高老年人的生活满意度、预测未来的养老需求以及制定相关政策具有重要的参考价值。

12.3.1 居住安排的类型

国内外对于老年人居住安排的划分类型复杂多样。国外多数研究将老年人的居住安排分为独自居住、与他人居住、住在养老机构计三种类型（Mutchler，1992；Devanzo et al.，1994；Sarma et al.，2007）；或进一步分为独居、与伴侣居住、与他人居住和集体居住等（Gaymu et al.，2006）；还有研究将老年人居住安排划分为与子女居住和不与子女居住等两种（Mutchier et al.，1991）；或划分为独居、户主、非户主等类型（Wolf et al.，1988）。而国内多数研究依据中国特殊的社会背景，选择了更为细致的划分，如将高龄老人的居住安排划分为独居、仅和配偶一起居住、二代家庭合居、三代家庭合居、四代家庭合居、与其他人合住、养老机构计七种类型（郭志刚，2002）；或将老年人居住安排划分为单身老人户、夫妇家庭户、二代家庭户、三代家庭户、隔代家庭户等（曲嘉瑶等，2014）。

12.3.2 居住安排的影响因素

影响老年人居住安排的因素有很多，早期的研究将其归纳为三个方面：人口条件因素、经济因素和意愿（Kobrin et al.，1982）。从个体属性看，性别、年龄、健康状况、婚姻状况、子女数量是影响居住安排的重要因素。父母年龄大将会增加与子女同居的概率（Won et al.，1999）。国外多数研究发现，男性老人与子女合住的概率更高（Shah et al.，2011），而国内研究则发现了相反的规律（张丽萍，2012）。通过检验健康因素与居住安排的关系后发现，功能缺陷对居住安排影响显著，并且健康对居住安排的影响在女性和单身的老年人中最为显著（Zimmer，2005）。此外，子女总数的增加将会减少老年人单独与配偶生活的可能性，但会增加与其中一个孩子共同生活的几率（Brown et al.，2002）。

在社会经济层面上的研究发现，居住于城市和受到高等教育增加了老年人独立生活的可能性。女性、已婚人士和收入较高的人最不倾向于生活在大家庭中（Wilmoth et al.，1997）。住房对于老年人居住安排选择的作用不可忽视，但住房成本较高时，老年人往往选择与成年子女一起生活（Devanzo et al.，1994），而改善的住房条件会吸引老年人选择独立的房屋，追求独立的空间（蔡天骥等，2003）。

在居住意愿层面，父母与已婚子女同住，在东亚地区被看做是一种传统家庭价值观的体现。但是，“现代”的中国家庭中，居住安排并不受固定的文化模式影响，而是根据不同的情况作出理性选择。例如，老年人和子女分开居住有利于避免两代人因生活方式差异而产生的矛盾（杜鹏，1998）。

12.3.3 居住安排与老年人的生活状况

不同的居住安排下，老年人的生活状况存在明显差异。老年人与子女共同居住是最传统也是历史上持续时间最长的居住模式，目前仍是一些东方国家中老年人最重要的居住形式，但在多数欧美国家中则相对少见（Brown，1990）。已有研究表明，与子女共同居住能够有效缓解老年人的抑郁倾向，提高其生活满意度（沈可等，2013；Kooshiar et al.，2018）。即使当代中国社会经济发生巨大变化，但与子女同居仍是中国老年人的首选（Yu et al.，2016）。但也有研究指出，二代家庭和隔代家庭的居住安排不利于老人的情感健康（任强等，2014）。

随着现代化进程的加快和社会经济的发展，代际的依赖关系模式发生了变化。加上对“自由”“独立”等价值观的崇尚，大多数老年人选择独立居住。两代之间的关系由完全依赖转变为在经济、家务等若干方面的相互协助。欧洲的研究显示，独居老人的比例上升，核心家庭以外与亲人一起生活的比例下降（Gaymu et al.，2006）。在美国，84%的老年人拥有自己的住房，并且建立了良好的社区认同感，居住在较为熟悉的环境中使老年人的生活功能得以最大限度地发挥，尽可能地保持独立，从而使生活更有意义（Dant et al.，1988）。通过伊利诺伊州 400 个健康状况较好的社区老年居民的调查发现，绝大多数老年人能够继续发挥良好的生活功能，并对其住所和邻里表示满意（Golant，1980）。国内研究也指出，独居的老年夫妇生活自主性更高、婚姻关系更好、与子女的代际摩擦较少，从而在心理健康方面表现出优势（瞿小敏，2018）。

20 世纪后期，国外开始出现专门为老年人提供的住所，包括政府资助的退休公寓、SRO（Single-Room-Occupacy）等。研究表明，此种居住安排使老年人在物质生活和精神生活上的孤立性更强（Golant，1980）。退休社区则是开发商针对多数有一定经济实力、身体功能状况相对较好的老年人所开发的社区，主要集中在阳光地带（Laws，1993），如佛罗里达州的太阳城（Gober，1985）。退休社区作为一种供老年人集中居住的专用住宅，是一种居家养老与社区服务相结合的模式，但退休社区的出现引发了若干代际的矛盾（Brown，1990）。

12.3.4 居住安排与老年人日常活动特征

居住安排对老年人日常活动影响作用复杂。研究表明，由于身体功能水平较低，老年人的社区活动易受到居住环境的影响，尤其是那些独居和缺乏家庭支持的人（Zhang et al.，2019）。针对退休社区的老年人的研究指出，因处于内城，受到经济和住宅的制约，老年人往往被周围环境所隔离，活动空间受限（Golant，1980）。

墨西哥的一项研究指出，与子女同居的居住安排影响老年人休闲活动的自我决定，他们往往认为在户外进行休闲活动时需要有家庭成员的陪伴（Uribe，2018）。而瑞典的研究指出，休闲活动与居住安排并无显著关联（Nilsen et al.，2018）。还有研究考察了居住安排与老年人睡眠活动之间的关系，结果表明，与家人一起生活的老年人睡眠质量较好，且每天睡眠时间更长（Lee et al.，2020b）。从国内研究看，较少学者关注不同居住安排下老年人的日常活动特征。对北京城市老年人日常活动的时空特征研究发现，假三代家庭中老年人绝大部分的日常活动围绕孙辈展开，其家务参与率最高，外出活动时间最少；其次，两代家庭和三代家庭中的老年人，由于子女能够分担部分家务而有更多的空闲时间，其外出总时间较长；同时，在子女习惯晚睡的家庭中，老年人的就寝时间晚于平均水平；独居老年人需要自己操持家务，外出活动频率较低，但外出时更注重寻找陪同；丧偶或与配偶分居的老年人具有活动时间较长但限于近域的特点（图 12-1）（张纯等，2007）。

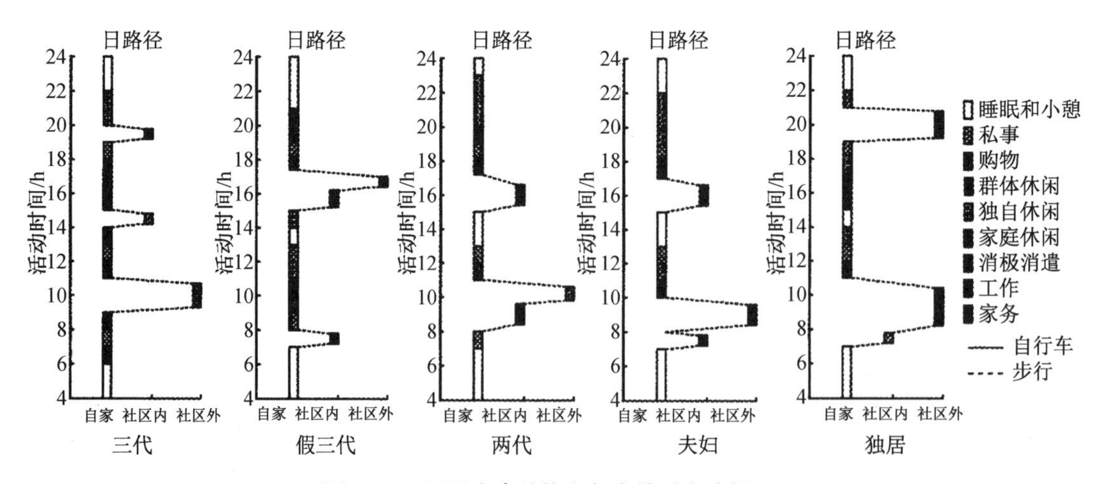

图 12-1 不同家庭结构老年人的时空路径

12.4 社会网络与日常活动

社会网络是一定范围的个人之间相对稳定的社会关系，通过社会网络，人们可以获得各种资源支持如金钱、情感、友谊等，解决日常生活中的问题和危机，并维持日常生活的正常运行（贺寨平，2001）。老年人的社会支持主要分为正式的制度性支持和非正式制度的社会网络支持，正式的制度性支持主要来自国家的社会保障制度，非正式制度的社会网络支持主要有来自家庭、亲戚、朋友、邻居、同事和一些非正式组织的支持，此外还有社区提供的准正式性支持。坎托等学者提出社会支持层级补偿模型，其中亲属（特别是配偶和子女）是社会支持的核心，其次是朋友、邻居，最后才是政府、机构等正式的支持系统（Cantor et al.，1985）。索茨将社会支持的来源界定为重要的他人也在很大程度上说明了来自家人、亲属、朋友、邻居以及同事的非正式性社会支持的重要性作用（Thoits，1982）。社会关系网的支持力，一方面能够减轻老年人的心理应激反应、缓解精神紧张状态、增强安全感、提高社会适应能力；另一方面也能提高老年个体在社会生活中受尊重、被体谅的情感满意度，因此，开展老年人社会网络与日常活动研究是老年人行为研究的一个重要课题。

12.4.1 社会网络与老年人日常生活

对于老年人日常生活而言，一方面退休使其社会联系大大减少，闲暇时间呈刚性增加，导致老年人社会交往需求急剧上升；另一方面，老年人身体健康与活动能力下降引发情感支持及照顾需求上升，而现代城市中子女工作繁忙或者亲子分居等原因导致无法提供持续的陪伴性支持，二者之间的矛盾越来越凸显。因此，朋友、邻居提供的非正式支持与社区提供的“准正式支持”对现代城市老年人的身心健康有很大的意义（吴凡等，2019；Cantor et al.，1985）。

以配偶、子女为核心的初级群体在老年人的实际生活中发挥了重要作用。家人是老年人日常生活的主要支持者。多项调查证明，配偶、子女为老年人晚年生活提供了最主要的经济、照料和心理支持（Gyasi et al.，2018）。社区因其基础性的保障功能而非日常生活的持续性支持，其作用受到限制。研究指出，增强社区干预活动的交流机会可以增加老年人的邻里社交网络，有利于促进老年人健康（Harada et al.，2018）。参与社会交往较多的老人，往往会得到更多的非正式支持。老年人面对面的交往次数和得到的社会支持具有正相关关系（Seeman et al.，1988）。社会交往越多，关系越亲密，老年人得到的物质、心理帮助就越多，交往的同时能够实现自我价值，增强主观幸福感和生活满意度。非正式支持如密友以及情感支持，都对老年人的归属感、安全感、幸福感产生积极影响（Dunér et al.，2007）。不合理的社会网络对于老年人的健康有不利影响（Sakurai et al.，2019），当独自生活并缺少社会交往时会增加抑郁症的患病风险（Gu et al.，2020；Lau et al.，2019；Bui，2020）。

12.4.2 社会网络与老年人活动出行

社会网络对老年人的活动出行有着重要影响。在活动—移动行为分析中，“与谁一起”是行为度量的重要指标，同伴的选择结果是社会人际关系与个人选择偏好共同作用的结果（Wellman et al.，1990；Carrasco et al.，2006）。针对不同类型的活动与其活动同伴选择，现有研究多从同伴类型、联系的强弱，以及所进行的是家内还是家外活动进行度量与分析，个体日常活动的同伴选择受到个体社交网络以及同伴的地理邻近性影响。已有研究表明，居民在进行社交与休闲活动时，通常选择朋友作为活动同伴（Wellman et al.，1990；Srinivasan et al.，2008）。此外，家庭责任的承担会对老年人同伴选择产生重要影响（Carrasco et al.，2009）。女性老年人通常承担了更多的家务负担，在一定程度上会导致其与核心家庭成员的日常接触机会增多（Harvey et al.，2000；Schwanen et al.，2002）。随着老年人身体条件的变化，男女双方会选择协同承担家务活动，根据家庭成员尤其是配偶的身体条件与活动选择进行分工，因此在日常家务活动中会更多地选择配偶以及核心家庭成员作为活动同伴。在中国社会的研究中，居民在日常活动中更倾向于选择家庭成员作为同伴（Wellman et al.，1990）。随着城市化与现代化的发展，城市居民的家庭观念与意识发生了一定程度的改变，但父母与子女的密切关系并没有发生改变，这种日常交往的临近性促进了家庭成员作为行为同伴的便利性（杨永春等，2012）。

此外，老年人的活动出行也影响其社会网络。例如，老年人的体育、休闲等日常活动对于社交网络的规模拓展、社会支持的获取有着积极的影响（Bertera，2003；Loprinzi et al.，2016）。

13　行为地理与性别

性别作为一种重要的社会类别，通过劳动和活动的性别分工、资源可获得性和主体意识构建等，对城市中的社会关系产生结构性的影响，导致基于性别的社会不平等。因此，性别赋予活动和事物以意义，并组织着城市生活的各个方面，影响着男性和女性的时空活动模式。在社会、文化、经济与空间因素的综合制约下，基于性别的社会不平等不仅体现在就业机会与薪酬的差异，而且已经渗入日常生活的方方面面，深刻地影响女性的生活质量。女性行为研究关注城市社会转型与空间重构背景下女性面临的时空制约与空间不平等及其引发的社会问题，有利于解释女性与城市空间独特的互动方式。本章选择与性别有关的行为问题开展讨论。

13.1　社会发展与性别问题

20世纪60年代开始，西方社会女性开始进入劳动力市场，改变了传统的性别认同，对于交通、住房和城市规划产生了重要的挑战。特别是郊区化带来了日常生活的多元化和差异化，更加深了基于性别的不平等（England，1993）。20世纪80年代以来，作为西方城市社会经济转型和地理学文化转向的结果，性别、移动性以及相关的社会、文化和地理背景受到了学术界的广泛关注，“性别、家庭与移动性”成为城市地理学、交通地理学和女性主义地理学讨论的焦点（Hanson et al.，1988；Johnston-Anumonwo，1992；Kwan，1999；Hanson，2010）。

13.1.1　社会转型与性别问题

“二战”以后，强化女性的就业市场参与率成为各国解决经济发展、社会排斥、老龄化、财政困难等日趋多元的宏观社会经济问题的重要手段。在过去几十年，大量女性进入全职和兼职劳动力市场，从而改变了原有的社会经济格局，特别是有孩子的年轻女性进入就业市场，意味着更多的人需要在有报酬的和没有报酬的工作之间进行平衡和协调。女性就业的增加对于城市的交通、住房、建成环境等都带来了巨大的挑战。

同时，家庭作为社会的基本组成单元在过去的几十年间也发生了明显的转变，新的婚姻模式、提高的生活预期、降低的生育率、拓展的亲密关系谱系、不同家庭结构下个人生命历程的复杂化都带来了西方社会的巨大转变。在经济发展的后福特主义趋势下，伴随着个人主义和后现代主义的差异性的强化，人口转型与经济转型同步，家庭的多元化其实越来越明显，双职工家庭、再婚家庭等多种家庭结构逐渐显现。平均家庭规模的缩小和单亲家庭、单人家庭数量的增加带来了城市中以女性为户主的家庭比例显著增加，这些家庭的女性既要像核心家庭的男性一样承担“生计维持者”的角色，又要负担女性本身的家庭责任，产生了和传统家庭结构下不一样的行为模式。这样的变化导致个人在日常生活中与他人的关系、自身的行为、对城市空间的利用开始发生彻底的改变。家庭意义的凸显强调性别在社会不平等的社会生产、经济和空间中的角色，这与同一时期女性主义的权力、阶层和性别的视角不谋而合。

13.1.2 行为研究中的性别意识

长期以来，地理学与规划学对于性别问题都保持着一种回避的态度，大多数研究都将“城市人”作为一个普遍意义的“他”来分析，而忽视了占到一半人口的女性角色。对女性与城市空间的研究直到近几十年才开始受到重视。而行为研究领域无疑是其中重要的组成部分（柴彦威等，2003）。

20 世纪 80 年代开始，女性主义学者开始呼吁人文地理学界关注研究中女性的缺失问题，认为时间地理学对于空间和身体的内在的男性主义视角，其人类主体性、空间和时间的认识忽视了“情感的、热情的、破坏的情绪和对于他人的关系的感觉”。在女性主义的批判下，时间地理学本身在近二十年的发展中开始思考“对于与日常生活的世俗实践相关的时空间经历的新的理解方式”（Kwan，2000），其中的一个方面就是加强对于女性社会角色、情感与行为模式的思考。

另外，交通规划学者也开始意识到，一些城市中的子群体（如老年人、女性）的交通需求应当得到重视，提出了“交通劣势群体”的概念（Law，1999）。对于女性的关注也让交通学者意识到，由于传统城市出行调查的特性，学者对于非工作出行、非高峰出行、非汽车出行知之甚少，而出行行为的大规模汇总测量，也使得学者对于郊区家庭主妇、照顾孩子的妈妈、退休和老年女性的出行行为难以估计（England，1993）。特别是女性进入劳动力市场之后，传统的交通出行分析思想与方法已不足以理解家庭内部劳动分工对于出行行为的间接或直接影响，需要新的分析方法从个体或者家庭层面理解决策过程和行为模式。学者提出，增加对于女性的需求的考虑来理解个体和家庭怎样决定其就业和住房区位，以及怎样决定出行行为和活动顺序，对于理解城市土地利用和未来的交通需求具有重要的意义。

13.2 女性与通勤行为

面对经济重构带来的女性就业率上升，大量研究关注于女性的通勤行为。学者把女性就业和相关的通勤行为作为经济重构带来的性别不平等的表现，认为通勤时间或者距离可以作为就业可达性的测量指标。

这一时期，通勤行为的性别差异成为研究的核心。大量实证研究表明，女性通勤距离和时间较短（Hanson et al.，1991；Crane，2007；McQuaid et al.，2012；Hanson et al.，2013）。城市经济学者或者经济地理学者主要利用统计数据，将通勤看作居住地与就业地的连接，通过空间相互作用模型（SI）或者信息最小化模型（MI）计算就业地与居住地的欧氏距离（Sang et al.，2011）。行为研究学者或者交通规划学者往往利用出行调查或者活动日志调查，利用居民填写的居住地和就业地位置来计算通勤的直线距离或者路网距离（Kwan，2000）。而使用通勤时间的研究往往会通过比较交通方式、居住区位等或者构建计量模型方式控制其他因素的影响（Weinberger，2007；McQuaid et al.，2012），利用更精确的调查方法如 GPS 等来控制个体对于时间的感知误差。

一般认为，高地位、高工资的职业会带来长距离通勤，女性往往相对于男性而从事低工资低等级的粉领工作，因而其通勤距离更短（Hanson et al.，1991）；在同样的职业中，女性也往往表现出近距离通勤的特征（Hanson et al.，1988）；兼职女性的通勤距离往往更短（McQuaid et al.，2012）。但是，也有一些研究得出了一些不同的结论。例如，受职业、种族和交通方式的影响，西班牙裔和非洲裔美国人没有显著的通勤性别差异（McLafferty et al.，1991），使用公交作为交通方式的居民不存在性别差异（Crane，2007）。

通勤的性别差异问题及其所代表的社会与经济不平等现象引起了学术界的广泛关注，为了进一步检验这一问题发生的机制，研究者对收入、家庭责任、交通可达性和劳动力市场空间隔离等要素对于通勤的影响进行了深入的分析。早期的研究以经济学的视角为主，更加关注城市经济因素与劳动力市场因素，将通勤看作职住分离的指标，认为房价、工资、就业市场歧视等经济因素主导了通勤行为的差异；而后期随着职业女性在就业和家庭责任之间的平衡成为地理学、社会学等人文社会科学关注的焦点，以社会学视角的家庭内部分工为核心的分析成为主流，强调家庭结构、家庭责任对于通勤的影响。

13.2.1 地租与工资

从经济学视角看，通勤长度是工资、房价、收入和其他人口统计学变量的函数，通勤长度测量的是职住分离的程度，女性的短距离通勤可能是来自于工作地区位或（和）居住地区位的性别差异（Turner et al.，1997）。这一理论从阿隆索的地价模型出发，假设单中心城市中CBD是唯一的就业中心，工作者试图找到一个满足一系列特性的居住地来最小化通勤出行的时间和金钱成本，但是当城市中心有拥堵或者其他可达性问题的时候，只能通过增加出行距离来满足居住需求。

这一通勤研究的城市经济理论试图通过基于住房价格和工资水平的局部均衡模型来解释双职工家庭在不同城市发展阶段下通勤行为的性别差异。在通勤行为中，男性或者家庭的主要收入来源会将工作地认为是固定的，通过住房选择最大化其效用，而女性则相反（Madden，1981）。这样的选择会导致女性作为家庭第二收入来源的短距离通勤，因为男性倾向于在城市中心工作而女性倾向于在郊区工作（Madden，1981；Singell et al.，1986），而且已婚女性比其他类型女性工资更少。例如，一个基于住房价格和工资水平的局部均衡模型说明，女性比男性倾向于近家工作，这种差异来源于她们相对较低的工资水平和工作时间对于通勤效用的降低，更来源于她们的家庭责任增加了通勤的成本（Madden，1981）；考虑了多中心城市双职工家庭通勤选择的迁居和未迁居家庭模型发现，居住地的变化会对男女家长的通勤时间都造成影响，但是双职工家庭的住房选择主要考虑男家长的工作区位，这种差异主要来源于男女性在收入上的差别（Singell et al.，1986）；而年轻群体的通勤行为趋同是来自于工资率的平等化趋势（Crane，2007）。

但是，之后的研究表明，通勤行为的性别差异并不完全像经济学理论所预测的那样，性别差异实际上与职业属性和家庭责任密切相关。

13.2.2 劳动力市场隔离

劳动力市场隔离理论认为，女性从事较多的行业往往比男性主导的行业在城市当中更为分散，使得女性更容易在家附近找到合适的工作。将职业分为女性主导的、男性主导的和中性的几种类型后进行比较，发现一些女性从事的工作可能处于郊区，靠近女性集聚的地区，因此20世纪90年代后对于“困在郊区的女性”的通勤研究成为学界热点(England，1993)。即使企业并非意在雇佣郊区女性而搬到郊区，但迁入郊区后的招工策略也确实是面向这些女性群体，并导致女性较短的通勤距离（Giuliano et al.，1993)。

当然，也有一些学者提出了不同的观点，认为一些事务性的女性主导的工作也集中在城市中心。例如，罗切斯特市大都市区的研究发现，除管理和交通运输业的女性外，其他职业女性的通勤距离都大于男性，因为女性的工作更多地集中于城市中心区（Sang et al.，2011)。

13.2.3 家庭责任假说

家庭责任假说是指就业的女性相比男性会有更多的家庭和儿童照料责任，导致她们面临更大的时间制约，因而会倾向于选择较短的通勤(Johnston-Anumonwo，1992)。女性的家庭责任并没有因为她们的就业状况而减少，相反，由于时间制约其就业被束缚在家的附近。

一些研究者使用家庭属性的变量来衡量家庭责任，常常使用的指标包括婚姻状况、是否有孩子以及孩子的年龄、数量等。验证家庭责任假说的假设包括：已婚家庭的家庭责任更大，这样的家庭中女性比同样条件的男性更倾向于短距离通勤；单身无孩子的男性和女性会有相似的通勤长度；已婚女性有更大的家庭责任，因而比同样条件的未婚女性的通勤要短；有孩子的女性有最大的家庭责任，因而比同样条件没有孩子的女性通勤要短（Turner et al.，1997)。

比较不同类型家庭男性和女性的通勤行为后会发现，对女性来说，家庭责任越大，通勤距离和时间越短，因此双职工有小孩家庭的女性通勤距离最短，孩子的出现会缩短女性的通勤距离但还是不会影响男性的通勤（Singell et al.，1986；England，1993；Turner et al.，1997)。例如，女性比男性通勤距离和时间更短，而且婚姻状况和孩子的数量对通勤时间有统计显著的负向影响（Turner et al.，1997)；当家里有孩子时，男性通勤时间变长而女性通勤时间变短，有孩子的全职男性的通勤时间最长，之后分别是没有孩子的男性、没有孩子的女性和有孩子的女性（McQuaid et al.，2012)。这些研究都在一定程度上验证了家庭责任假说的存在，认为家庭责任确实对女性的就业地选择和通勤长度产生了制约。

但是也有一些研究与假设相反，认为已婚女性比未婚女性的通勤更长（Brooker-Gross et al.，1985），甚至有研究指出，有孩子会通过增加经济负担等方式增加女性的通勤时间（Weinberger，2007）。

13.3　女性与非工作活动

随着女性越来越多地融入社会生活中，学者们开始意识到对女性通勤行为的研究不足以全面反映性别不平等。非工作活动作为性别劳动分工的一部分，反映了家庭责任的性别差异，导致女性时空行为的独特性，因此需要从非工作活动与出行角度对女性日常生活进行深入探讨。

13.3.1　社会文化根源

女性主义视角特别强调女性自我认知与社会文化环境对于性别角色的制约。资本主义制度和家长制的双重压迫影响了社会性别模式、资源和可获得性以及社会规范，通过就业、家庭照料的社会文化氛围，可规范家庭对于性别分工、行为模式的决策。日常行为的性别差异和家庭内部的相互作用来源于传统文化和社会控制导致的权力关系。例如，承担养家任务对于男性汽车使用的正向影响远大于女性，说明既定的权力关系会显著影响行为模型（Scheiner et al.，2012）。同时，社会心理学家也强调女性自身的态度和意识的影响，而女性对于这种权力关系的性别意识影响了她们的自我定位，并表现为是否能在家务和工作之间寻找到更好的平衡（Polk，2004；Ettema et al.，2009）。例如，持有传统性别角色预期的女性工作时间较短，而持有平等家庭分工意识的女性工作时间更长而家务时间较短（Ettema et al.，2009）。

13.3.2　家庭资源分配

地理学家强调城市设施的分布及设施的交通可达性对于女性出行的影响，将地理移动性作为决定女性能否参与就业市场以及进行通勤的重要因素。学者从男性和女性在收入、职业上的经济权力差异视角出发，认为女性在家庭的资源分配中处于不利地位，因此在家庭的时间、汽车等资源的分配中，往往使用权会倾向于男性（Hanson et al.，1980；Scheiner et al.，2012）。因此，相对于男性，女性往往受制于不利的交通条件，她们更少地拥有驾照、驾驶汽车，更多地乘坐公共交通出行，而公共交通又往往限制了女性的空间可达性。

13.3.3 时空固定性制约

时间地理学关注日常活动的制约，提出一些活动在时间和空间上是相对固定的，居民个体的活动选择和日常活动模式受到这些固定性活动的制约，这些固定性活动限制着其他活动的组织方式（Cullen，1972）。而这种固定性制约对于女性来说更加重要，由于工作和家务活动的双重制约，女性的日程安排更加没有弹性，而且难以仅根据她们自己的意愿进行调整。

时空间制约的计算通常有两种方式，一是依照活动类型进行分类（如睡眠、工作等为固定性活动，休闲为弹性活动），二是按照居民自己对于弹性的主观评价进行分类。基于对就业和家庭责任导致的时空固定性制约的关注，学者发现，女性比男性经历了更多的固定性制约和时间预算制约（Kwan，2000；Schwanen et al.，2008；Ta et al.，2016b）。例如，根据自我评价的制约，男性平均每天经历的空间固定性活动是6.81个而女性是7.62个，男性经历的时间固定性活动是5.85个而女性是6.25个（Schwanen et al.，2008）。由于时空固定性制约的存在，在活动和个体水平产生了显著的性别差异。

13.3.4 非工作活动

女性作为家外家庭支持活动的主要承担者，这些活动的分配和执行实际上是家庭内部劳动分工的重要内容，导致非工作活动和出行行为在性别上的差异。交通出行研究通过比较男性和女性在出行距离、方式和目的上的差异，发现女性承担更多的非工作活动，并更容易陷入与之相关的日常生活困境。学者发现，女性出行距离和时间更短（Schwanen et al.，2003），特别是从事更多的家务活动和更少的娱乐活动（许晓霞等，2012；Hanson et al.，1980；Cao et al.，2007）。而且从交通方式选择上，女性在日常生活中，出行的机动化程度低，更少开车出行（Polk，2004；Scheiner et al.，2012）；开车出行距离短而更愿意使用公共交通；开车时往往和孩子同行（McGuckin et al.，2005）。

时间地理学从整日活动安排的角度，分析了时空间制约下不同类型家庭的女性是如何完成家庭照料和工作之间的平衡，比较了男性和女性在时空行为模式上的差异（Kamiya，1999）。通过刻画不同类型日本家庭的男女家长在日常活动时空路径上的差异后发现，核心家庭的女性在完成家务活动的基础上很难实现完全就业，而其他家庭成员的帮助、托儿所营业时间的延长等能够帮助女性克服家务活动的制约，延长她们的就业时间和休闲时间，说明托儿所营业时间以及接送小孩的家庭责任对已婚女性就业形成制约（图 13-1）。

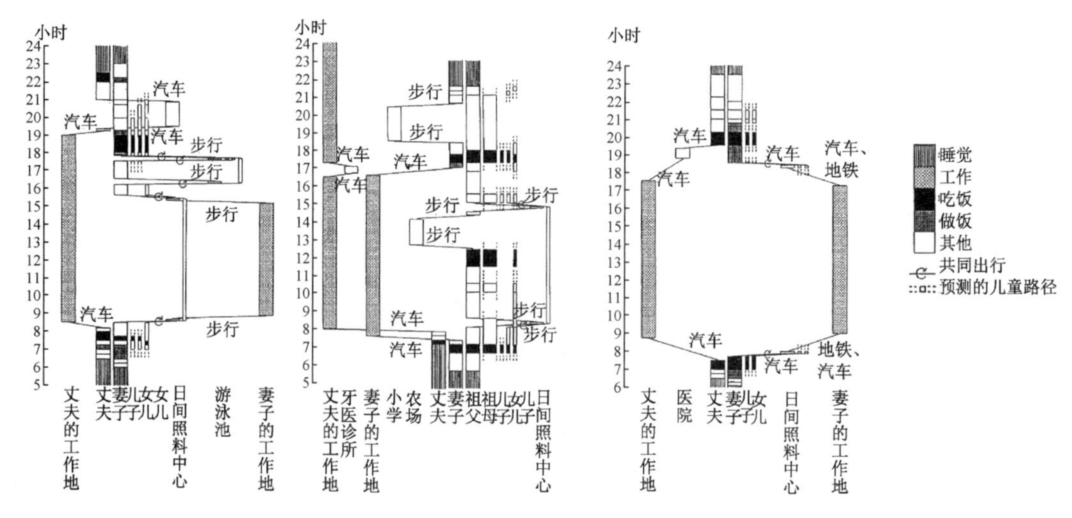

图 13-1　日本家庭男女家长的时空路径图

13.3.5　时空可达性

时间地理学者认为，原有的关注通勤、非工作活动等实际行为结果的研究，不能深入分析特定实体、制度、文化背景提供给双职工家庭用以平衡就业和照料责任的机会和选择集（Schwanen et al.，2013），因此需要进行城市机会的时空可达性分析。基于时空棱柱的概念，研究者致力于探索日常生活中个体的可达性经历和度量活动空间的研究表明，女性对于城市机会的可达性更差（Dijst，1999；Kwan，1999，2000）。

关美宝分析了全职女性和男性在时空可达性上的差异，借此分析社会不平等在城市机会可达性上的表现（Kwan，1999），计算了各自的潜在路径区域来衡量其潜在活动空间（表 13-0）。研究表明，全职女性的活动空间明显小于全职男性，并且这种差异是受到非工作活动时空固定性制约的影响；男性和女性在活动空间中的城市机会类型的比例和活动空间包含的平均地块面积没有显著的差异，说明在城市中不存在明显的性别空间分布的差异。但是，女性活动空间中城市机会的密度更大，说明女性不仅仅是空间的被动接受者，她们会协调自己的空间利用安排；同时，女性比男性的通勤时间和距离更长，说明通勤不是一个表示城市机会制约的好的指标。

表 13-0　时空可达性的性别差异

	全职女性		全职男性		富兰克林县	
	机会数量	加权机会区域	机会数量	加权机会区域	机会数量	加权机会区域
土地利用类型						
购物	546.5*	662.1*	798.6*	962.5*	3 052	4 020.9
食物	213.5	98.0*	313.9*	147.5*	1 195	689.8
个人事务	294.8*	217.7*	423.9*	316.3*	1 611	1 367.9
休闲	6.9	18.1	9.8	25.3	45	130.8
娱乐（家外）	118.6	1 206.9	175.8	1 750.6	1 015	10 338.6
教育	193.8	614.3*	274.7	891.1*	996	3 946.0
办公建筑	542.5*	1 070.2	777.6*	1 449.1	2 813	5 502.1
所有土地利用类型	1 916.6*	3 887.3	2 774.3*	5 542.4	10 727	25 996.1
一日潜在活动空间中的路网距离（英里）	1 008.0*		1 652.7*		—	

* 表示性别差异显著性 $p<0.05$。

13.4　家庭与女性的行为模式

早期研究主要强调女性的出行和移动性需求，特别是经济重构和空间转型带来的性别化活动需求与出行模式；而到 2000 年左右，女性时空行为研究开始出现一些新的特征，以家庭关系、联合行为为代表的研究越来越受到重视。

13.4.1　家庭关系

随着社会转型的深入，西方城市家庭作为社会的基本组成单元在过去的几十年间也发生了明显的变化，家庭规模缩小、生育率降低和家庭结构的多元化等彻底改变了社会结构与城市空间的相互作用方式(Buzar et al.，2005)。是否结婚、是否有小孩、是否是女性户主的家庭、是否与老年人合住等这些家庭生命周期因素以及家庭中的个体角色对于女性日常生活产生极为重要的影响。

早期研究更加关注婚姻状况和孩子对于女性时空行为的影响。随着家庭结构的多元化，在家庭责任的分工中，家庭的其他成员，如祖父母、小时工、其他亲友，都有可能参与家庭责任的分配、组织和协调。一般认为，扩展家庭是实现性别平等和平衡家庭分工的重要方式（Chen，2005）。祖父母往往是家务活动和儿童照料的主要承担者，给年轻母亲更多的机会和时间参与工作（Goh，2009）。特别是身体健康、年纪较轻的老年人能从事较多的维持性活动，显著地减少年轻女性家长的家务活动时间（Hjorthol et al.，2010）。南京的研究发现，相比核心家庭的男女家长，扩展家庭的年轻男女家长有更多的时间用于寻找城市中心更好的工作机会（Feng et al.，2013b）。另外，通过寻求其他家庭成员的帮助，女家长能够显著地减少自身受到的时空制约，可从事更多的就业活动（Ta et al.，2016b，2019）。

13.4.2 家庭内部分工与决策

近年来，家庭内部相互作用对女性日常生活的影响开始受到关注并迅速发展。家庭活动决策过程可理解为家庭在资源制约和活动需求的条件下，分配不同的家庭成员进行活动和移动以满足家庭需求的选择决策。

一些研究通过比较男女家长之间的活动—移动相互作用（Golob et al.，1997；Cao et al.，2007），分析男女家长在活动与出行之间的相互替代、补充和陪伴效应，试图通过家庭内部的分析验证家庭责任、时间预算等假设。这类研究主要运用复杂多变量统计模型，发现活动—移动行为之间及成员行为之间的相互联系，发现在决策中女性承担了更多的家务和儿童照料活动（张文佳等，2008；Golob et al.，1997；Ettema et al.，2009）。

另一类研究将家庭活动分配看作集体决策过程，这一过程涉及将活动分配给家庭成员、家庭成员进行联合行为和个体行为，而体现在可观察到的行为差异上包括家庭层面的维持性和生存性活动以及个体层面的休闲型活动（Zhang et al.，2006）。例如，根据家庭成员是否一同参加活动将休闲和维持性活动分为分配的活动和联合行为（Gliebe et al.，2002），可以建立一个分层的活动分配模型（图13-2）。第一层是家庭成员平等地决定参加个人活动、联合活动还是分配的活动，第二层是每个成员自己决定其个人活动的安排，家庭联合行为的效用、分配活动的效用和各自个人效用的和。基于效用最大化理论建立一个家庭效用模型，发现家庭成员的就业状况对联合行为有直接影响，对其他家庭成员的决策有间接影响，在有孩子的家长之间有专业化分工（Gliebe et al.，2002）。

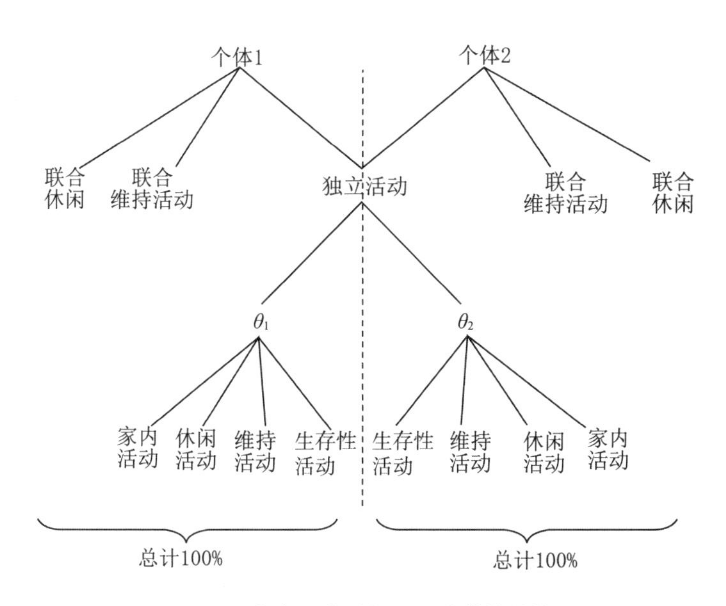

图 13-2　家庭日常时间利用决策的结构图

13.4.3　家庭成员联合行为

家庭成员的联合行为意味着他们需要在时空间中协调各自的活动日程安排，根据家庭需要、可利用资源、个人偏好共同决定任务分配与时间分配。这类研究致力于从出行调查或活动日志调查数据中识别联合活动—移动行为，并分析家庭生命周期、孩子、职业等因素对家庭男女家长联合行为决策的影响。利用出行数据通过相同的活动目的或交通方式、相同的地点、相同的时间顺序和相同的活动持续时间识别联合行为的类别，之后基于计量模型分析这些模式的影响因素和决策机制（Gliebe et al.，2005）。例如，通过对家庭男女家长整日活动—移动模式中共同参与活动的分析，可以识别出五种美国家庭联合巡回模式（图13-3）和共乘出行；通过建立一个平行选择制约 Logit 模型来分析家庭成员联合行为选择的决策因素，发现家庭决策中更加偏重于工作人口的效用和有小孩的女性的效用；退休的家庭更倾向于完全的联合巡回（类型 1），男女家长的工作地点接近、通勤距离相当会增加类型 2 和类型 3 的可能性，有孩子的家庭各种联合巡回的可能性都会减少，但是孩子的数量对于类型 5 有正向的影响。类型 4 由于样本量不足，在模型分析中排除。

使用 GIS 技术进行地理可视化和地理计算可以识别和可视化家庭的联合行为模式，将活动束的概念应用于联合行为的研究（Kang et

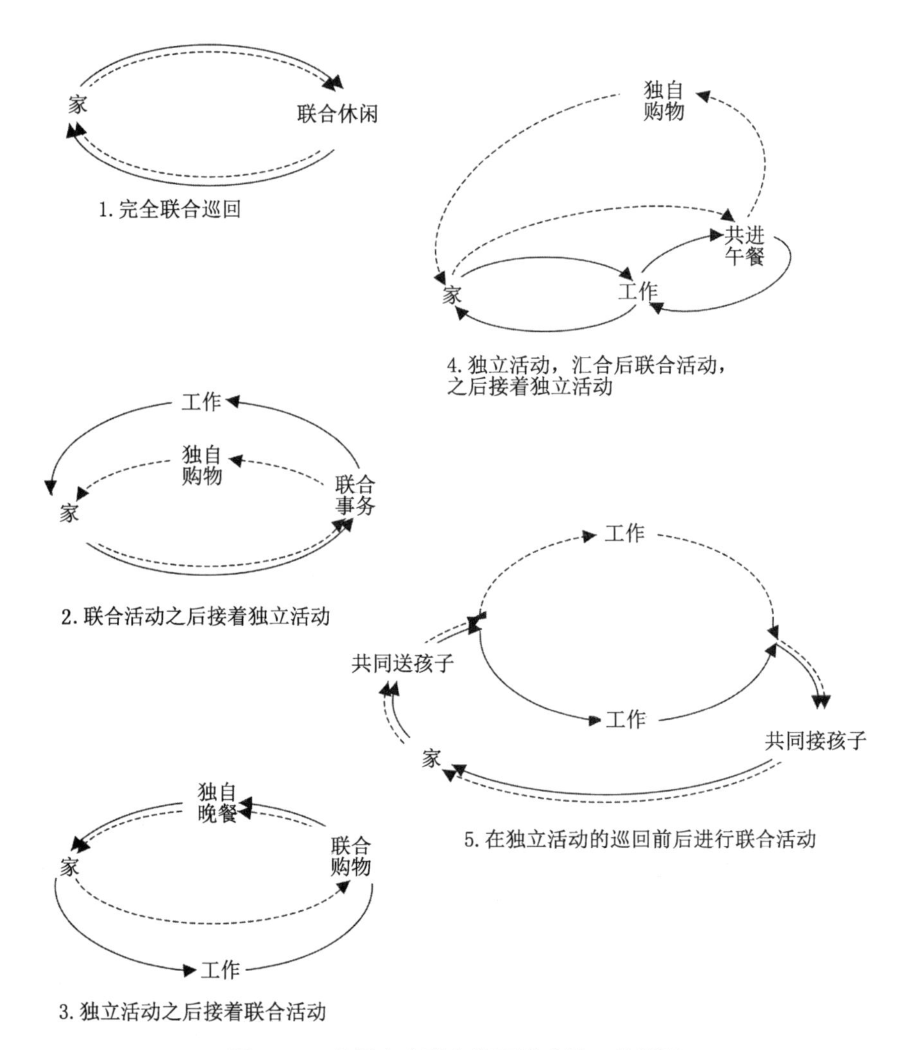

图 13-3　美国家庭联合巡回模式的五种类型

al.，2008，2010）。利用时间地理学的时空路径作为表现方式，时空束可以被作为解释家庭内部相互作用的有效方式，来理解家庭角色和家庭责任。联合行为是在相同地点发生的有共同时间区间和目的的行为，通过识别相同的活动地点，比较两个活动或出行是否有共享的时间区间（图 13-4），将细类的活动汇总归类，在 ArcGIS 中构建了一个家庭联合行为识别的 GIS 拓展包（Kang et al.，2008）。

随着中国城市转型的加快，社会不平等与性别差异逐渐凸显。对于结构性和文化性制约是否会加剧性别不平等，并导致女性进一步受制于家庭内部的社会角色的讨论在学术界不断受到关注。相比偏重于经济、心理与社会视角的其他学科的研究，时空行为研究提供了独特的行为视角，更强调从时空制约与空间利用的角度，研究女性与城市空间的互动

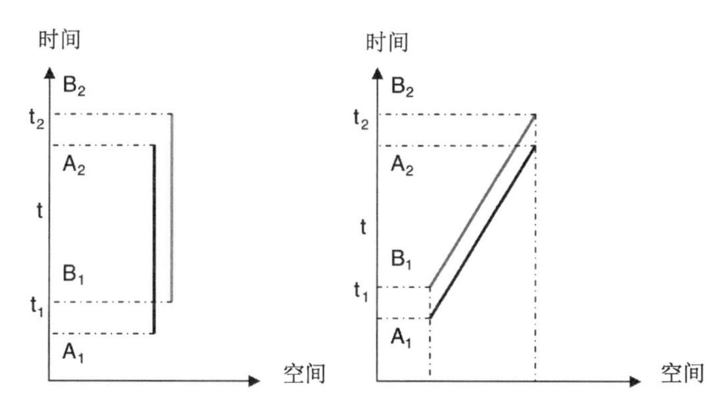

图 13-4　家庭联合行为识别的时间地理学模型

方式。目前，中国城市女性表现出就业可达性差、时空制约紧张、非工作出行复杂等问题，使其面临严峻的时空困境，并直接影响到其生活质量。城市女性时空行为研究对理解中国城市转型过程中的社会分异与空间重构、推进以人为本的城市规划与公共政策具有重要的意义。尽管中国城市女性与男性在时空行为上的差异小于西方国家（荒井良雄等，2008），但是在新的时代背景下这一差异正在扩大，并对女性的日常生活产生了重要的影响。因此，在可以预见的未来，女性居民时空行为的独特性和复杂性将进一步显化，并对中国城市空间产生影响。因此，未来研究需对女性时空行为进行全面系统地刻画，深入分析其影响因素与机制。尤其要通过实证与理论研究，逐步构建中国城市女性时空行为研究的解释理论体系，充分理解女性日常生活需求，提高女性居民生活质量，推进社会公平。

14 行为地理学的应用

14.1 行为地理学的实践应用

传统的城市规划与管理将城市居民作为均质的整体对待，通过预测人口总体规模决定土地开发量，进而根据用地比例标准划分不同功能，组合形成城市空间结构；而在后续的管理中也往往按照人口总量指标进行相应的服务配置与评估。然而，随着经济、社会、空间的快速转型，人与人之间的差异日渐显著，居民的需求也日趋多样化和个性化。传统的城市规划与管理对居民的实际需求与主观决策考虑不足，难以对超长通勤、时空可达性降低、出行结构失衡、生活品质需求等城市问题作出及时、精细的响应，实际效果与理想状态存在较大差异。因此，行为地理学研究能够弥补传统视角对居民时空行为的规律与决策机制考虑的不足，传统的基于土地的、静态的、蓝图式的城市规划亟待与时空间行为研究相结合，从而转向基于人的、动态的、精细化的规划，传统的基于人口结构的、总量式的、粗放式的城市管理与时空间行为结合，从而转向基于社会需求、分布式的、精细化的管理（柴彦威等，2014）。

早在 20 世纪 70 年代时间地理学提出初期，行为地理学研究就尝试与城市规划管理相结合，将个人时空行为结构与时空制约的分析应用于指导城市资源配置的实践中（Lenntop，1976，1978）。在商业空间的规划中更是应用个体行为数据对城市商业空间结构的分析来指导商业空间配置（Golledge et al.，1966）。随着数据采集方法的革新，大规模、长时间、高精度的时空间行为数据采集进一步为行为地理学方法的应用打开了新的局面。

总体上看，行为地理学的实践应用主要体现在两方面：发现现有空间结构、设施配置、管理服务等的问题并进行优化；厘清居民时空行为决策过程并对规划方案、管理模式进行模拟。具体来讲，行为地理学可应用于空间规划、交通规划、社区规划、社会管理和居民服务等方面。

14.2 行为地理学在空间规划中的应用

在空间规划的应用方面，首先是通过居民行为数据的时空汇总分析，发现整个城市活动—移动系统的时空间特征及存在问题，进而对空间结构进行优化和调整。并且，大时空尺度的行为数据汇总更具说服力。因此，基于基站定位技术获取的手机信令数据显示出较好的有效性。例如，美国麻省理工学院城市感知实验室（MIT SENSEable City Lab）利用意大利米兰市的手机信令数据进行了城市“移动景观”研究（Ratti et al.，2006）。上海市宝山区基于手机信令数据的建成环境质量评价，刻画了居民各类活动—出行行为在空间分布上的差异性（王德等，2015）。利用大数据分析居民、企业等主体的活动情况与物质空间的关系，能够为国土空间适宜性评价提供支撑（秦萧等，2019）。但是，该类数据的获取受制于移动运营公司，并且在居民隐私保护方面存在一定的隐患，在不同国家与地区之间数据获取的难易程度也不尽相同。

在公共设施规划的应用方面，时空间行为分析发挥了重要作用。一方面，时空间行为研究能够较好地了解居民尤其是特定群体（女性、老年人、儿童、残障人士等）的实际需求，从而兼顾效率与公平，合理配置设施的布局与开放时间。例如，日本家庭活动日志调查分析发现，参加工作的已婚女性由于照顾孩子而受到严重制约，因此延长公办托儿所营业时间，并在地铁站附近建设托儿所等成为改善建议（Kamiya，1999）。

另一方面，行为地理学通过行为模拟的方式对公共设施布局提出规划与改造的建议，从而优化空间隔离问题，促进社会的融合。例如，同济大学王德研究组进行了长期而有效的尝试，将消费者行为时空间特征的研究应用于上海南京路和北京王府井的商业街规划与改造上（朱玮等，2009，2011）；利用网上虚拟环境获取上海世博会参观数据，对参观者的游览行为进行模拟，并给出了世博园区的规划改进建议（王德等，2009）。可见，行为地理学方法在城市规划、旅游规划以及大型事件的应急管理等方面都有很大的应用潜力。

14.3 行为地理学在交通规划与管理中的应用

20世纪40年代，西方的交通规划研究聚焦于识别和缓解交通拥堵，利用出行需求模型估算需要增加的道路和车道数量。但是，提高道路承载力的同时也加深了居民对小汽车的依赖，从而产生更严重的交通拥堵。因此，交通规划研究的侧重点逐渐由交通承载力水平的提升转向了居民出行需求管理策略以及应用系统的开发，对于居民活动—移动行为的研究受到越来越多的关注，并随着数据采集与管理水平的提升，这方面的应用逐渐由汇总研究向非汇总研究发展。

从活动分析法出发，行为地理学已在交通规划中得到了广泛应用。早在20世纪70年代，雷恩陶普应用时间地理学开发的活动出行计算机模拟模型，对交通规划方案进行了模拟与评估（Lenntorp，1976）。后来，时空间行为研究的分析框架启发了城市交通规划界对出行的重新认识，促进了活动分析法的发展，促使交通规划学者结合社会与空间背景从个体出行的制约与决策机制角度理解交通问题（Jones，2014）。因此，基于活动的交通需求模型和交通规划逐渐成为西方交通研究和交通管理政策的发展方向。出行需求源于活动的需求，基于个体活动的出行行为政策受到整日活动计划、时间预算和活动空间分布的制约。基于活动的交通理论认为，活动与出行是一个统一的决策体系，活动与出行决策既是家庭及其成员所作出的一系列决策中的一部分决策，同时也与城市发展过程和交通运输系统的运行相互作用（Ben-Akiva et al.，1998）。基于这一理念，通过规划政策和出行引导实现出行需求在时间、空间上的均衡化，保持交通供需平衡。与此同时，行为地理学方法在交通规划中的应用还体现在交通需求量、系统优化和安全监控等方面，基于时空间制约的个体可达性的测度更新并丰富了传统的基于距离的可达性测度方法（Kwan，1998）。

面对当前城市发展人本化与城市规划科学化的趋势，规划与政策的精细化与动态化是改善城市交通、城市空间和服务设施供给状况，提升智慧出行支持能力的决定性因素。行为地理学方法可以从以下方面对交通规划与管理进行支撑。

首先，行为地理学将个体的出行行为置于整日的活动计划、时间预算和活动空间分布中来理解，促使交通规划学者结合社会与空间背景从个体出行的制约与决策机制角度理解交通问题，通过调整设施的空间配置以及社会时间节奏来解决交通问题（张文佳等，2009b）。基于多源时空数据信息，研究建立个人时空出行分析的交通需求预测模型，对城市居民的交通需求进行模拟和预测，提出交通规划优化方案。从出行需求的角度，基于居民出行时空分布特征，进行道路网、枢纽等交通设施系统规划，从而推进交通设施优化以实现智慧出行。例如，在时空行为研究框架下，建立基于道路网络平衡的交通需求模型，基于GIS实现多模型的真实表达、数据完整性的增强、高效的用户界面和高效的平衡算法（Miller，1999）；将土地利用与交通进行不同时空尺度的综合比较，通过对于空间、时间、属性变量的操作，借助 GIS 所提供的数据挖掘与分析的功能，识别和度量土地利用与交通的相互作用（Shaw et al.，2000），实现城市土地利用与交通系统的一体化规划。

其次，行为地理学指引了城市政策和交通发展的转型，关注点逐渐从以物为本转向以人为本，研究视角从基于出行转向基于活动、从出行预测转向出行决策，研究内容从出行划分转向交通过程、从交通分配转向外部效应，最终实现了交通出行优化政策从设施供给转向辅助决策、从满足需求转向管理需求（柴彦威等，2011b）。特别是近年来，以交通需求管理为代表的基于活动的交通理论成为西方交通地理学关注的焦点。通过交通政策的导向作用，运用现代化技术和信息技术设备等，以公共交通策略、时间调控、空间均衡、出行引导为主要政策措施（Londersele et al.，2009），通过速度、服务、收费等因素影响交通参与者的交通出行行为，使出行需求在时间、空间上均衡化，以在交通供给和交通需求间保持一种平衡，从而使交通系统结构趋于合理化。例如，爱沙尼亚塔林市通过不同行为个体发生活动的时空间特征分析城市空间人流集聚与扩散的规律，为交通设施规划和评估规划政策提供了先例（Ahas et al.，2005）。比利时通过在一定范围内安装蓝牙信号接收装置获取居民手机的蓝牙信号，研究重大活动如摇滚音乐节期间居民在广场及附近的时空行为（Londersele et al.，2009），是基于移动数据的行为地理学方法在重大事件交通管理中应用的典型案例。

14.4 行为地理学在社区规划中的应用

社区是以相互依赖为基础的具有一定社会内聚力的地区，居民之间具有共同意识和比较亲密的社会交往。社区规划本质上应具有社会规划的属性，综合社会、经济和空间要素，是从社区层面解决社会问题的重要途径。一个好的社区规划应具有较强的需求导向，表达居民个体的主客观需求，全面考虑社区人居环境的经济与社会内涵。因此，社区规划需要从地域、社区成员、共同意识、空间、组织结构等基本要素出发，综合考察社区发展，强调从城市问题的社会本质去理解社区建设与空间布局，构建人本导向的规划模式。在实际操作中，社区规划需要在规划理念和方法中加强对于社区成员之间的互动以及社区成员与社区物质环境设施之间互动的认识和分析，引入新的规划理念和研究方法，从本质上满足社区成员的需求，增强社区成员的共同意识与社区归属感，促进社区健康发展。行为地理学方法可以从如下方面对社区规划进行补充和完善。

首先，行为地理学方法能够为调查和评估社区各基本要素的利用现状与满意度提供工具。社区居民作为社区的核心要素，应是社区规划调查的重点。人本导向的社区规划需要以社区居民的利益作为规划策略制定的基本出发点，全面衡量居民与社区的相互关系。而行为地理学正好满足了社区规划的这一新要求。运用认知地图、日志调查、GPS跟踪调查等方法收集不同类型居民对社区环境的感知、评价和时空利用数据，将居民看作是具有工作、购物、休闲等多种需求和家庭、社会等多种属性的不可分割的整体，能够全面地了解居民的日常行为及其空间意义，有助于分析社区空间、社会互动等对居民及其利益的影响。在社区空间内通过对居民日常活动的调查，了解居民在社区进行活动的时空间分布和属性特征，以及不同居民对各种活动的需求，可兼顾宏观与微观、主观与客观、个体与整体、选择与制约等不同方面，为实现真正意义上的居民参与式社区规划提供科学基础。

其次，行为地理学方法能够提供对社区居民行为特征的分析工具，为解释社区功能结构与空间安排的合理性、探索社区未来的组织模式与空间模式提供支撑。行为地理学的认知地图研究方法可以提供居民对社区设施的利用以及认知评价。行为地理学也能够分析个体行为特征，将个人活动空间与社区实体空间结构相结合，了解不同群体的生活时间节奏、活动—移动状况，分析居民活动出行的时间和空间特征，为针对不同群体特殊需求的社区设施供给改善提供科学依据。据此，行为地理学与社区规划可有机结合：按照不同属性群体的消费和休闲行为特征来布局服务设施；针对不同属性群体的设施使用时间规律来制定社区服务设施的时间管理方案；通过休闲空间布局和设施建设来鼓励居民增加休闲时间和社会交往（塔娜等，2010）。

再次，社区功能设施及其时空间特征与居民生活节奏和需求的匹配程度直接决定了社区的可持续性和居民的生活质量，因此，社区物质环境规划是提高社区质量的切入点，是社区规划在空间上的重要表现形式。行为地理学研究能够分析居民对社区空间利用的决策选择机制与限制因素，为分析和评价社区现状条件对于居民日常生活的影响提供依据，特别是从客观制约条件出发，分析老年人、儿童、低收入者、残疾人等弱势群体的行为制约因素以及家庭内部成员之间的互动关系（张文佳等，2008；塔娜等，2020）。此外，要实现社区微观层面上实体空间和社会空间的优化，需要以人的尺度重新认识社区，完善各类设施和提升整体环境，营造和谐的社区生活方式。行为地理学能够基于GIS空间分析、模型、模拟等手段，分析和预测社区环境变化对居民生活的影响，从而为社区空间优化配置和公共服务设施建设提供依据，有利于维护公共设施配置的公平性和社区的宜居性。

最后，社区规划最终要建立具有可达性与宜居性、良好社会互动、社会公平与空间公正、强烈社区归属感的健康城市社区。一方面，社区规划的重要目标之一就是要配置社区资源，以满足不同人群个性化的生活需求。社区空间面对所有居民应具有社会公平性，形成具有可达性和可进入性的社区空间。人本化的社区空间应强调能够为不同居民群体，尤其是弱势群体提供更好的保障。时间地理学研究发现，低收入者、老年人等弱势群体的活动空间具有明显的社区收敛性，日常生活活动在社区内部高度集中（柴彦威等，2002；刘玉亭等，2005；曾屿恬等，2019）。因此，行为地理学将弱势群体置于整体社会环境之中，研究社会组织与功能配置等对弱势群体活动的影响，从而探讨提高弱势群体生活质量的方略。另一方面，社区居民之间的良性互动对于建立良好的社区氛围也具有重要的意义。行为地理学可以通过对不同居民社区内部以及周边活动状况与空间共享机制，分析居民潜在交往的可能性，为优化公共空间、塑造群体交往提供可能（塔娜等，2020；Browning et al.，2014）。

14.5 行为地理学在城市生活圈规划中的作用

在以人为本、重视人的需求的背景下，以居民日常生活作为对象、结合物质空间规划和社会规划的生活圈规划将是未来城市规划转型的落脚点，对于实现公共资源的均等、精准化配置，有效应对居民差异化需求，以及实现居民参与的自下而上式规划具有极大的意义（吴秋晴，2015）。所谓生活圈，指的是“维持日常生活而发生的诸多活动所构成的空间范围”（柴彦威等，2015）。城市生活圈规划指的是以整体的“人”为核心，以人的城市生活作为规划对象，以引导人朝向理想生活为规划目标，以分析差异化个体需求为核心的非规定性的、引导性的社会合作行动式的规划（柴彦威等，2019）。虽然生活圈不论在学术研究还是在规划应用实践上都愈发得到重视，但是对于生活圈的内涵、体系、划定方式，以及规划中如何与公共服务设施配置相结合、后期如何落地等方面仍未形成统一的规范（柴彦威等，2019）。行为地理学方法能够为生活圈规划提供新的思路和方法，为现有生活圈规划的不足找到解决路径。

首先，行为地理学能够为生活圈规划提供必要的数据支撑。城市生活圈规划因其以个人活动出发、自下而上的特性，需要更多行为数据来支撑规划实践。具体来说，除了传统规划中所需要的现状数据以及现有规划图纸、文本外，还需要大量的由居民个体产生的数据，比如位置数据，包括手机信令、微博签到、出行APP、GPS调查数据，以及居民活动日志调查数据，还有微博、微信和美团点评等平台上的社会舆情数据。行为地理学为这些数据的采集提供了必要的理论与技术支撑。例如现状生活圈的划定依赖于精确的居民位置数据，如果需要区分不同职能的生活圈，还需要活动日志作为辅助支撑（孙道胜等，2016）。

其次，生活圈范围的划定和职能的规划是生活圈规划从研究走向实践所面临的重要挑战之一，行为地理学能够为此提供科学依据。从生活圈的概念出发，生活圈范围的划定是以家为基础的居民日常生活的空间范围，即以居民每天从家出发、回到家的所有行为的空间可达范围作为基础。由于居民有多样化的日常需求，因此日常活动满足何种需求、活动发生的周期以及持续时间、活动发生地离家远近等要素构成日常生活体系。

根据行为的时空特征，城市生活圈一般来说可以分为3类：（1）满足居民日常基本活动需求的社区生活圈，涉及的活动频率高发、持续时间较短，仅围绕居住小区及周边展开；（2）包含居民通勤及工作的通勤生活圈，通常以1日为尺度，空间上除了居住地及附近外，还包括工作地及附近区域；（3）满足居民偶发性活动的扩展生活圈，活动通常在周末开展，因此以1周为尺度，并以都市区为生活圈的空间范围（柴彦威等，2019）。因此，按照这一关系可将城市生活圈划分为5个圈层：（1）居住小区附近及周边，活动发生频次最多、满足基本需求的基础生活圈；（2）由若干个基础生活圈及共用的公共服务设施构成的社区生活圈；（3）以1日为时间尺度，包括工作地及周边设施，满足通勤及上下班过程中的各类活动需求的通勤生活圈；（4）以1周为时间尺度，以整个都市区为空间范围，以居民偶发性行为为主构成的扩展生活圈；（5）在快速交通以及信息技术的发展下形成的、满足居民在城市群内进行休闲游憩活动的协同生活圈，其发生周期较1周更长（柴彦威等，2015）。每个层次都为居民在该圈层内发生的活动以及相关的需求服务，配置居民日常生活需要的设施。

最后，行为地理学能够为城市生活圈规划的方法和技术路径提供支撑，而这是目前生活圈规划所遇到的核心挑战（孙道胜，2020）。一般来说，城市生活圈规划涉及生活圈的识别及界定、现状生活圈问题的识别和评估，在结合因人群、社区而异的需求后，形成理想生活圈与时空行为，进而在客观物质空间以及社会空间两个角度实现居民日常生活的改善等多个流程。

例如，以城市社区生活圈公共服务设施优化为例，首先，通过居民日常活动的GPS数据与活动日志数据，分析不同社区和人群的时空活动特征与对公共服务设施的需求，并将调查社区的特征以及社区内人群的特征与上述时空活动的基本模式、需求进行映射，构建“社区—行为谱系”与“人群—行为谱系”（柴彦威等，2019）。其次，利用上述两个谱系与全市的社区人口数据结合（比如普查数据），生成分人群、分社区对不同公共服务设施的时空需求，将人群和社区特征差异加入后，与过去配置设施量进行对比，便可以得到社区设施配置的调整量。最后，界定社区生活圈范围和体系，解决设施优化调整的分级落地问题。依据社区自足性和社区共享性的特征，在居民行为制约条件下，构建集中度和共享度两个概念。进一步，结合居民的GPS数据，选取步行方式前往进行的非工作活动空间，自下而上划分社区生活圈的2个层次：即社区自足性的基础生活圈（5分钟生活圈）、居民出行能力制约下共享性的社区生活圈（15分钟生活圈）。基础生活圈与社区或者小区的边界基本吻合，提供住宅类项目必备的基础性设施，以及部分低等级的社区级设施；社区生活圈主要配置社区级的配套设施以及低等级的多个社区共享的街区级配套设施。根据上述社区设施配置调整量的低配、中配和高配方案，对公共服务设施优化方案进行空间上的分级落地。

14.6 行为地理学在社会服务方面的应用

为了应对城市社会与经济的快速转型，满足日趋多样化的居民生活需求，提高全体居民的生活质量，就需要考虑不同群体乃至不同个体的个性化需求。行为地理学特别关注人，既关注人类群体，也关注个体；既关注个人受到的客观制约，也关注个人的主观决策。因此，行为地理学能够直接把知识反馈给居民，为居民提供个性化的服务，引导居民作出更加高效、健康、智慧的时空间行为，这主要体现在个性化信息发布、个人决策支持服务、行为引导等方面。

首先，面向居民提供个性化的信息发布能够减少信息冗余，为居民的智慧生活提供保障，但是信息发布个性化的程度与能够获取的居民信息和行为分析能力相关。行为地理学能够通过获取居民的历史和惯常时空间行为，特别是实时行为信息，通过时空行为特征分析来了解居民的出行需求及其空间利用模式，面向居民出行的潜在需求，利用手机、计算机、GPS、LED显示屏等终端面向不同的时间、空间、交通方式、行为进行个性化的信息发布。当能够获取居民的社会经济属性信息时，还可针对不同群体进行个性化的信息发布；而此类信息发布需要对不同属性群体的时空间行为特征进行分析，并且了解不同属性居民的潜在需求，比如针对女性、儿童、老年人、残障人士等群体的信息发布。真正的个性化应该在能够获取居民时空间行为数据的基础上，通过对其行为的时空规律与决策过程进行分析挖掘，把每个居民视为独特的个体，直接从行为特征出发实现信息发布的个性化，如针对某个居民不同的日期与时间惯常的出行交通方式与出行路线进行信息发布。

其次，在个人决策支持服务方面，主要是为居民提供时空制约下的次序行为选择集。目前已有的最为典型的个人决策支持服务是基于位置的服务（LBS），即移动运营商根据移动用户的当前位置而为其提供的特定信息增值服务，其关键技术是手机移动定位。但是，这种服务只考虑了空间因素而未考虑时间。因此，利用时间地理学框架将居民的时空间制约进行综合诊断，通过居民行为选择的历史记录及其偏好因子的分析，从客观制约与主观决策相结合的角度进行更加精细化、智慧化的位置服务。例如，个人在午休时段外出就餐时，可根据其用餐前的出发地点和用餐后需要到达的位置、可以外出的时间、拟采用的交通方式等信息，分析其时空棱柱，并结合各个餐馆用餐需要的平均时间等为其提供可能的用餐餐馆；并且，结合各餐馆的基本情况与居民选择偏好分析，可为其提供餐馆的次序选择集（柴彦威等，2014）。

最后，所谓行为引导，就是在信息发布与决策支持服务的基础上对居民进行行为引导，使居民的行为更加高效、健康与环保。如在个人决策支持服务中通过次序选择集引导居民就近活动，减少不必要的交通出行；或提供每种交通方式的能量消耗、污染物排放量等信息，引导居民采取健康、环保的出行方式；或利用多种信息发布渠道进行合理的停车诱导，减少机动车由于找不到停车位而进行的绕行。

14.7 走向时空间行为规划

行为地理学通过认知地图、行为模式、决策选择等对个体行为开展全面细致深入的分析，不仅能够为理解人地关系提供新的过程性思路，而且能够对城市规划与管理提供决策支持。随着行为地理学相关理论与技术的革新，行为研究呈现出研究数据多源化、研究方法的科学化、研究对象的个体化、研究主题的应用化等趋势。目前，行为地理学已经在城市规划与公共政策的多个方面开展了应用探索与尝试，并取得良好的效果。面向未来，行为地理学方法还有很大的贡献空间，特别是随着城市转型的深入，城市规划越来越强调人文化与智慧化，城市管理越来越关注精细化与个性化，居民生活越来越追求品质化与多样化；通过与其他学科的跨学科合作，行为地理学将能够推动城市规划从空间规划走向时空间规划、从物质规划走向社会规划，提升社会治理水平与生活品质。未来，行为地理学在社会生活圈规划、国土空间规划、时空间行为规划等方面将发挥更为重要的作用。

15 行为地理学的未来

相信通过本书的阅读，你已经对行为地理学的主要概念、理论方法和研究主题有了一定的理解。正如我们在总结行为地理学过去的发展历程中所提到的那样，行为地理学已经逐渐从最初的狭隘的实证主义框架走向更加多元化的方向，不断扩展自身的理论框架和实践外延，不断反思并重新认识自身的意义。伴随着社会经济转型的深入，我们的世界越来越向着多样化、个体性、动态化发展，人们的空间行为决策与选择的差异与个性越来越明显，空间与行为的交互越来越强，这无疑为行为地理学带来了绝好的发展机遇。但同时我们也注意到，行为地理学面临着学科发展潜力不足等问题。面向未来，行为地理学有哪些新的发展趋势和方向呢?

15.1 行为地理学的挑战

15.1.1 方法论挑战

对于行为地理学来说，微观层面的分析既是优势也是劣势。优势在于可以进行深入细致的个体分析，能够更本质地理解个性化、多元化时代的需求；而劣势就在于我们要开展的很多人地关系问题、很多决策需求都至少是以一个区域或者一个群体为对象。因此，如何将个体层面分析得到的结论上升为群体层面，如何从个体的解释上升到社会或者群体的解释，就成为行为地理学方法论上最大的挑战。

具体来看，这一挑战表现在这样三个方面。首先，与结构主义不同，行为主义更加关注主观能动性的作用，因此在个体层面分析认知、偏好、决策这些微观的行为解释因素；而这些解释在多大程度上能够上升到群体层面，还是一个尚待解决的问题。其次，从个体行为向群体行为的汇总，需要汇总到何种层次上才具有解释意义，也是一个挑战。如果汇总的程度过于宏观，比如从个体直接去看一个国家的情况，其解释力必然是不足的；而如果汇总的程度不足，比如从个体汇总到一个家庭，那么其应用性又显得不够。因此，要把握这个度是一件很难的事，需要考虑不同的行为类型、空间类型、时间类型、群体类型等。可以说，找到适合研究对象的汇总尺度是行为地理学方法的第二个重要挑战。最后，我们观察到的很多群体行为，比如早晚高峰的通勤是否有必要从个体层面开展解释，或者说微观个体层面的分析能够得到多少新知识，也是一个需要解决的问题。因此，相关研究需要去理解哪些行为是更适合开展微观的分析，哪些更适合开展宏观的解释，这也是确定行为地理学边界的一个重要方面。

15.1.2 研究方法挑战

伴随着科学技术的发展，行为地理学在研究方法上有了极大的进步，我们在不同的章节对于行为地理学使用的新方法进行过论述，比如多样化的数据来源、复杂的计量建模方法、花样繁新的空间可视化手段等。对于任何学科的进步来说，能够促进采集和分析数据的新方法都是至关重要的，行为地理学亦是如此。从方法的角度来说，机遇与挑战像是一个硬币的两面，能够抓住机遇便能促进行为地理学的再次新生，而尝试失败则可能将其推入历史的车轮之下。

毫无疑问，GPS 技术和 ICT 的发展为行为地理学带来了最大的机遇与挑战（柴彦威等，2020）。从机遇来说，GPS 技术带来了大量的高时空精度的轨迹数据，我们已经可以用 GPS 技术来追踪个体行为、开展实时行为调查、获取大样本的数据。一方面，通过志愿者的征集，可以运用手机、GPS、加速仪等手段，获取精细的个体属性数据和行为时空间轨迹数据，开展个体层次上的非汇总分析。另一方面，也可以通过间接获取匿名的大规模行为数据的方法，比如所谓的大数据，开展区域或者群体层次的汇总。从这个角度看，志愿者地理信息系统、移动定位服务、智能公交卡、出租车轨迹、手机信令等多源化的数据来源已经并继续为行为地理学的发展提供着支撑。

当然，技术的发展也带来了相应的挑战。首先必须提到的就是隐私问题。大规模精细化的数据带来的隐私保护与研究伦理问题需要更多学理层面的关注。其次是分析方法的挑战，如何对精细尺度、大样本规模的新数据来开展分析，发现和提出新问题，也是行为地理学迫切希望解决的。最后是多源数据的融合问题，不同的数据源有其优势也有劣势，如何整合不同数据源，开展大数据与小数据的融合分析，发挥各自优势来提升研究的深度，也是摆在研究者面前的重要问题。

除此之外，分析手段的革新也为行为地理学带来了新的取向。随着GIS的发展，空间分析技术与行为地理学的融合越来越紧密，学者广泛采用时空路径、时空聚类、三维可视化、空间计量等方法对行为特征进行可视化与分析，可以说空间的可视化与空间计量已经成为行为地理学发展的一个重要趋势。同时，各种复杂模型与微观模拟模型的应用也成为行为地理学发展的重要方面，而控制实验、人工智能、机器人技术、虚拟现实等信息技术工具也开始融入到行为地理学研究中。这里不再一一列举这些已经或者正在被纳入到行为地理分析中的先进方法，但需要注意的是，对于行为地理学来说，它不应该是一个数据驱动或方法驱动的分析方法，而应该是理论驱动或者实践驱动的研究体系。因此，提出一个有意义的研究问题，并选择合适的数据和方法开展分析，是行为地理学研究的基础问题。而新的数据和方法能提供多少新的知识、新的数据与方法的适用性如何、是否需要开展更多跨学科的合作等问题，都是开展行为地理学研究需要去面对的挑战。

15.1.3 跨学科挑战

缘起于地理学与心理学的结合，行为地理学天生就具有一种跨学科的视角和思维，而这种跨学科的取向随着行为地理学对于行为研究复杂性的认识而日益增强。行为地理学与心理学的联系也是与生俱来的，不管是空间学习、空间认知的分析，还是行为决策机制的研究，都与心理学有着紧密的联系，特别是对于空间认知方面的研究来说，采用心理学量表、实验研究方法也是行为地理学早期的重要实践。

行为地理学与社会学、交通学、地理信息科学等都有十分紧密的结合。社会学中的结构化理论、生命周期理论、生命历程理论等与人的行为研究密不可分，行为地理学涉及的人群行为的差异也往往借助社会学的理论进行解释。作为行为地理学的重要理论基础之一，活动分析法将行为地理学对于活动—移动行为的关注与交通研究紧密结合，应用活动分析法的相关概念、方法开展土地利用与交通一体化分析、活动与出行一体化分析，已经成为交通出行研究与交通规划的重要组成部分。同时，与地理信息系统的结合可能是行为地理学应用最为广泛的部分，从行为模式的可视化到行为机制的地理计算再到行为研究在导航中的应用，行为地理学与地理信息科学的交叉促进了二者共同的发展。诸如此类，都是行为地理学在跨学科的交叉分析中取得的丰富成果。对于行为地理学的未来发展来说，跨学科的交叉与综合依旧是一个不可避免的方向，也是行为地理学扩展其学科边界的重要途径。

当然，跨学科的发展对行为地理学来说也是一个重要的挑战。首先，行为地理学需要进一步夯实自身的理论基础和学科优势，才能在跨学科交叉研究中找到自身的位置。举例来说，早期的行为地理学试图打开行为决策的心理“黑箱”，而这一尝试并未成功，反而导致行为地理学自身的衰退，这就与自身定位的偏差有关。而事实上，近年来，随着认知研究的深入，对于认知黑箱的分析开始与脑科学、认知科学等密切结合，对空间认知的生物机理开展分析，甚至一部分研究已经归属到了这一领域。因此，行为地理学需要明确空间行为研究在人地关系和空间影响复杂性分析方面的优势。其次，行为地理学者需要扩大自身的视野，在学科之外寻找可能性。而这就给学者本身带来了很大的挑战，如何识别潜在的跨学科可能性、如何借鉴其他学科的优势、如何开展跨学科的合作，这些都是行为地理学者需要去思考的。

从行为地理学的研究内容来看，除了上述已经提及的，可能的跨学科方向还存在这些方面。一是与计算机科学的跨学科研究，基于大数据、机器学习等方法，在复杂性背景下对空间行为的模式、动态加以分析。二是与医学的跨学科研究，将空间行为与疫病的发病率、潜在风险等相结合，讨论空间行为的健康影响。三是与自然地理学、环境科学的结合，探讨自然环境要素与空间行为的互动关系。四是与认知科学的结合，引入复杂性理论，通过眼动追踪、可携带仪器等手段探讨思想—大脑—身体—环境的复杂关系。五是与公共管理、公共政策相结合，开展政策的行为响应研究，利用空间行为开展政策评估等。当然，除此之外，行为地理学作为一个重要的方法论，也可以为其他学科提供支撑。

15.2 面向动态人地关系的行为地理学

15.2.1 走向跨学科的空间认知分析

对于行为地理学来说，探究空间行为的解释，特别是环境、认知、行为之间的关系是一个核心的研究问题。这其中，空间认知研究对于思想—大脑—身体—环境的复杂关系具有持续的关注（Cohn et al.，2005；Agarwal et al.，2008），并将继续成为行为地理学的重要发展方向之一。首先，这一领域与脑神经科学的交叉不断深入，运用核磁共振、脑电图等方法探索空间认知的机理（肖丹青，2013；Montello，2018）。学者认为，对于空间行为的解释需要理解需求是怎样变成结果的，这也就意味着需要从人脑的运作机制与结构的解释加以分析。而这一方面的研究目前还远远不够，也是未来认知研究的重要方向之一。其次，空间认知研究与GIS大量结合，在认知地图可视化、布局呈现、扭曲分析等方面产生了丰富的成果，也为GIS的优化与适用性提供了支撑（Portugali，2018）。这一方向既是行为地理学的经典议题，也是行为地理学实践应用的重要方面（Golledge，2008；Montello，et al.，2003）。然而，我们对于认知地图的研究依旧有很多未解的问题，比如认知地图扭曲的机制及其群体差异、空间认知的不确定性及其机制、面向用户的地图表达、基于个人认知与活动路径的导航应用等。最后，空间认知研究与认知科学、社会科学的交叉也是一个重要的方向。虽然已有研究已经借鉴自组织地图、协同代表网络、进化心理学等理论对思想—大脑—身体—环境的复杂关系开展了一定的讨论（Portugali，2004；Cohn et al.，2005；Agarwal et al.，2008），但是目前的研究对于空间认知的外部影响—环境的分析还是远远不够的。

15.2.2　结合主客观的行为机制分析

随着国内外时空行为研究已经从模式描述转向机制解释，从人地关系的角度对空间行为机制进行建模模拟已成为行为地理学实证研究与规划应用的重要方向。总体来说，环境因素的影响是研究最多、也与实际规划需求联系最为紧密的。从精明增长与新城市主义的理念出发，建成环境对行为的影响一直以来受到学界的关注，从传统的密度、混合度、设计的3D指标逐渐发展到5D、7D等不同的指标体系，研究建成环境的改善能够带来的行为模式的变化已经成为出行研究的重要议题（曹新宇，2015）。

但是，这方面的研究结论往往存在着争议。这种争议可能有多种原因，比如社会文化背景、个体选择、空间尺度等等。面对这些问题，环境与行为的研究存在着如下两个主要的趋势。一方面，从时间地理学的理念出发，学者提出建成环境对个体行为的影响存在着地理背景不确定性的问题，指出需要从空间形态、时空尺度、活动空间等方面来考察影响行为的“真实”环境信息（Kwan，2012；Hong et al.，2014）。另一方面，建成环境影响的非线性问题被提出，指出环境对行为的影响并不是线性关系，而是根据行为类型、出行距离等的差异存在非线性的联系（Ding et al.，2018）。而这两方面的问题还都存在诸多的疑问，比如如何确定合适的地理背景，应用何种时空尺度，哪些要素更具有非线性影响的特点，采用何种非线性的分析手段，是否存在国家、区域与城市的差异等。

关于行为地理学的机制分析中，人的主观认知分析一直以来受到学界的关注，并且随着个体偏好的多元化而越来越受到重视。在交通出行研究中，学者们已经对居住自选择、生活方式等主观因素加以分析，提出自选择和生活方式等要素会改变建成环境对时空行为的影响程度（Mokhtarian et al.，2008；van Acker et al.，2016；Guan et al.，2019）。例如，学者分析了建成环境与生活方式交互作用下的居民的汽车所有权选择、出行行为、活动参与模式。但是，这些研究尚有诸多问题亟待解决，如自选择的适用性问题、“生活方式”等主观因素的测度问题、建成环境与主观因素的交互作用方式问题等。

此外，空间认知与行为决策的关系也是行为地理学一直以来希望去解决的难点。一方面，学者强调人对环境的空间认知可能比环境本身对行为的影响更加强烈（Golledge et al.，1997），采用环境感知评价的方式来衡量个体对环境的满意程度，分析客观环境、环境感知与行为之间关系的研究受到更多重视（Ma et al.，2019；Domènech-Abella et al.，2020）。另一方面，空间认知作为一个重要的因素被纳入到交通流、移动性的模拟中，通过多代理人模型、元胞自动机、机器学习、决策树等多种模拟方法，发现空间认知在路径选择行为、交通流预测中具有重要的影响（Manley et al.，2018）。

当然，行为机制分析关于行为本身的研究也在不断深入。从活动分析法的理念出发，行为地理学对空间行为的研究从单一行为向多目的行为、联合行为、行为链演进，利用聚类分析、序列比对、网络分析等多种方法提取活动—行为模式（Zhang et al.，2017；Dharmowijoyo et al.，2017），开展联合活动—移动行为研究（Lin et al.，2014；Chen et al.，2017；Fu et al.，2018），其中，信息技术的提升为理解行为模式的复杂性提供了极大的支持。同时，学者也加深了行为的动态变化与多样化的认识。关于行为的时间节奏、时空演进、弹性等方面的研究在近年受到关注（Kang et al.，2010；Mao et al.，2016；Ta et al.，2016b）。

从发展趋势来看，理解行为的多元复杂特征已经成为行为地理学的重要目标之一（张文佳等，2022），不仅行为决策机制与影响因素的分析维度在不断增加，向着更为真实的地理环境和决策环境迈进，而且行为自身的分析维度也在不断扩展，试图理解现实中的行为。

15.3 面向个体生活质量的行为地理学

15.3.1 满意度与幸福感

社会发展的最终目标是要改善和提高全体居民的生活质量，而提高全体居民的生活质量需要通过提高每个个体的生活质量实现。行为地理学认为，关于“生活质量”的研究应该更多关注个人层面，并且“人地关系”的探讨在“生活质量”话题上的延伸应该更多集中在具体的空间形态与日常行为。作为行为地理学的经典议题，非工作行为分析为理解日常生活与生活质量提供了基础。相比于通勤这种固定性强、选择性低的行为模式，非工作活动更能体现居民在8小时以外的自由选择，那么能否参加非工作活动、参与活动的弹性、参与活动的质量等都可以成为生活质量的重要考量（Ta et al.，2016b；Feng et al.，2018；Mouratidis，2019）。

近年来，社会转型中的幸福生活受到行为地理学的关注。生活质量与人们的幸福生活密不可分，关于生活满意度、主观幸福感的研究开始增多。行为地理学关注行为对于幸福感的影响，通过计量模型分析建成环境—行为—幸福感/满意度的关系，探讨行为在塑造幸福生活方面的作用。这些研究大致可以分为三类。第一类是关注一般的主观幸福感或生活满意度评价，往往使用通勤、非工作活动或者其他行为的一般特征，将活动或出行作为居民日常生活的一部分，探讨活动满意度、出行满意度与整体生活满意度之间的关系（Ettema et al.，2010；Friman et al.，2017；Mouratidis，2019；Wang et al.，2020）。第二类是关注单次活动或出行中的满意度或者情感，认为个体在行为过程中可能会直接累积积极或者消极的情感，分析特定出行环境下个体对活动或者出行的满意程度（刘冠秋等，2019；Susilo et al.，2014；Mao et al.，2016）。第三类是将活动与出行联系起来，从时间地理学的视角分析前一个行为对后续行为的效用（des Vos，2019）。

这方面的研究逐渐从宏观尺度的分析向微观个体层面扩展，试图理解主观幸福感的复杂机制。但是，现有研究依旧有很多没有完全解决的问题，比如：不同的行为特征是怎样影响人们的情感体验的；多个单次活动或出行的满意度是如何影响整日的活动或者出行满意度的；活动或者出行满意度是如何影响长期的生活满意度或者偏好的；连续的出行与活动之间的满意度是怎样相互影响的。

15.3.2 家庭关系与社会交往

家庭关系、社会网络、邻里关系是个体行为模式和生活质量的重要影响因素。一方面，个体的居住和生活都是基于家庭的，基于家庭的空间与行为研究探讨如何实现家庭的和谐和生活质量的提高，包括家庭内部时间利用与责任分工、家庭成员间相互作用及可能产生的冲突等

(Vovsha et al.，2004；Cao et al.，2007；Feng et al.，2015；Ta et al.，2019)。另一方面，广义的社会关系也被纳入学者的视野，邻里关系与社区活动的关系、社交网络与活动空间的关系、文化氛围与活动同伴的选择等研究日益增加（曾屿恬等，2019；Lin et al.，2014；Zhao et al.，2016)。未来，个体与其家庭、朋友、同事等社会关系网络之间的联系将导致更为多样化的活动—移动模式，形成更为复杂的社会需求与出行需要，社会关系的潜在影响还需要进一步加强分析。

15.3.3 长期行为与生活方式

行为地理学与时间地理学都涉及行为的时间尺度问题。不管是时间地理学对于长短期行为的分析，还是行为地理学对生活方式与日常行为关系的考量，长期生活方式与短期行为模式之间相互作用的分析都很重要。生活方式作为一种长期的价值观或者行为导向的表达，对于居民的日常行为可能具有显著的影响。特别是，不同生活方式的群体之间活动—移动行为的差异与社会公平、生活质量、健康等问题越来越被关注(Van Acker et al.，2016)。一方面，生活方式对出行行为的影响受到交通研究的关注，比较不同生活方式群体的行为，分析生活方式对行为的影响，考察建成环境对行为影响的生活方式群体差异，进而分析如何通过生活方式的塑造来改变出行行为特征。这方面的研究需与低碳出行、无车出行等政策理念结合在一起。另一方面，日常行为对生活方式是否存在反作用也是研究的问题，当下的行为模式会对未来的生活产生怎样的影响既是行为地理学的理论问题，也是政策刺激的长期影响的实践问题。

15.3.4 出行行为与健康生活

行为地理学的健康问题研究涉及三个方面。首先是从健康的行为模式出发，考察出行行为与心理健康、身体健康之间的关系（Götschi et al.，2017；Domènech-Abella et al.，2020)。这一方向又可以分为两个维度。第一，一些研究关注于行为本身，讨论的焦点在于如何塑造健康的行为模式，比如绿色出行行为、体力活动等，这方面的研究往往会和行为机制、生活方式的研究结合。第二，一些研究则关注对行为的健康影响，特别是将具体的行为模式与身心健康的关系联系在一起，其中最为典型的研究如体力活动与健康的关系、通勤与健康的关系（Wang et al.，2019)。当然，这方面的研究对于“环境—行为—健康”之间机制的分析还需要进一步加强，特别是应用长时序的纵向研究来分析因果关系（Frank et al.，2019）。

其次是对于环境暴露的分析。时间和移动性对于个体的环境污染或者地理背景的暴露有着至关重要的影响（Kwan，2012），而这一问题在以前是被忽视的。基于居住区的空气污染暴露可能会错误估计居民实际的污染暴露水平，因此应当从动态的角度测量全天候的真实空气污染暴露度（Kwan，2012；Ma et al.，2020）。未来，更多精细的对于环境暴露水平及其健康影响的评估还需要进一步加强。

最后，时空行为与传染性疾病传播的关系也是一个值得关注的话题。传染性疾病的传播往往与人的流动性密切相关，运用不同时空精度的轨迹数据来分析患者的出行特征，提供有价值的疫情防控与预警，是行为地理学与流行病学结合开展相应研究的重要方面。特别是如何通过时空间行为的分析，为居民提供安全行为空间规划、满足流行病爆发期间的就医与日常生活需求，构建安全生活圈，是未来亟待解决与研究的迫切问题。

15.4 面向社会可持续发展的行为地理学

15.4.1 活动空间与社会公平

城市社会公平一直是城市可持续发展所追求的目标。但是，已有的社会空间分异框架更关注社会分异在居住空间的表现，强调其在贫困、剥夺、可达性困境等方面的影响。但这一框架面临着空间尺度、日常生活整体性和时间动态性方面的挑战（Kwan，2012），特别是对快速城市重构和高流动性背景下社会空间的多维特征把握不足。因此，活动空间分异的研究有助于扩展社会空间分异的框架，理解居民在不同时间尺度、不同地理背景下的分异状况，揭示日常生活参与可能调节社会分异的空间化现象。

其一，一些研究认为，受到较强制约的活动空间代表了个体的隔离状态，侧重活动空间分异的结构特征，借助活动空间自身属性实现分异度量与可视化。这些研究集中于描述活动空间特征，并利用统计分析或空间可视化方法比较不同群体的活动空间特征，并且度量指标逐渐从单一走向综合。比如，利用活动属性构建分异指标，基于活动空间面积、非工作活动时间、非工作活动数量和小汽车或者公共空间的使用等维度建立广度、强度、多样性和排他性等活动空间分异指数（Wang et al.，2012；Zhang et al.，2018；郝新华等，2018），并通过群体比较刻画分异状况。

其二，一些学者更加关注共存于同一时空中的个体具有社会交互的可能性，提出了整合社会网络和活动空间的新的测量手段。通过将不同个体的活动空间进行空间叠加或者时空交互分析，构建了共享活动空间、社会交互潜力、时空接近性指数等指标，度量活动空间交互程度（Farber et al.，2015；Browning et al.，2017；Luisa Maffini et al.，2018；Park et al.，2018）。但大量研究主要集中在西方社会文化背景下的城市情况，并且没有充分考虑个体的活动目的和出行交通方式。

其三，随着GPS数据采集与分析技术的发展，时空间行为研究对人—地、人—人关联分析能力增强，具体到活动空间分异中表现为“社会群体暴露”的研究开始凸显（Li et al.，2017）。这一研究方向试图测度个体在其活动空间内对不同社会经济属性人群的暴露状态，再通过群体汇总的方式分析活动空间分异（Wong et al.，2011；Wang et al.，2016），较好地展示了活动空间分异模式，并且能够将居住空间分异与活动空间分异有机结合。

总体而言，从行为的视角分析社会公平在近年受到广泛的重视。但是这方面的研究依旧面临着一些重要的理论与实践挑战。一方面，理论上，活动空间的隔离如何与传统意义上社会空间隔离的理论框架有机结合依旧没有完全解决，而对于活动空间分异分析自身来说，不同学者使用的指标往往存在较大的差异，不具有可比性，没有建立起一个通用的对话体系。另一方面，在实际分析中也面临着数据可获得性、分析可操作性等方面的问题，很多研究缺乏对于时空关系整合、个体活动—移动意义的关注。

15.4.2 虚拟行为与智慧城市

信息化是当今世界发展的主要趋势之一，近年来ICT凭借网络飞速发展，渗透到社会生活的各个领域，对居民日常生活产生了巨大影响。面对凯恩·克劳斯提出的“地理的终结，距离的死亡”观点，行为地理学考察了ICT使用对居民活动时空特征与机制的重构，由此衍生出一系列关于虚实行为关系、时空制约、时空利用破碎化、多任务处理、出行行为转变等方面的研究（申悦等，2011；Kenyon et al.，2007；Shen et al.，2020；Xi et al.，2020）。但是，由于使用的变量、方法和数据不同，研究结果之间存在一定的争议，但总体上来说研究的精细度在提升。一方面，从虚实行为关系的研究来看，学者将ICT对出行及相关实体活动的作用分为四类——替代、促进、改变和中性，同时对于特定类型的ICT产品与特定类型行为之间的互动关系越来越关注，对行为的考察也逐渐走向行为的全程（比如信息搜寻、行为实施、评价等）。另一方面，从对ICT与时空行为模式的研究来看，现有研究仍仅限于少量类型的网络行为，而对于流媒体、云服务、视频通讯、物联网等带来新的行为特征转变等依旧知之甚少，而面对即将到来的5G时代，ICT能带来怎样的变化也是我们未来需要进一步探究的。

面对可持续城市与可持续交通的需要，ICT与移动性的关系也成为近期研究的焦点，学者关注ICT为基础的交通系统在供需两方面的表现。在供给侧，智慧交通系统被反复提及，利用个体和车辆轨迹的追踪及其支持应用来构建一个更为有效率的、智慧的交通系统，比如近年来对于共享汽车、共享单车、个体出行规划等方面的研究（Mattia et al.，2019；Si et al.，2020）。而在需求侧，学者则将ICT能否促进可持续的交通行为作为议题的中心，在健康出行、共乘行为方面取得了不少的成果（Schwanen，2015；Papageorgiou et al.，2019）。ICT为基础的交通系统发展能够在多大程度上改善城市的交通状况和居民的出行行为依旧是一个亟待研究的问题。

除此之外，ICT带来的新的社会公平问题也受到学者的关注。很多研究都集中在ICT对社交网络和面对面交流方面的影响，ICT可能会改变社交网络的规模与形态，促进新的交流方式的产生（Schwanen et al.，2008）。另一方面，ICT所提供的便利并非所有人平等共享，ICT的影响可能因空间、时间、群体而存在差异，所以技术鸿沟正在塑造一种新的不平等（Kos-Łabędowicz，2019；Shen et al.，2020）。而这方面的研究还不能满足我们从人本视角透视ICT社会影响的需求。

综上所述，ICT的发展对于日常行为的影响是有目共睹的，特别是无线网络、无人驾驶汽车、共享经济等正在开始成为影响居民生活的重要因素。但是，目前对于这些新兴技术与个体行为之间的因果关系依旧没有充分的理解。从日常生活的角度，共享单车如何改变了“最后一公里”问题的解决方案，是否增加了居民的健康出行；外卖如何改变了实体餐饮消费的模式，是否影响了居民的健康；社交网络如何改变了居民交流的方式，是否减少了面对面交流的机会；网络购票在提供了便利的同时，是否损害了哪些群体的出行需求。这些对城市社会生活具有重要影响但是尚未解决的问题是值得深入探究的，而这些问题的分析对于城市规划和政策的制定也具有重要的应用价值。

15.4.3 出行行为与环境效应

随着交通需求和汽车使用的增加，交通对于环境污染和碳排放的共享比例在不断上升。如何减少交通相关的温室气体排放已经成为国家气候变化研究的重要问题之一。关注低碳城市的空间与行为研究主要有两个目标：一是在日常生活中提倡低碳出行，特别是减少汽车出行；二是构建低碳的城市空间，反思城市蔓延与郊区化。已有研究对关注城市规划调整个体行为的有效性的同时，一些研究开始进一步探索如何减少交通二氧化碳排放（Ma et al.，2015a；Li et al.，2018）。利用计量模型方法，分析城市形态、建成环境等因素对个体出行相关的二氧化碳排放的影响（Handy et al.，2012；Ma et al.，2015a）。除了对影响因素的研究，学者还用微观模拟方法分析个体日常出行碳排放的影响（Ma et al.，2015b；Ma et al.，2018）。可以说，深入挖掘城市空间与个体行为、个体行为与碳排放之间的互动机理，对于构建低碳城市空间有重要的作用。未来，对于不同社会经济背景、不同城市区域、不同人群的出行及其环境影响的研究需要进一步加强，同时交通政策情景的分析也有利于提出减少碳排放的政策（Cavallaro et al.，2018；Ma et al.，2018）。

15.5 行为地理学展望

也许正因为行为地理学的研究对象——空间行为——所具有的多元化、复杂化和个性化的特征，行为地理学才不可避免的走向一个多元化、跨学科的路径。再次回顾行为地理学的发展，它来源于地理学与心理学的结合，试图探究不确定性下的人类行为模式，通过微观个体视角、有限理性假设、行为过程分析、满意人模型来研究人类行为的模式与过程。从早期的空间认知和决策选择两大核心开始，行为地理学野心勃勃地试图去提供一个更为真实的认知过程与决策过程分析；在经历了长达半个多世纪的发展之后，跌跌宕宕，起起伏伏，行为地理学逐渐形成了一套自己的理论与方法体系，并且在空间与行为互动关系的方面形成了自身独特的研究取向；行为地理学方法也不断融入到地理学的方方面面，并与社会问题、现实生活、规划实践的关系日渐紧密，形成动态人地关系、个体生活质量和社会可持续发展等面向未来的重要议题。

通过对行为地理学发展历程和研究主题的了解，我们至少可以形成两点主要的认识。第一，行为地理学试图研究的复杂性在于地理空间施加于空间行为的复杂性影响，认知黑箱、内心活动、人格特质等终究是归属于心理学的范式，而非地理学的专长。第二，行为地理学对于空间行为的研究是建立在人地关系过程演变的认识基础上，对空间与行为的相互作用的探索是行为地理学的核心。抓住空间与行为这一条主线，行为地理学在未来的发展中就能坚定自己的学科导向并不断发展壮大。当然，正如我们之前提到的，行为地理学也面临着人才流失、学术交流活跃度不足、学术影响力下降等问题，而这些问题与一个学科范式的生命力是相辅相成的。我们相信，在流动性增强的背景下，随着行为地理学对自身理论的不断修正与技术方法的不断进步，该学科会焕然新生。我们也期待着更多对行为地理学感兴趣的同行加入行为地理学研究的行列。

参考文献

·中文文献·

JONES P M，2014. 近50年来国际交通研究与政策议程中的范式演进［M］// 柴彦威. 时空间行为研究前沿. 南京：东南大学出版社.

TIMMERMANS H，2014. 基于活动的交通出行需求模型及其规划应用进展［M］// 柴彦威. 时空间行为研究前沿. 南京：东南大学出版社.

白凯，孙天宇，郑鹏，2008. 基于认知地图的旅游者决策影响因素分析：以西安入境旅游者为例［J］. 资源科学，30（2）：313-319.

保继刚，2005. 城市旅游：原理·案例［M］. 天津：南开大学出版社.

蔡天骥，蒋未文，任强，2003. 住房状况对老年居住方式的影响［R］. 北京：全国人口普查科学讨论会.

曹丽晓，2006. 转型期上海城市老年人生活活动空间研究［D］. 北京：北京大学.

曹小曙，林强，2011. 基于结构方程模型的广州城市社区居民出行行为［J］. 地理学报，66（2）：167-177.

曹新宇，2015. 社区建成环境和交通行为研究回顾与展望：以美国为鉴［J］. 国际城市规划，30（4）：46-52.

柴彦威，2005. 行为地理学研究的方法论问题［J］. 地域研究与开发，24（2）：1-5.

柴彦威，2010. 城市空间与消费者行为［M］. 南京：东南大学出版社.

柴彦威，2012. 城市地理学思想与方法［M］. 北京：科学出版社.

柴彦威，2014a. 空间行为与行为空间［M］. 南京：东南大学出版社.

柴彦威，2014b. 时空间行为研究前沿［M］. 南京：东南大学出版社.

柴彦威，陈零极，2009. 中国城市单位居民的迁居：生命历程方法的解读［J］. 国际城市规划，24（5）：7-14.

柴彦威，陈梓峰，塔娜，等，2020. 城市时空行为调查方法［M］. 南京：东南大学出版社.

柴彦威，龚华，2001. 城市社会的时间地理学研究［J］. 北京大学学报（哲学社会科学版）（5）：17-24.

柴彦威，胡智勇，仵宗卿，2000. 天津城市内部人口迁居特征及机制分析 [J]. 地理研究，19 (4)：391-399.
柴彦威，李春江，2019. 城市生活圈规划：从研究到实践 [J]. 城市规划，43 (5)：9-16.
柴彦威，林涛，龚华，2004b. 深圳居民购物行为空间决策因素分析 [J]. 人文地理，19 (6)：85-88.
柴彦威，刘天宝，塔娜，2013a. 基于个体行为的多尺度城市空间重构及规划应用研究框架 [J]. 地域研究与开发，32 (4)：1-14.
柴彦威，刘志林，李峥嵘，等，2002. 中国城市的时空间结构 [M]. 北京：北京大学出版社.
柴彦威，尚嫣然，2005. 深圳居民夜间消费活动的时空特征 [J]. 地理研究，24 (5)：803-810.
柴彦威，沈洁，2006. 基于居民移动—活动行为的城市空间研究 [J]. 人文地理，21 (5)：108-112.
柴彦威，申悦，陈梓烽，2014. 基于时空间行为的人本导向的智慧城市规划与管理 [J]. 国际城市规划，29 (6)：31-37.
柴彦威，塔娜，2011a. 中国行为地理学研究近期进展 [J]. 干旱区地理，34 (1)：1-11.
柴彦威，塔娜，张艳，2013b. 融入生命历程理论，面向长期空间行为的时间地理学再思考 [J]. 人文地理，28 (2)：1-6.
柴彦威，谭一洺，申悦，等，2017b. 空间—行为互动理论构建的基本思路 [J]. 地理研究，36 (10)：1959-1970.
柴彦威，王德，张文忠，等，2010. 地理学评论（第 3 辑）[M]. 北京：商务印书馆.
柴彦威，王茂军，2004a. 日本消费者行为地理学研究进展 [J]. 地理学报，59 (S1)：167-174.
柴彦威，翁桂兰，沈洁，等，2008b. 基于居民购物消费行为的上海城市商业空间结构研究 [J]. 地理研究，27 (4)：897-906.
柴彦威，翁桂兰，刘志林，2003. 中国城市女性居民行为空间研究的女性主义视角 [J]. 人文地理 (4)：1-4.
柴彦威，肖作鹏，2011b. 面向"十二五"规划的中国城市交通发展转型 [J]. 规划师，27 (4)：21-25.
柴彦威，颜亚宁，冈本耕平，2008a. 西方行为地理学的研究历程及最新进展 [J]. 人文地理，23 (6)：1-6.
柴彦威，张雪，孙道胜，等，2015. 基于时空间行为的城市生活圈规划研究：以北京市为例 [J]. 城市规划学刊 (3)：61-69.
柴彦威，张艳，2022. 时间地理学 [M]. 南京：东南大学出版社.
陈宏飞，李君轶，秦超，等，2015. 基于微博的西安市居民夜间活动时空分布研究［J］. 人文地理，30（3）：57-63.
陈基纯，陈忠暖，王枫，2004. 城市居民距离认知研究：以校园大学生群体为对象的调查分析［J］. 热带地理，24（1）：60-64.
陈团生，岳芳，杨玲铃，等，2007. 老年人出行选择行为影响因素研究［J］. 西南交通大学学报（社会科学版），8（5）：17-21.
陈曦，冯建喜，2019. 基于步行性与污染物暴露空间格局比较的建成环境健康效应：以南京为例［J］. 地理科学进展，38（2）：296-304.
陈梓烽，柴彦威，2014. 城市居民非工作活动的家内外时间分配及影响因素：以北京上地—清河地区为例［J］. 地理学报，69（10）：1547-1556.
陈梓烽，柴彦威，周素红，2015. 不同模式下城市郊区居民工作日出行行为的比较研究：基于北京与广州的案例分析［J］. 人文地理，30（2）：23-30.
程遂营，2006. 我国居民的休闲时间、旅游休闲与休闲旅游［J］. 旅游学刊，21（12）：9-10.
程遂营，2009. 北美休闲研究：回顾与展望［J］. 旅游学刊，24（10）：87-92.
代丹丹，周春山，2017. 广州市中产阶层日常活动的时空间特征［J］. 人文地理，32（4）：45-53.
党云晓，张文忠，武文杰，2011. 北京城市居民住房消费行为的空间差异及其影响因素［J］. 地理科学进展，30（10）：1203-1209.
窦树超，2012. 长春市居民休闲行为与休闲空间研究［D］. 长春：东北师范大学.
杜鹏，1998. 北京市老年人居住方式的变化［J］. 中国人口科学（2）：36-41.
方创琳，周尚意，柴彦威，等，2011. 中国人文地理学研究进展与展望［J］. 地理科学进展，30（12）：1470-1478.
冯建喜，黄旭，汤爽爽，2017. 客观与主观建成环境对老年人不同体力活动影响机制研究：以南京为例［J］. 上海城市规划（3）：17-23.
冯健，2005. 北京城市居民的空间感知与意象空间结构［J］. 地理科学，25（2）：142-154.
冯健，周一星，2004. 郊区化进程中北京城市内部迁居及相关空间行为［J］. 地理研究，23（2）：227-242.
冯维波，黄光宇，2006. 基于重庆主城区居民感知的城市意象元素分析评价［J］. 地理研究，25（5）：803-813.
傅辰昊，周素红，闫小培，等，2018. 广州市零售商业中心消费活动时变模式及其影响因素［J］. 地理科学，38（1）：20-30.
干迪，王德，朱玮，2015. 上海市近郊大型社区居民的通勤特征：以宝山区顾村为例［J］. 地理研究，34（8）：1481-1491.

龚咏喜，李贵才，林姚宇，等，2013. 土地利用对城市居民出行碳排放的影响研究 [J]. 城市发展研究，20（9）：112-118.
古杰，周素红，闫小培，2013. 生命历程视角下的广州市居民居住迁移的时空路径 [J]. 地理研究，32（1）：157-165.
古杰，周素红，闫小培，等，2012. 居民日常出行时空集聚视角下的城市交通拥堵形成机制研究：以广州为例 [J]. 地理科学，32（8）：921-927.
谷志莲，柴彦威，2015. 城市老年人的移动性变化及其对日常生活的影响：基于社区老年人生活历程的叙事分析 [J]. 地理科学进展，34（12）：1617-1627.
顾朝林，陈璐，2004. 人文地理学的发展历程及新趋势 [J]. 地理学报，59（S1）：11-20.
关美宝，郭文伯，柴彦威，2013. 人类移动性与健康研究中的时间问题 [J]. 地理科学进展，32（9）：1344-1351.
郭文伯，张艳，柴彦威，2015. 城市居民出行的空气污染暴露测度及其影响机制：北京市郊区社区的案例分析 [J]. 地理研究，34（7）：1310-1318.
郭志刚，2002. 中国高龄老人的居住方式及其影响因素 [J]. 人口研究，26（1）：37-42.
海山，1997. 行为地理学及其对中国地理学的意义 [J]. 人文地理，12（4）：51-53.
韩会然，焦华富，王荣荣，等，2011. 城市居民购物消费行为研究进展与展望 [J]. 地理科学进展，30（8）：1006-1013.
韩会然，杨成凤，2019. 建成环境对出行行为的影响研究进展与展望 [J]. 安徽师范大学学报（自然科学版），42（2）：166-173.
郝新华，周素红，彭伊依，等，2018. 广州市低收入群体户外活动的时空排斥及其影响机制 [J]. 人文地理，33（3）：97-103，111.
贺寨平，2001. 国外社会支持网研究综述 [J]. 国外社会科学（1）：79-85.
黄潇婷，2013. 基于时空行为研究的旅游时间规划理论思考 [J]. 旅游学刊，28（9）：9-10.
黄潇婷，张晓珊，赵莹，2015. 大陆游客境外旅游景区内时空行为模式研究：以香港海洋公园为例 [J]. 资源科学，37（11）：2140-2150.
姜玉培，甄峰，孙鸿鹄，等，2020. 健康视角下城市建成环境对老年人日常步行活动的影响研究 [J]. 地理研究，39（3）：570-584.
杰弗瑞·戈比，沈杰明，2008. 北美休闲研究的发展：对中国的影响 [J]. 浙江大学学报（人文社会科学版），38（4）：22-29.
李昌霞，柴彦威，刘璇，2004. 北京城市老年人购物决策过程中的评价性认知特征 [J]. 人文地理，19（6）：93-96.
李晓伟，王炜，杨敏，等，2016. 多模式综合交通客运方式选择行为差异性：

基于强制与休闲型活动出行的对比分析［J］. 西安建筑科技大学学报（自然科学版），48（6）：868-873.
李雪铭，李建宏，2010. 大连城市空间意象分析［J］. 地理学报，61（8）：809-817.
李渊，刘嘉伟，严泽幸，等，2019. 基于卫星定位导航数据的景区旅游者空间行为模式研究：以鼓浪屿为例［J］. 中国园林，35（1）：73-77.
李峥嵘，柴彦威，2000. 大连市民通勤特征研究［J］. 人文地理，15（6）：67-72.
林岚，施林颖，2012. 国外休闲制约研究进展及启示［J］. 地理科学进展，31（10）：1377-1389.
刘冠秋，马静，柴彦威，等，2019. 居民日常出行特征与空气污染暴露对出行满意度的影响：以北京市美和园社区为例［J］. 城市发展研究（9）：35-42，124.
刘望保，侯长营，2013. 国内外城市居民职住空间关系研究进展和展望［J］. 人文地理，28（4）：7-12.
刘望保，闫小培，曹小曙，等，2006. 住房制度改革背景下广州市居民居住偏好研究［J］. 地域研究与开发，25（6）：37-42.
刘卫东，甄峰，2004. 信息化对社会经济空间组织的影响研究［J］. 地理学报（S1）：67-76.
刘璇，2003. 中国城市老年人日常活动空间研究［D］. 北京：北京大学.
刘学，甄峰，张敏，等，2015. 网上购物对个人出行与城市零售空间影响的研究进展及启示［J］. 地理科学进展，34（1）：48-54.
刘瑜，2016. 社会感知视角下的若干人文地理学基本问题再思考［J］. 地理学报，71（4）：564-575.
刘瑜，康朝贵，2014. 人类移动模式的多尺度分析方法探索［M］// 柴彦威. 时空间行为研究前沿. 南京：东南大学出版社.
刘玉亭，何深静，李志刚，2005. 南京城市贫困群体的日常活动时空间结构分析［J］. 中国人口科学（S1）：85-93.
刘志林，柴彦威，2001. 深圳市民周末休闲活动的空间结构［J］. 经济地理，21（4）：504-508.
刘志林，王茂军，2011. 北京市职住空间错位对居民通勤行为的影响分析：基于就业可达性与通勤时间的讨论［J］. 地理学报，66（4）：457-467.
龙韬，柴彦威，2006. 北京市民郊区大型购物中心利用特征：以北京金源时代购物中心为例［J］. 人文地理，21（5）：117-123.
龙瀛，张宇，崔承印，2012. 利用公交刷卡数据分析北京职住关系和通勤出行［J］. 地理学报，67（10）：1339-1352.
罗震东，何鹤鸣，2013. 全球城市区域中的小城镇发展特征与趋势研究：以长江三角洲为例［J］. 城市规划，37（1）：9-16.

马静，柴彦威，符婷婷，等，2017. 居民时空行为与环境污染暴露对健康影响的研究进展 [J]. 地理科学进展，36 (10)：1260-1269.
马静，柴彦威，刘志林，2011. 基于居民出行行为的北京市交通碳排放影响机理 [J]. 地理学报，66 (8)：1023-1032.
毛海虓，任福田，2005. 中国老年交通特征、问题与对策研究 [J]. 土木建筑与环境工程，27 (3)：30-33.
孟斌，郑丽敏，于慧丽，2011. 北京城市居民通勤时间变化及影响因素 [J]. 地理科学进展，30 (10)：1218-1224.
宁泽群，赵鹏，罗振鹏，2009. 社会发展转型背景下北京不同职业居民的休闲行为分析 [J]. 旅游学刊，24 (6)：46-52.
欧阳卫民，1994. 中国消费经济思想史 [M]. 北京：中共中央党校出版社.
齐兰兰，周素红，2017. 广州不同阶层城市居民日常家外休闲行为时空间特征 [J]. 地域研究与开发，36 (5)：57-63.
秦萧，甄峰，李亚奇，等，2019. 国土空间规划大数据应用方法框架探讨 [J]. 自然资源学报，34 (10)：2134-2149.
秦萧，甄峰，熊丽芳，等，2013. 大数据时代城市时空间行为研究方法 [J]. 地理科学进展，32 (9)：1352-1361.
瞿小敏，2018. 空巢 VS. 满堂：居住安排对城市老年人心理健康的影响机制：基于上海市的实证分析 [J]. 中国社会心理学评论 (2)：40-59.
曲嘉瑶，杜鹏，2014. 中国城镇老年人的居住意愿对空巢居住的影响 [J]. 人口与发展，20 (2)：87-94.
任强，唐启明，2014. 中国老年人的居住安排与情感健康研究 [J]. 中国人口科学 (4)：82-91.
荣培君，张丽君，秦耀辰，等，2019. 建成环境对城市居民日常出行碳排放的影响：以开封市 248 个居住区为例 [J]. 地理研究，38 (6)：1464-1480.
申思，薛露露，刘瑜，2008. 基于手绘草图的北京居民认知地图变形及因素分析 [J]. 地理学报，63 (6)：625-634.
申悦，2017. 城市郊区活动空间 [M]. 南京：东南大学出版社.
申悦，柴彦威，2012. 基于 GPS 数据的城市居民通勤弹性研究：以北京市郊区巨型社区为例 [J]. 地理学报，67 (6)：733-744.
申悦，柴彦威，2013. 基于 GPS 数据的北京市郊区巨型社区居民日常活动空间 [J]. 地理学报，68 (4)：506-516.
申悦，柴彦威，2018. 基于日常活动空间的社会空间分异研究进展 [J]. 地理科学进展，37 (6)：853-862.
申悦，柴彦威，王冬根，2011. ICT 对居民时空行为影响研究进展 [J]. 地理科学进展，30 (6)：643-651.
申悦，塔娜，柴彦威，2017. 基于生活空间与活动空间视角的郊区空间研究框架［J］. 人文地理，32（4）：1-6.
沈可，程令国，魏星，2013. 居住模式如何影响老年人的幸福感？［J］. 世界经济文汇（6）：89-100.
宋金平，王恩儒，张文新，等，2007. 北京住宅郊区化与就业空间错位［J］. 地理学报（4）：387-396.
孙斌栋，但波，2015. 上海城市建成环境对居民通勤方式选择的影响［J］. 地理学报，70（10）：1664-1674.
孙斌栋，李南菲，宋杰洁，等，2010. 职住平衡对通勤交通的影响分析：对一个传统城市规划理念的实证检验［J］. 城市规划学刊（6）：55-60.
孙道胜，柴彦威，2020. 城市社区生活圈规划研究［M］. 南京：东南大学出版社.
孙道胜，柴彦威，张艳，2016. 社区生活圈的界定与测度：以北京清河地区为例［J］. 城市发展研究，23（9）：1-9.
塔娜，2019. 时空行为与郊区生活方式［M］. 南京：东南大学出版社.
塔娜，柴彦威，2010. 时间地理学及其对人本导向社区规划的启示［J］. 国际城市规划，25（6）：40-43.
塔娜，柴彦威，2017. 基于收入群体差异的北京典型郊区低收入居民的行为空间困境［J］. 地理学报，72（10）：1776-1786.
塔娜，柴彦威，2019. 理解中国城市生活方式：基于时空行为的研究框架［J］. 人文地理，34（2）：17-23.
塔娜，柴彦威，关美宝，2015a. 北京郊区居民日常生活方式的行为测度与空间—行为互动［J］. 地理学报，70（8）：1271-1280.
塔娜，柴彦威，关美宝，2015b. 建成环境对北京市郊区居民工作日汽车出行的影响［J］. 地理学报，70（10）：1675-1685.
塔娜，申悦，2020. 基于共享度的上海郊区社区居民活动空间隔离及其影响因素［J］. 地理学报，75（4）：849-859.
塔娜，申悦，柴彦威，2016. 生活方式视角下的时空行为研究进展［J］. 地理科学进展，35（10）：1279-1287.
塔娜，曾屿恬，朱秋宇，等，2020. 基于大数据的上海中心城区建成环境与城市活力关系分析［J］. 地理科学，40（1）：60-68.
谭一洺，柴彦威，关美宝，2017. 地理背景的不确定性对时空行为模式分析的影响：基于西宁市的实证研究［J］. 地理学报，72（4）：657-670.
唐得昊，林岚，2013. 民营超市购物选择行为影响因素的模型构建与实证研究：以福州市为例［J］. 人文地理，28（4）：64-70.
陶伟，黄荣庆，2006. 城市游憩商业区空间结构的发展演变及其相关影响因素研究：以广州为例［J］. 人文地理，20（3）：10-13.
万邦伟，1994. 老年人行为活动特征之研究［J］. 新建筑（4）：23-26.
王波，卢佩莹，甄峰，2018. 智慧社会下的城市地理学研究：基于居民活动的视角［J］. 地理研究，37（10）：2075-2086.
王波，甄峰，魏宗财，2014. 南京市区活动空间总体特征研究：基于大数据的实证分析［J］. 人文地理，29（3）：14-21，55.
王波，甄峰，张浩，2015. 基于签到数据的城市活动时空间动态变化及区划研究［J］. 地理科学，35（2）：151-160.
王灿，王德，朱玮，等，2015. 离散选择模型研究进展［J］. 地理科学进展，34（10）：1275-1287.
王德，2012. 商业步行街空间结构与消费者行为研究：以上海南京东路为例［M］. 上海：同济大学出版社.
王德，马力，2009，2010 年上海世博会参观者时空分布模拟分析［J］. 城市规划学刊（5）：72-78.
王德，王灿，朱玮，等，2017. 商业综合体的消费者空间行为特征与评价［J］. 建筑学报（2）：27-32.
王德，张晋庆，2001. 上海市消费者出行特征与商业空间结构分析［J］. 城市规划，25（10）：6-14.
王德，赵倩，朱玮，2014. 叙述性偏好法及其在城市居住环境质量评价中的应用［M］// 柴彦威. 时空间行为研究前沿. 南京：东南大学出版社.
王德，钟炜菁，谢栋灿，等，2015. 手机信令数据在城市建成环境评价中的应用：以上海市宝山区为例［J］. 城市规划学刊（5）：82-90.
王丰龙，王冬根，2014. 北京市居民汽车使用的特征及其影响因素［J］. 地理学报，69（6）：771-781.
王丰龙，王冬根，2015. 主观幸福感度量研究进展及其对智慧城市建设的启示［J］. 地理科学进展，34（4）：482-493.
王茂军，柴彦威，高宜程，2007. 认知地图空间分析的地理学研究进展［J］. 人文地理，22（5）：10-18.
王茂军，张学霞，霍婷婷，2009. 北京城市认知的空间关联模式：城市地名认知率的空间分析［J］. 地理学报，64（10）：1243-1254.
王雅林，徐利亚，刘耳，2002. “双休制”对城市在业者休闲生活质量的影响［J］. 哈尔滨工业大学学报（社会科学版），4（2）：61-67.
王宇凡，冯健，2013. 基于生命历程视角的郊区居民迁居行为重构：以北京回龙观居住区为例［J］. 人文地理，28（3）：34-41.
邬沧萍，姜向群，2006. 老年学概论［M］. 北京：中国人民大学出版社.
吴必虎，2001. 大城市环城游憩带（ReBAM）研究：以上海市为例［J］. 地理科学，21（4）：354-359.
吴必虎，徐斌，邱扶东，等，1999. 中国国内旅游客源市场系统研究［M］. 上海：华东师范大学出版社.
吴凡，绳宇，2019. 社会支持网络、自我效能及健康促进行为对老年人影响的路径分析［J］. 中华护理杂志，54（11）：1701-1706.

吴秋晴，2015. 生活圈构建视角下特大城市社区动态规划探索［J］. 上海城市规划（4）：13-19.
武前波，黄杉，崔万珍，2013. 零售业态演变视角下的城市消费空间发展趋势［J］. 现代城市研究，28（5）：114-120.
席广亮，甄峰，汪侠，等，2014. 南京市居民网络消费的影响因素及空间特征［J］. 地理研究，33（2）：284-295.
夏晓敬，关宏志，2013. 北京市老年人出行调查与分析［J］. 中国城市交通，11（5）：44-52.
肖丹青，2013. 认知地理学：以人为本的地理信息科学［M］. 北京：科学出版社.
肖作鹏，柴彦威，2012. 从个人出行规划到个人行为规划［J］. 规划师，28（1）：5-11.
徐秀玉，陈忠暖，2018. 地理学视角下我国休闲研究进展综述与启示［J］. 地理与地理信息科学，34（5）：113-118.
许洁，王茂军，王晓瑜，2011. 北京城市空间认知的影响因素分析［J］. 人文地理，26（2）：49-55.
许晓霞，柴彦威，2012. 北京居民日常休闲行为的性别差异［J］. 人文地理，27（1）：22-28.
许园园，塔娜，李响，2017. 基于地铁刷卡数据的城市通勤与就业中心吸引范围研究［J］. 人文地理，32（3）：93-101.
薛露露，申思，刘瑜，等，2008a. 城市居民认知距离透视认知变形：以北京市为例［J］. 地理科学进展，27（2）：96-103.
薛露露，申思，刘瑜，等，2008b. 认知地图两种外部化方法的比较：以北京市为例［J］. 北京大学学报（自然科学版），44（3）：413-420.
颜亚宁，柴彦威，冈本耕平，2008. 西方行为地理学的研究历程及最新进展［J］. 人文地理，23（6）：1-6.
杨鸿麟，曹小曙，李涛，等，2019. 城市居民使用共享单车的行为意愿及影响因素分析：以西安市为例［J］. 干旱区资源与环境，33（6）：78-83.
杨俊龙，陶伟，2017. 从空间到地方：国外地理老年学的发展脉络与主题分析［J］. 人文地理，32（6）：24-31.
杨魁，2003. 消费文化［M］. 北京：中国社会科学出版社.
杨励雅，王振波，2019. 城市社区建成环境对居民日常出行行为的影响分析［J］. 经济地理，39（4）：101-108.
杨万凯，王振报，吴明健，等，2017. 城市居民出行方式与休闲地点联合选择模型：以邯郸市为例［J］. 交通工程，17（4）：13-19.
杨文越，曹小曙，2018. 居住自选择视角下的广州出行碳排放影响机理［J］. 地理学报，73（2）：346-361.
杨永春，谭一洺，黄幸，等，2012. 基于文化价值观的中国城市居民住房选择：以成都市为例 [J]. 地理学报，67 (6)：841-852.
杨振之，周坤，2008. 也谈休闲城市与城市休闲 [J]. 旅游学刊，23 (12)：51-57.
尹超英，邵春福，王聘玺，等，2018. 基于多层模型的城市建成环境对通勤行为的影响 [J]. 交通运输系统工程与信息，18 (2)：122-127.
余建辉，董冠鹏，张文忠，等，2014. 北京市居民居住—就业选择的协同性研究 [J]. 地理学报，69 (2)：147-155.
张纯，柴彦威，李昌霞，2007. 北京城市老年人的日常活动路径及其时空特征 [J]. 地域研究与开发，26 (4)：116-120.
张济婷，周素红，2018. 转型期广州市居民职住模式的群体差异及其影响因素 [J]. 地理研究，37 (3)：564-576.
张丽萍，2012. 老年人口居住安排与居住意愿研究 [J]. 人口学刊 (6)：26-34.
张文佳，柴彦威，2008. 基于家庭的城市居民出行需求理论与验证模型 [J]. 地理学报，63 (12)：1246-1256.
张文佳，柴彦威，2009a. 居住空间对家庭购物出行决策的影响 [J]. 地理科学进展，28 (3)：362-369.
张文佳，柴彦威，2009b. 时空制约下的城市居民活动—移动系统：活动分析法的理论和模型进展 [J]. 国际城市规划，24 (4)：60-68.
张文佳，柴彦威，等，2022. 城市时空行为规划研究 [M]，南京：东南大学出版社.
张文佳，鲁大铭，2019. 影响时空行为的建成环境测度与实证研究综述 [J]. 城市发展研究，26 (12)：9-16.
张文奎，1990. 行为地理学研究的基本理论问题 [J]. 地理科学，10 (2)：159-167.
张文忠，谌丽，2014. 居住环境与居民空间行为研究 [M] // 柴彦威. 时空间行为研究前沿. 南京：东南大学出版社.
张文忠，李业锦，2006. 北京城市居民消费区位偏好与决策行为分析：以西城区和海淀中心地区为例 [J]. 地理学报，61 (10)：1037-1045.
张文忠，刘旺，2004. 西方城市居住区位决策与再选择模型的评述 [J]. 地理科学进展，23 (1)：89-95.
张文忠，刘旺，李业锦，2003. 北京城市内部居住空间分布与居民居住区位偏好 [J]. 地理研究，22 (6)：751-759.
张艳，2015. 城市空间行为与分异：以北京市为例 [M]. 北京：学苑出版社.
张艳，柴彦威，2009. 基于居住区比较的北京城市通勤研究 [J]. 地理研究，28 (5)：1327-1340.
张艳，柴彦威，2011. 北京城市中低收入者日常活动时空间特征分析 [J]. 地理科学，31 (9)：1056-1064.

张艳，柴彦威，郭文伯，2014. 北京城市居民日常活动空间的社区分异［J］. 地域研究与开发，33（5）：65-71.
张逸姬，甄峰，罗桑扎西，等，2019. 基于多源数据的城市职住空间匹配及影响因素研究［J］. 规划师，35（7）：84-89.
张永明，甄峰，2017. 城市居民网络与实体购物互动模式及空间分异：以南京为例［J］. 经济地理，37（1）：15-22.
张永明，甄峰，2019. 建成环境对居民购物模式选择的影响：以南京为例［J］. 地理研究，38（2）：313-325.
张中华，张沛，2012. 西方城市休闲空间规划研究评析及启示［J］. 国际城市规划，27（2）：95-102.
赵鹏军，李南慧，李圣晓，2016. TOD 建成环境特征对居民活动与出行影响：以北京为例［J］. 城市发展研究，23（6）：45-51.
赵鹏军，万婕，2018. 社区设计对步行活动的影响研究［J］. 城市建筑（24）：15-19.
赵倩，王德，朱玮，2013. 基于叙述性偏好法的城市居住环境质量评价方法研究［J］. 地理科学，33（1）：8-15.
赵守谅，陈婷婷，2010. 城市・休闲・机动性：基于城市休闲发展的一组思考［J］. 城市发展研究，17（5）：108-119.
赵莹，2016. 城市居民活动空间：基于时空行为视角的研究［M］. 南京：东南大学出版社.
赵莹，柴彦威，Dijst M，2013. 家空间与家庭关系的活动—移动行为透视：基于国际比较的视角［J］. 地理研究，2（6）：1068-1076.
赵莹，柴彦威，关美宝，2014a. 中美城市居民出行行为的比较：以北京市与芝加哥市为例［J］. 地理研究，33（12）：2275-2285.
赵莹，柴彦威，Dijst M，2014b. 行为同伴选择的社会文化效应研究：中国北京与荷兰乌特勒支的比较［J］. 地理科学，34（8）：946-954.
赵莹，柴彦威，桂晶晶，2016. 中国城市休闲时空行为研究前沿［J］. 旅游学刊，31（9）：30-40.
赵莹，汪丽，黄潇婷，等，2017. 主题公园演艺项目对旅游者活动空间的影响：基于时空可达性的分析［J］. 旅游学刊，32（12）：49-57.
甄峰，席广亮，秦萧，2015. 基于地理视角的智慧城市规划与建设的理论思考［J］. 地理科学进展，34（4）：402-409.
周江评，陈晓键，黄伟，等，2013. 中国中西部大城市的职住平衡与通勤效率：以西安为例［J］. 地理学报，68（10）：1316-1330.
周洁，柴彦威，2013. 中国老年人空间行为研究进展［J］. 地理科学进展，32（5）：722-732.
周尚意，吴莉萍，张庆业，2006. 北京城区广场分布、辐射及其文化生产空间差异浅析［J］. 地域研究与开发，25（6）：19-32.

周素红，2014. 时空关联视角下城市空间结构研究的几个思考［M］// 柴彦威. 时空间行为研究前沿. 南京：东南大学出版社.
周素红，何嘉明，2017. 郊区化背景下居民健身活动时空约束对心理健康影响：以广州为例［J］. 地理科学进展，36（10）：1229-1238.
周素红，闫小培，2006. 基于居民通勤行为分析的城市空间解读：以广州市典型街区为案例［J］. 地理学报，61（2）：179-189.
朱鹤，刘家明，陶慧，等，2015. 北京城市休闲商务区的时空分布特征与成因［J］. 地理学报，70（8）：1215-1228.
朱玮，王德，2011. 商业空间消费者行为模型研究综述［J］. 地理科学进展，29（12）：1470-1478.
朱玮，王德，Timmermans H，2009. 多代理人系统在商业街消费者行为模拟中的应用：以上海南京东路为例［J］. 地理学报，64（4）：445-455.
朱玮，王德，齐藤参郎，2006. 南京东路消费者的回游消费行为研究［J］. 城市规划（2）：9-17.
曾屿恬，塔娜，2019. 社区建成环境、社会环境与郊区居民非工作活动参与的关系：以上海市为例［J］. 城市发展研究，26（9）：9-16.

·外文文献·

ADLER G，ROTTUNDA S，2006. Older adults' perspectives on driving cessation［J］. Journal of Aging Studies，20（3）：227-235.
ADLER T，BENAKIVA M，1979. A theoretical and empirical model of trip chaining behavior［J］. Transportation Research Part B：Methodological，13（3）：243-257.
AGARWAL P，SKUPIN A，2008. Self-organizing maps：applications in geographic information science［M］. Chichester，UK：John Wiley & Sons，Ltd.
AHAS R，AASA A，ROOSE A，et al.，2008. Evaluating passive mobile positioning data for tourism surveys：an Estonian case study［J］. Tourism Management，29（3）：469-486.
AHAS R，MARK U，2005. Location based services：new challenges for planning and public administration?［J］. Futures，37（6）：547-561.
AITKEN S C，1991. Person-environment theories in contemporary perceptual and behavioural geography I：personality，attitudinal and spatial choice theories［J］. Progress in Human Geography，15（2）：179-193.
AITKEN S C，BJORKLUND E M，1988. Transactional and transformational theories in behavioral geography［J］. The Professional Geographer，40（1）：54-64.

ALHOSANI N，YAGOUB M M，2015. Geographic skills：a case study of students in the united Arab emirates [J]. International Research in Geographical and Environmental Education，24 (1)：95-102.

AN L，2012. Modeling human decisions in coupled human and natural systems：review of agent-based models [J]. Ecological Modelling，229：25-36.

ANDERSON W P，KANAROGLOU P S，MILLER E J，1996. Urban form，energy and the environment：a review of issues，evidence and policy [J]. Urban Studies，33 (1)：7-35.

APPLEYARD D，1970. Styles and methods of structuring a city [J]. Environment and Behavior，2 (1)：100-117.

ARENTZE T A，TIMMERMANS H，2000. Albatross：a learning based transportation oriented simulation system [M]. Eindhoven：Eirass.

ARENTZE T，TIMMERMANS H，2004. Multistate supernetwork approach to modelling multi-activity，multimodal trip chains [J]. International Journal of Geographical Information Science，18 (7)：631-651.

ARGENT N M，2016. Behavioral geography [M] // RICHARDSON D，CASTREE N，GOODCHILD M F，et al. International encyclopedia of geography：people，the earth，environment and technology. New York：John Wiley & Sons.

ARGENT N M，WALMSLEY D J，2009. From the inside looking out and the outside looking in：whatever happened to "behavioural geography"? [J]. Geographical Research，47 (2)：192-203.

BAER W C，1991. Filtering and third world housing policy [J]. Third World Planning Review，13 (1)：69.

BEATTY W W，TRÖSTER A I，1987. Gender differences in geographical knowledge [J]. Sex Roles，16 (11/12)：565-590.

BELL M，WARD G，2000. Comparing temporary mobility with permanent migration [J]. Tourism Geographies，2 (1)：87-107.

BEN-AKIVA M，BOWMAN J L，1998. Integration of an activity-based model system and a residential location model [J]. Urban Studies，35 (7)：1131-1153.

BERRY B J L，SIMMONS J W，TENNANT R J，1963. Urban population densities：structure and change [J]. Geographical Review，53 (3)：389.

BERTERA E M，2003. Physical activity and social network contacts in community dwelling older adults [J]. Activities，Adaptation & Aging，27：113-127.

BHAT C R, 1996. A generalized multiple durations proportional hazard model with an application to activity behavior during the evening work-to-home commute [J]. Transportation Research Part B: Methodological, 30 (6): 465-480.

BHAT C R, 1997. Work travel mode choice and number of non-work commute stops [J]. Transportation Research Part B: Methodological, 31 (1): 41-54.

BOARNET M G, SARMIENTO S, 1998. Can land-use policy really affect travel behaviour? A study of the link between non-work travel and land-use characteristics [J]. Urban Studies, 35 (7): 1155-1169.

BRADLEY M, VOVSHA P, 2005. A model for joint choice of daily activity pattern types of household members [J]. Transportation, 32 (5): 545-571.

BROOKERGROSS S R, MARAFFA T A, 1985. Commuting distance and gender among nonmetropolitan university employees [J]. The Professional Geographer, 37 (3): 303-310.

BROWN A S, 1990. The social processes of aging and old age [M]. New Jersey: Prentice Hall.

BROWN J W, LIANG J, KRAUSE N, et al., 2002. Transitions in living arrangements among elders in Japan: does health make a difference? [J]. The Journals of Gerontology Series B, Psychological Sciences and Social Sciences, 57 (4): S209-S220.

BROWN L A, MOORE E G, 1970. The intra-urban migration process: a perspective [J]. Geografiska Annaler: Series B, Human Geography, 52 (1): 1-13.

BROWNING C R, CALDER C A, KRIVO L J, et al., 2017. Socioeconomic segregation of activity spaces in urban neighborhoods: does shared residence mean shared routines? [J]. RSF: The Russell Sage Foundation Journal of the Social Sciences, 3 (2): 210-231.

BROWNING C R, SOLLER B, 2014. Moving beyond neighborhood: activity spaces and ecological networks as contexts for youth development [J]. Cityscape (Washington, DC), 16 (1): 165.

BUI B K H, 2020. The relationship between social network characteristics and depressive symptoms among older adults in the United States: differentiating between network structure and network function [J]. Psychogeriatrics, 20 (4): 458-468.

BULIUNG R N, KANAROGLOU P S, 2006. Urban form and household activity-travel behavior [J]. Growth and Change: A Journal of Urban and

Regional Policy, 37 (2): 172-199.

BUNTING T E, GUELKE L, 1979. Behavioral and perception geography: a critical appraisal [J]. Annals of the Association of American Geographers, 69 (3): 448-462.

BURR J A, MUTCHLER J E, 1992. The living arrangements of unmarried elderly hispanic females [J]. Demography, 29 (1): 93-112.

BUZAR S, OGDEN P E, HALL R, 2005. Households matter: the quiet demography of urban transformation [J]. Progress in Human Geography, 29 (4): 413-436.

CANTOR M H, LITTLE V, 1985. Aging and social care [M] // BINSTOCK R H, SHANAS E. Handbook of aging and the social sciences. New York: Van Nostrand Reinhold.

CAO X J, 2012. The relationships between e-shopping and store shopping in the shopping process of search goods [J]. Transportation Research Part A: Policy and Practice, 46 (7): 993-1002.

CAO X Y, CHAI Y W, 2007. Gender role-based differences in time allocation: case study of Shenzhen, China [J]. Transportation Research Record, 2014 (2014): 58-66.

CAO X Y, FAN Y L, 2012. Exploring the influences of density on travel behavior using propensity score matching [J]. Environment and Planning B: Planning & Design, 39 (3): 459-470.

CAO X, MOKHTARIAN P L, HANDY S L, 2009. Examining the impacts of residential self - selection on travel behaviour: a focus on empirical findings [J]. Transport Reviews, 29 (3): 359-395.

CARRASCO J A, MILLER E J, 2006. Exploring the propensity to perform social activities: a social network approach [J]. Transportation, 33 (5): 463-480.

CARRASCO J A, MILLER E J, 2009. The social dimension in action: a multilevel, personal networks model of social activity frequency between individuals [J]. Transportation Research Part A: Policy and Practice, 43 (1): 90-104.

CAVALLARO F, GIARETTA F, NOCERA S, 2018. The potential of road pricing schemes to reduce carbon emissions [J]. Transport Policy, 67: 85-92.

CERVERO R, 1995. Planned communities, self-containment and commuting: a cross-national perspective [J]. Urban Studies, 32 (7): 1135-1161.

CERVERO R, 2002. Built environments and mode choice: toward a normative framework [J]. Transportation Research Part D: Transport and

Environment, 7 (4): 265-284.
CERVERO R, KOCKELMAN K M, 1997. Travel demand and the 3ds: Density, diversity, and design [J]. Transportation Research Part D: Transport and Environment, 2 (3): 199-219.
CHAPIN F S J. 1968. Activity systems and urban structure: a working schema [J]. Journal of the American Institute of Planners, 34 (1): 11-18.
CHAPINJ F S J, 1974. Human activity patterns in the city: things people do in time and in space [M]. New York: John Wiley&Sons.
CHEN C, GONG H M, PAASWELL R, 2008. Role of the built environment on mode choice decisions: additional evidence on the impact of density [J]. Transportation, 35 (3): 285-299.
CHEN F N, 2005. Residential patterns of parents and their married children in contemporary China: a life course approach [J]. Population Research and Policy Review, 24 (2): 125-148.
CHEN Y J, AKAR G, 2017. Using trip chaining and joint travel as mediating variables to explore the relationships among travel behavior, socio-demographics and urban form [J]. Journal of Transport and Land Use, 10 (1): 573-588.
CHOPRA S, 2018. The evolution of omni-channel retailing and its impact on supply chains [J]. Transportation Research Procedia, 30: 4-13.
CHRISTALLER W, 1933. Die zentralen orte in sueddeutschland: eine ökonemisch-geographische untersuchung über die gesetzmäßigkeit der verbreitung und eniwicklung der siedlungen mit städtischen funktionen [M]. Jena: Gustau Fischer.
CHRISTIANSEN P, ENGEBRETSEN O, FEARNLEY N, et al., 2017. Parking facilities and the built environment: impacts on travel behaviour [J]. Transportation Research Part A: Policy and Practice, 95: 198-206.
CLARK W A V, ONAKA J L, 1983. Life cycle and housing adjustment as explanations of residential mobility [J]. Urban Studies, 20 (1): 47-57.
CLARKE P, AILSHIRE J A, BADER M, et al., 2008. Mobility disability and the urban built environment [J]. American Journal of Epidemiology, 168 (5): 506-513.
COHN A G, MARKS D M, 2005. Spatial information theory: international conference [M]. New York: Springer.
COLLIA D V, SHARP J, GIESBRECHT L, 2003. The 2001 National Household Travel Survey: a look into the travel patterns of older Americans [J]. Journal of Safety Research, 34 (4): 461-470.

CONNOR J, BROOKLAND R, SAMARANA YAKA A, 2019. Older drivers and their future mobility: views and involvement of their adult children [Z]. Journal of Applied Gerontology: The Official Journal of the Southern Gerontological Society.

COUCLELIS H, 2004. Pizza over the Internet: e-commerce, the fragmentation of activity and the tyranny of the region [J]. Entrepreneurship & Regional Development, 16 (1): 41-54.

COUCLELIS H, GOLLEDGE R G, 1983. Analytic research, positivism, and behavioral geography [J]. Annals of the Association of American Geographers, 73 (3): 331-339.

COUCLELIS H, GOLLEDGE R G, GALE N, et al., 1987. Exploring the anchor-point hypothesis of spatial cognition [J]. Journal of Environmental Psychology, 7 (2): 99-122.

COUGHLIN J, AARP P, 2001. Transportation and older persons: perceptions and preferences: a report on focus groups [Z]. Washington, DC: AARP, Public Policy Institute.

COWGILL D O, HOLMES L D, 1972. Aging and modernization: a revision of theory [M]. New York: Appleton Century Crofts.

COX K R, 1981. Bourgeois thought and the behavioral geography debate [M] // COX K R, GOLLEDGE R G. Behavioral problems in geography revisited. London: Routledge.

COX K R, GOLLEDGE R G, 1981. Behavioral problems in geography revisited [M]. New York: Methuen & Co.

CRANE R, 2000. The influence of urban form on travel: an interpretive review [J]. Journal of Planning Literature, 15 (1): 3-23.

CRANE R, 2007. Is there a quiet revolution in women's travel? Revisiting the gender gap in commuting [J]. Journal of the American Planning Association, 73 (3): 298-316.

CRAWFORD D W, JACKSON E L, GODBEY G, 1991. A hierarchical model of leisure constraints [J]. Leisure Sciences, 13 (4): 309-320.

CULLEN I G, 1972. Space, time and the disruption of behaviour in cities [J]. Environment and Planning A: Economy and Space, 4 (4): 459-470.

DANT T, 1988. Dependency and old age: theoretical accounts and practical understandings [J]. Ageing & Society, 8 (2): 171-188.

DAVANZO J, CHAN A, 1994. Living arrangements of older malaysians: who coresides with their adult children? [J]. Demography, 31 (1): 95-113.

DAVIDSON W, DONNELLY R M, VOVSHA P, et al., 2007. Synthesis of first practices and operational research approaches in activity-based travel demand modeling [J]. Transportation Research Part A: Policy and Practice, 41 (5): 464-488.

DE VOS J, 2019. Analysing the effect of trip satisfaction on satisfaction with the leisure activity at the destination of the trip, in relationship with life satisfaction [J]. Transportation, 46 (3): 623-645.

DESBARATS J, 1983. Spatial choice and constraints on behavior [J]. Annals of the Association of American Geographers, 73 (3): 340-357.

DHARMOWIJOYO D B E, SUSILO Y O, KARLSTROM A, 2017. Analysing the complexity of day-to-day individual activity-travel patterns using a multidimensional sequence alignment model: a case study in the Bandung Metropolitan Area, Indonesia [J]. Journal of Transport Geography, 64: 1-12.

DIJKSTRA J, TIMMERMANS H, 2002. Towards a multi-agent model for visualizing simulated user behavior to support the assessment of design performance [J]. Automation in Construction, 11 (2): 135-145.

DIJST M, 1999. Action space as planning concept in spatial planning [J]. Netherlands Journal of Housing and the Built Environment, 14 (2): 163-182.

DING C, CAO X, NAESS P, 2018. Applying gradient boosting decision trees to examine non-linear effects of the built environment on driving distance in Oslo [J]. Transportation Research Part A: Policy and Practice, 110: 107-117.

DING C, LIN Y Y, LIU C, 2014. Exploring the influence of built environment on tour-based commuter mode choice: a cross-classified multilevel modeling approach [J]. Transportation Research Part D: Transport and Environment, 32: 230-238.

DIXON T, MARSTON A, 2002. U. K. retail real estate and the effects of online shopping [J]. Journal of Urban Technology, 9 (3): 19-47.

DOMÈNECH-ABELLA J, MUNDÓ J, LEONARDI M, et al., 2020. Loneliness and depression among older European adults: the role of perceived neighborhood built environment [J]. Health & Place, 62: 102-280.

DOWNS R M, STEA D, 2011. Cognitive maps and spatial behaviour: process and products [M] // DODGE M, KITCHIN R M, PERKINS C. The map reader: theories of mapping practice and cartographic representation. Chichester, UK: John Wiley & Sons: 312-317.

DUNÉR A, NORDSTRÖM M, 2007. The roles and functions of the informal support networks of older people who receive formal support: a Swedish qualitative study [J]. Ageing and Society, 27 (1): 67-85.

ELLEGÅRD K, 2018. Thinking time geography: concepts, methods and applications [M]. New York: Routledge.

ELLEGÅRD K, VILHELMSON B, 2004. Home as a pocket of local order: everyday activities and the friction of distance [J]. Geografiska Annaler Series B: Human Geography, 86 (4): 281-296.

ENGLAND K V L, 1993. Suburban pink collar ghettos: the spatial entrapment of women? [J]. Annals of the Association of American Geographers, 83 (2): 225-242.

ETTEMA D, GARLING T, OLSSON L E, et al., 2010. Out-of-home activities, daily travel, and subjective well-being [J]. Transportation Research Part A: Policy and Practice, 44 (9): 723-732.

ETTEMA D, LIPPE T, 2009. Weekly rhythms in task and time allocation of households [J]. Transportation, 36 (2): 113-129.

ETTEMA D, SCHWANEN T, 2012. A relational approach to analysing leisure travel [J]. Journal of Transport Geography, 24: 173-181.

ETTEMA D, ZWARTBOL D, 2013. The structure of joint leisure trips: analyzing two-person leisure trips of Dutch students [J]. Journal of Transport Geography, 31: 216-225.

EWING R, CERVERO R, 2010. Travel and the built environment [J]. Journal of the American Planning Association, 76 (3): 265-294.

EWING R, PENDALL R J, CHEN D, 2003. Measuring sprawl and its transportation impacts [J]. Transportation Research Record, 1831 (1831): 175-183.

EYLES J D, SMITH D M, 1978. Social geography [J]. American Behavioral Scientist, 22 (1): 41-58.

FABER K, VAN LIEROP D, 2020. How will older adults use automated vehicles? Assessing the role of AVs in overcoming perceived mobility barriers [J]. Transportation Research Part A: Policy and Practice, 133: 353-363.

FARBER S, OKELLY M E, MILLER H J, et al., 2015. Measuring segregation using patterns of daily travel behavior: a social interaction based model of exposure [J]. Journal of Transport Geography, 49: 26-38.

FARQUHAR J, ZHANG Q C, 2005. Biopolitical Beijing: pleasure, sovereignty, and self-cultivation in China's capital [J]. Cultural

Anthropology，20 (3)：303-327.

FENG J X，TANG S S，CHUAI X W，2018. The impact of neighbourhood environments on quality of life of elderly people：evidence from Nanjing，China [J]. Urban Studies，55 (9)：2020-2039.

FENG J，DIJST M，PRILLWITZ J，et al.，2013a. Travel time and distance in international perspective：a comparison between Nanjing (China) and the randstad (the Netherlands) [J]. Urban Studies，50 (14)：2993-3010.

FENG J，DIJST M，WISSINK B，et al.，2013b. The impacts of household structure on the travel behaviour of seniors and young parents in China [J]. Journal of Transport Geography，30：117-126.

FENG J，DIJST M，WISSINK B，et al.，2015. Elderly co-residence and the household responsibilities hypothesis：evidence from Nanjing，China [J]. Urban Geography，36 (5)：757-776.

FOBKER S，GROTZ R，2006. Everyday mobility of elderly people in different urban settings：the example of the City of Bonn，Germany [J]. Urban Studies，43 (1)：99-118.

FRANK L D，IROZELARDO N，MACLEOD K E，et al.，2019. Pathways from built environment to health：a conceptual framework linking behavior and exposure-based impacts [J]. Journal of Transport and Health，12：319-335.

FREUNDSCHUH S M，1995. Spatial cognitive representations of story worlds acquired from maps and narrative [J]. Geographical Systems，2：217-233.

FRIEDMAN A，KOHLER B，2003. Bidimensional regression：assessing the configural similarity and accuracy of cognitive maps and other two-dimensional data sets [J]. Psychological Methods，8 (4)：468-491.

FRIMAN M，GÄRLING T，ETTEMA D，et al.，2017. How does travel affect emotional well-being and life satisfaction? [J]. Transportation Research Part A：Policy and Practice，106：170-180.

FU X，LAM W H K，2018. Modelling joint activity-travel pattern scheduling problem in multi-modal transit networks [J]. Transportation，45 (1)：23-49.

FUJII S，KITAMURA R，KISHIZAWA K，1999. Analysis of individuals' joint-activity engagement using a model system of activity-travel behavior and time use [J]. Transportation Research Record：Journal of the Transportation Research Board，1676 (1)：11-19.

GARLING T，KWAN M，GOLLEDGE R G，1994. Computational-process

modelling of household activity scheduling [J]. Transportation Research Part B: Methodological, 28 (5): 355-364.

GAYLER H J, 1980. Social class and consumer spatial behaviour: some aspects of variation in shopping patterns in metropolitan Vancouver, Canada [J]. Transactions of the Institute of British Geographers, 5 (4): 427.

GAYMU J, DELBÈS C, SPRINGER S, et al., 2006. Determinants of the living arrangements of older people in Europe Déterminants des modes de vie des personnes âgées en Europe [J]. Revue Européenne de Démographie, 22 (3): 241-262.

GEURS K T, VAN WEE B, 2004. Accessibility evaluation of land-use and transport strategies: review and research directions [J]. Journal of Transport Geography, 2 (2): 127-140.

GIANNOULI E, FILLEKES M P, MELLONE S, et al., 2019. Predictors of real-life mobility in community-dwelling older adults: an exploration based on a comprehensive framework for analyzing mobility [J]. European Review of Aging and Physical Activity, 16: 19.

GIBSON J J, 1966. The senses considered as perceptual systems [M]. Boston: Houghton-Mifflin.

GIDDENS A, 1984. The constitution of society: outline of the theory of structuration [M]. California: University of California Press.

GIULIANO G, SMALL K A, 1993. Is the journey to work explained by urban structure [J]. Urban Studies, 30 (9): 1485-1500.

GLIEBE J P, KOPPELMAN F S, 2002. A model of joint activity participation between household members [J]. Transportation, 29 (1): 49-72.

GLIEBE J P, KOPPELMAN F S, 2005. Modeling household activity-travel interactions as parallel constrained choices [J]. Transportation, 32 (5): 449-471.

GOBER P, 1985. The retirement community as a geographical phenomenon: the case of Sun City, Arizona [J]. Journal of Geography. 84 (5): 189-198.

GOH E C L, 2009. Grandparents as childcare providers: an in-depth analysis of the case of Xiamen, China [J]. Journal of Aging Studies, 23 (1): 60-68.

GOLANT S M, 1980. Locational-environmental perspectives on old-age segregated residential areas in the United States [J]. Geography and the Urban Environment: Progress in Research and Applications, 3: 257-294.

GOLD J R, 2009. Behavioral geography [M] // THRIFT N J, KITCHIN R

M. International encyclopedia of human geography. Amsterdam: Elsevier.
GOLLEDGE R G, 1981. Misconceptions, misinterpretations, and misrepresentations of behavioral approaches in human geography [J]. Environment and Planning A: Economy and Space, 13 (11): 1325-1344.
GOLLEDGE R G, 1993a. Geographical perspectives on spatial cognition [J]. Advances in psychology, 96: 16-46.
GOLLEDGE R G, 1993b. Geography and the disabled: a survey with special reference to vision impaired and blind populations [J]. Transactions of the Institute of British Geographers, 18 (1): 63-85.
GOLLEDGE R G, 2002. The nature of geographic knowledge [J]. Annals of the Association of American Geographers, 92 (1): 1-14.
GOLLEDGE R G, 2003. Reflections on recent cognitive behavioural research with an emphasis on research in the United States of America [J]. Australian Geographical Studies, 41 (2): 117-130.
GOLLEDGE R G, 2008. Behavioral geography and the theoretical/quantitative revolution [J]. Geographical Analysis, 40 (3): 239-257.
GOLLEDGE R G, 2015. The geographical relevance of some learning theories [M] //COX K R, GOLLEDGE R G. Behavioral problems in geography revisited. London: Routledge: 75-98.
GOLLEDGE R G, BROWN L, WILLIAMSON F, 1972. Behavioural approaches in geography: an overview [J]. Australian Geographer, 12 (1): 59-79.
GOLLEDGE R G, GÄRLING T, 2002. Spatial behavior in transportation modeling and planning [M] // New directions in civil engineering. CRC Press.
GOLLEDGE R G, RUSHTON G, CLARK W A V, 1966. Some spatial characteristics of iowa's dispersed farm population and their implications for the grouping of central place functions [J]. Economic Geography, 42 (3): 261-272.
GOLLEDGE R G, SPECTOR A N, 1978. Comprehending the urban environment: theory and practice [J]. Geographical Analysis, 10 (4): 403-426.
GOLLEDGE R G, STIMSON R J, 1997. Spatial behavior: a geographic perspective [M]. New York: Guilford Press.
GOLOB T F, MCNALLY M G, 1997. A model of activity participation and travel interactions between household heads [J]. Transportation Research

Part B: Methodological, 31 (3): 177-194.

GOLOB T F, REGAN A C, 2001. Impacts of information technology on personal travel and commercial vehicle operations: research challenges and opportunities [J]. Transportation Research Part C: Emerging Technologies, 9 (2): 87-121.

GÖTSCHI T, NAZELLE A, BRAND C, et al., 2017. Towards a comprehensive conceptual framework of active travel behavior: a review and synthesis of published frameworks [J]. Current Environmental Health Reports, 4 (3): 286-295.

GOULD P R, 1963. Man against his environment: a game theoretic framework [J]. Annals of the Association of American Geographers, 53 (3): 290-297.

GOULD P R, WHITE R R, 1968. The mental maps of British school leavers [J]. Regional Studies, 2 (2): 161-182.

GOULD P R, WHITE R, 1974. Mental maps [M]. Harmondsworth: Penguin Books.

GRIGSBY W G, 2015. Housing markets and public policy [M]. Philadelphia: University of Pennsylvania Press, Inc.

GROSSMAN L S, 1986. Consumer behavior and the village trade store: a Papua new Guinea example [J]. Geografiska Annaler: Series B, Human Geography, 68 (1): 41-49.

GU L B, YU M M, XU D G, et al., 2020. Depression in community-dwelling older adults living alone in China: association of social support network and functional ability [J]. Research in Gerontological Nursing, 13 (2): 82-90.

GUAN X D, WANG D G, 2019. Residential self-selection in the built environment-travel behavior connection: whose self-selection? [J]. Transportation Research Part D: Transport and Environment, 67: 16-32.

GULLIVER F P, 1908. Orientation of maps [J]. Journal of Geography, 7 (3): 55-58.

GYASI R M, PHILLIPS D R, ABASS K, 2018. Social support networks and psychological wellbeing in community-dwelling older Ghanaian cohorts [J]. International Psychogeriatrics, 31 (7): 1047-1057.

HA S, STOEL L, 2009. Consumer e-shopping acceptance: antecedents in a technology acceptance model [J]. Journal of Business Research, 62 (5): 565-571.

HÄGERSTRAND T, 1957. Migration and area [M] // HANNERBERG D, HAGERSTRAND T, ODEVING B. Migration in Sweden: a

symposium. Lund: C. W. K. Gleerup Publishers.
HÄGERSTRAND T, 1970. What about people in regional science? [J]. Papers in Regional Science, 24 (1): 7-24.
HÄGERSTRAND T, 1975. Space, time and human conditions [M] // KARLQVIST A, LUNDQVIST L, SNIKARS F. Dynamic allocation of urban space. Farnborough: Mass Lexington Books.
HÄGERSTRAND T, 1982. Diorama, path and project [J]. Tijdschrift Voor Economische En Sociale Geografie, 73 (6): 323-339.
HÄGERSTRAND T, 1984. Presence and absence: a look at conceptual choices and bodily necessities [J]. Regional Studies, 18 (5): 373-379.
HALL C M, 2005. Reconsidering the geography of tourism and contemporary mobility [J]. Geographical Research, 43 (2): 125-139.
HANDY S L, 2005. Smart growth and the transportation-land use connection: what does the research tell us? [J]. International Regional Science Review, 28 (2): 146-167.
HANDY S, 1993. Regional versus local accessibility: implications for nonwork travel [J]. Transportation Research Record, 1400: 58-66.
HANDY S, KRIZEK K, 2012. The role of travel behavior research in reducing the carbon footprint: from the US perspective [Z]. Travel Behaviour Research in an Evolving World: 37-58.
HANSON P, 1977. The activity patterns of elderly households [J]. Geografiska Annaler Series B: Human Geography, 59 (2): 109-124.
HANSON S, 2010. Gender and mobility: new approaches for informing sustainability [J]. Gender, Place & Culture, 17 (1): 5-23.
HANSON S, HANSON P, 1980. Gender and urban activity patterns in Uppsala, Sweden [J]. Geographical Review, 70 (3): 291.
HANSON S, JOHNSTON I, 2013. Gender differences in work-trip length: Explanations and implications [J]. Urban Geography, 6 (3): 193-219.
HANSON S, PRATT G, 1988. Spatial dimensions of the gender Division of labor in a local labor market [J]. Urban Geography, 9 (2): 180-202.
HANSON S, PRATT G, 1991. Job search and the occupational segregation of women [J]. Annals of the Association of American Geographers, 81 (2): 229-253.
HARADA K, MASUMOTO K, KATAGIRI K, et al., 2018. Community intervention to increase neighborhood social network among Japanese older adults [J]. Geriatrics & Gerontology International, 18 (3): 462-469.
HART R A, CONN M K, 1991. Developmental perspectives on decision making and action [M] //GÄRLING T, EVANS G W. Environment,

cognition, and action: an integrated approach. Oxford: Oxford University Press.

HART R A, MOORE G T, 1973. The development of spatial cognition: a review [M]. New Brunswick: Aldine Transaction.

HARVEY A S, TAYLOR M E, 2000. Activity settings and travel behaviour: a social contact perspective [J]. Transportation, 27 (1): 53-73.

HARVEY D, 2015. Conceptual and measurement problems in the cognitive-behavioral approach to location theory [M] // COX K R, GOLLEDGE R G. Behavioral problems in geography revisited. London: Routledge.

HE S Y, CHEUNG Y H Y, TAO S, 2018. Travel mobility and social participation among older people in a transit metropolis: a socio-spatial-temporal perspective [J]. Transportation Research Part A: Policy and Practice, 118: 608-626.

HJORTHOL R, LEVIN L, SIREN A K, 2010. Mobility in different generations of older persons: the development of daily travel in different cohorts in Denmark, Norway and Sweden [J]. Journal of Transport Geography, 18 (5): 624-633.

HOFSTEDE G, 2001. Culture's consequences: comparing values, behaviours, institutions, and organizations across nations [M]. Thousand Oaks: SAGE Publications Ltd.

HONG J, SHEN Q, ZHANG L, 2014. How do built-environment factors affect travel behavior? A spatial analysis at different geographic scales [J]. Transportation, 41 (3): 419-440.

HORNER M W, 2004. Spatial dimensions of urban commuting: a review of major issues and their implications for future geographic research [J]. Professional Geographer, 56 (2): 160-173.

HOROWITZ J L, 1982. Specification tests for probabilistic choice models [J]. Transportation Research Part A: General, 16: 383-394.

HUANG Y Q, JIANG L W, 2009. Housing inequality in transitional Beijing [J]. International Journal of Urban and Regional Research, 33 (4): 936-956.

HUDSON J C, 1969. A model of spatial relations [J]. Geographical Analysis, 1 (3): 260-271.

HUFF D L, 1960. A topographical model of consumer space preferences [J]. Papers in Regional Science, 6 (1): 159-173.

ISHIKAWA T, MONTELLO D R, 2006. Spatial knowledge acquisition from direct experience in the environment: individual differences in the development of metric knowledge and the integration of separately learned places [J]. Cognitive Psychology, 52 (2): 93-129.

ISO-AHOLA S E, 1995. Intrapersonal and interpersonal factors in athletic performance [J]. Scandinavian Journal of Medicine & Science in Sports, 5 (4): 191-199.

JACKSON E L, WALKER G J, 2006. A cross-cultural comparison of leisure styles and constraints experienced by Chinese and Canadian university students [C]. Ninth Word Leisure Congress Abstracts: Oral and Poster Presentations.

JANKOWSKI P, 2018. Behavioral decision theory in spatial decision making models [M] // MONTELLO D R. Handbook of behavioral and cognitive geography. Cheltenham: Edward Elgar Publishing Ltd.

JOHNSTON R J, GREGORY D, SMITH D M, et al., 1994. The dictionary of human geography [M]. 3rd ed. Oxford: Blacwell.

JOHNSTON - ANUMONWO I, 1992. The influence of household type on gender differences in work trip distance [J]. The Professional Geographer, 44 (2): 161-169.

JONES M, PEBLEY A R, 2014. Redefining neighborhoods using common destinations: social characteristics of activity spaces and home census tracts compared [J]. Demography, 51 (3): 727-752.

JONES P M, DIX M C, CLARKE M I, et al., 1983. Understanding travel behavior [M]. Aldershot: Gower Publishing Company Limited.

KAHNEMAN D, TVERSKY A, 1979. Prospect theory: an analysis of decision under risk [J]. Econometrica, 47 (2): 263-291.

KAMIYA H, 1999. Day care services and activity patterns of women in Japan [J]. GeoJournal, 48 (3): 207-215.

KANG H J, SCOTT D M, 2008. An integrated spatio-temporal GIS toolkit for exploring intra-household interactions [J]. Transportation, 35 (2): 253-268.

KANG H, SCOTT D M, 2010. Exploring day-to-day variability in time use for household members [J]. Transportation Research Part A: Policy and Practice, 44 (8): 609-619.

KAZANCOGLU I, AYDIN H, 2018. An investigation of consumers' purchase intentions towards omni-channel shopping: a qualitative exploratory study [J]. International Journal of Retail & Distribution Management, 46 (10): 959-976.

KENYON S, LYONS G, 2007. Introducing multitasking to the study of travel and ICT: examining its extent and assessing its potential importance [J]. Transportation Research Part A: Policy and Practice, 41 (2): 161-175.

KERRIDGE J, HINE J, WIGAN M, 2001. Agent-based modelling of pedestrian movements: the questions that need to be asked and answered [J]. Environment and Planning B: Planning and Design, 28 (3): 327-341.

KESTENS Y, LEBEL A, DANIEL M, et al., 2010. Using experienced activity spaces to measure foodscape exposure [J]. Health & Place, 16 (6): 1094-1103.

KIM H M, KWAN M P, 2003. Space-time accessibility measures: a geocomputational algorithm with a focus on the feasible opportunity set and possible activity duration [J]. Journal of Geographical Systems, 5 (1): 71-91.

KINGSLEY G T, TURNER M A, 1993. Housing markets and residential mobility [M]. Washington, DC: Urban Institute Press.

KITAMURA R, 1988. An evaluation of activity-based travel analysis [J]. Transportation, 15 (1/2): 9-34.

KITAMURA R, MOKHTARIAN P L, LAIDET L, 1997. A micro-analysis of land use and travel in five neighborhoods in the San Francisco Bay Area [J]. Transportation, 24 (2): 125-158.

KITCHIN R, 1994. Cognitive maps: what are they and why study them? [J]. Journal of Environmental Psychology, 14 (1): 1-19.

KITCHIN R, 1996. Methodological convergence in cognitive mapping research: investigating configurational knowledge [J]. Journal of Environmental Psychology, 16 (3): 163-185.

KLEIBER D A, WALKER G J, MANNELL R C, 2011. A social psychology of leisure [M]. State College, PA: Venture.

KNAAP G J, SONG Y, 2005. The transportation-land use policy connection [M] //LEVINSON D, KRIZEK K. Access to destinations. Amsterdam: Elsevier.

KOBRIN F E, GOLDSCHEIDER C, 1982. Family extension or nonfamily living: life cycle economic and ethnic factors [J]. Western Sociological Review, 13 (1): 103-118.

KOOSHIAR H, YAHAYA N, HAMID T A, et al., 2018. Living arrangement and life satisfaction in older Malaysians: the mediating role of social support function [J]. PLOS ONE, 7 (8): e43125.

KOPP R J, ENG R J, TIGERT D J, 1989. A competitive structure and segmentation analysis of the Chicago fashion market [J]. Journal of Retailing, 65 (4): 496-516.

KOS - ŁABDOWICZ J, 2019. ICT in meeting the transport needs of seniors:

an opportunity or a threat? [J]. Information Systems in Management, 8 (1): 26-36.

KRIZEK K J, 2003. Residential relocation and changes in urban travel: does neighborhood-scale urban form matter? [J]. Journal of the American Planning Association, 69 (3): 265-281.

KUSHWAHA T, UBEJA S, CHATTERJEE A S, 2017. Factors influencing selection of shopping malls: an exploratory study of consumer perception [J]. Vision: the Journal of Business Perspective, 21 (3): 274-283.

KWAN M P, 1994. GISICAS: a GIS-interfaced computational-process model for activity scheduling in advanced traveler information systems [D]. Unpublished dissertation. Santa Barbara: University of California.

KWAN M P, 1999a. Gender, the Home-Work Link, and Space-Time Patterns of Nonemployment Activities [J]. Economic Geography, 75 (4): 370-394.

KWAN M P, 1999b. Gender and individual access to urban opportunities: a study using space-time measures [J]. The Professional Geographer, 51 (2): 211-227.

KWAN M P, 2000a. Gender differences in space-time constraints [J]. Area, 32 (2): 145-156.

KWAN M P, 2000b. Interactive geovisualization of activity-travel patterns using three-dimensional geographical information systems: a methodological exploration with a large data set [J]. Transportation Research Part C: Emerging Technologies, 8 (1/2/3/4/5/6): 185-203.

KWAN M P, 2004. GIS methods in time-geographic research: geocomputation and geovisualization of human activity patterns [J]. Geografiska Annaler Series B: Human Geography, 86 (4): 267-280.

KWAN M P, 2007. Affecting geospatial technologies: toward a feminist politics of emotion [J]. The Professional Geographer, 59 (1): 22-34.

KWAN M P, 2009. From place-based to people-based exposure measures [J]. Social Science & Medicine (1982), 69 (9): 1311-1313.

KWAN M P, 2010. Space-time and integral measures of individual accessibility: a comparative analysis using a point - based framework [J]. Geographical Analysis, 30 (3): 191-216.

KWAN M P, 2012. The uncertain geographic context problem [J]. Annals of the Association of American Geographers, 102 (5): 958-968.

KWAN M P, CHAI Y, TA N, 2014. Reflections on the similarities and differences between Chinese and US cities [J]. Asian Geographer, 31 (2): 167-174.

KWAN M P, DING G, 2008. Geo-narrative: extending geographic information systems for narrative analysis in qualitative and mixed-method research [J]. The Professional Geographer, 60 (4): 443-465.

KWAN M P, KOTSEV A, 2015. Gender differences in commute time and accessibility in Sofia, Bulgaria: a study using 3D geovisualisation [J]. The Geographical Journal, 181 (1): 83-96.

KWAN M P, LEE J, 2004. Geovisualization of human activity patterns using 3D GIS: a time-geographic approach [J]. Spatially Integrated Social Science, 27: 721-744.

LAM W H K, YIN Y, 2001. An activity-based time-dependent traffic assignment model [J]. Transportation Research Part B: Methodological, 35 (6): 549-574.

LAU Y W, VAINGANKAR J A, ABDIN E, et al., 2019. Social support network typologies and their association with dementia and depression among older adults in Singapore: a cross-sectional analysis [J]. BMJ Open, 9 (5): e025303.

LAW R, 1999. Beyond "women and transport": towards new geographies of gender and daily mobility [J]. Progress in Human Geography, 23 (4): 567-588.

LAWS G, 1993. "The land of old age": society's changing attitudes toward urban built environments for elderly people [J]. Annals of the Association of American Geographers, 83 (4): 672-693.

LAWTON C A, 2018. Sex and gender in geographic behavior and cognitaion [M] //MONTELLO D R. Handbook of behavioral and cognitive geography. Cheltenham: Edward Elgar Publishing Ltd.

LEE J, HE S Y, SOHN D W, 2017. Potential of converting short car trips to active trips: the role of the built environment in tour-based travel [J]. Journal of Transport & Health, 7: 134-148.

LEE S, CHOI H, 2020a. Impact of older adults' mobility and social participation on life satisfaction in South Korea [J]. Asian Social Work and Policy Review, 14 (1): 4-10.

LEE Y H, CHANG Y C, CHIANG T, et al., 2020b. Living arrangements and sleep-related outcomes among older adults in China: a panel analytic approach [J]. The International Journal of Aging and Human Development, 91 (2): 111-126.

LENNTORP B, 1976. Paths in space-time environments: a time-geographic study of movement possibilities of individuals [M]. Lund: The Royal University of Lund.

LENNTORP B, 1978. A time-geography simulation model of individual activity programmes [J]. Timing Space and Spacing Time 2, Human Activity and Time Geography: 162 - 180.

LENNTORP B, 1999. Time-geography: at the end of its beginning [J]. GeoJournal, 48 (3): 155-158.

LI F, WANG D G, 2017. Measuring urban segregation based on individuals' daily activity patterns: a multidimensional approach [J]. Environment and Planning A: Economy and Space, 49 (2): 467-486.

LI P, ZHAO P, BRAND C, 2018. Future energy use and CO2 emissions of urban passenger transport in China: a travel behavior and urban form based approach [J]. Applied Energy, 211: 820-842.

LI S M, WU F L, 2004. Contextualizing residential mobility and housing choice: evidence from urban China [J]. Environment and Planning A: Economy and Space, 36 (1): 1-6.

LIMTANAKOOL N, SCHWANEN T, DIJST M, 2009. Developments in the Dutch urban system on the basis of flows [J]. Regional Studies, 43 (2): 179-196.

LIN T, WANG D G, 2014. Social networks and joint/solo activity - travel behavior [J]. Transportation Research Part A: Policy and Practice, 68: 18-31.

LITTLE J T, 1976. Residential preferences, neighborhood filtering and neighborhood change [J]. Journal of Urban Economics, 3 (1): 68-81.

LIU Y, LIU X, GAO S, et al., 2015. Social sensing: a new approach to understanding our socioeconomic environments [J]. Annals of the Association of American Geographers, 105 (3): 512-530.

LONDERSELE B V, DELAFONTAINE M, WEGHE N V D, 2009. Bluetooth tracking [J]. GIM International, 23 (11): 23-25.

LOPRINZI P D, JOYNER C, 2016. Source and size of emotional and financial-related social support network on physical activity behavior among older adults [J]. Journal of Physical Activity & Health, 13 (7): 776-779.

LORD S, DESPRES C, RAMADIER T, 2011. When mobility makes sense: a qualitative and longitudinal study of the daily mobility of the elderly [J]. Journal of Environmental Psychology, 31 (1): 52-61.

LUISA MAFFINI A, MARASCHIN C, 2018. Urban segregation and socio-spatial interactions: a configurational approach [J]. Urban Science, 2 (3): 55.

LYNCH K, 1960. The image of the city [M]. Poston: MIT Press.

MA J, LIU Z L, CHAI Y W, 2015a. The impact of urban form on CO2 emission from work and non-work trips: the case of Beijing, China [J]. Habitat International, 47 (47): 1-10.
MA J, MITCHELL G, HEPPENSTALL A J, 2015b. Exploring transport carbon futures using population microsimulation and travel diaries: Beijing to 2030 [J]. Transportation Research Part D: Transport and Environment, 37: 108-122.
MA J, TAO Y, KWAN M, et al., 2020. Assessing mobility-based real-time air pollution exposure in space and time using smart sensors and GPS trajectories in Beijing [J]. Annals of the American Association of Geographers, 110 (2): 434-448.
MA J, ZHOU S, MITCHELL G, et al., 2018. CO2 emission from passenger travel in Guangzhou, China: a small area simulation [J]. Applied Geography, 98: 121-132.
MA L, CAO J, 2019. How perceptions mediate the effects of the built environment on travel behavior? [J]. Transportation, 46 (1): 175-197.
MA L, DILL J, MOHR C, 2014. The objective versus the perceived environment: what matters for bicycling? [J]. Transportation, 41 (6): 1135-1152.
MAAT K, TIMMERMANS H J P, 2009. Influence of the residential and work environment on car use in dual-earner households [J]. Transportation Research Part A: Policy and Practice, 43 (7): 654-664.
MADDEN J F, 1981. Why women work closer to home [J]. Urban Studies, 18 (2): 181-194.
MANLEY E, CHENG T, 2018. Exploring the role of spatial cognition in predicting urban traffic flow through agent-based modelling [J]. Transportation Research Part A: Policy and Practice, 109: 14-23.
MAO Z, ETTEMA D, DIJST M, 2016. Commuting trip satisfaction in Beijing: exploring the influence of multimodal behavior and modal flexibility [J]. Transportation Research Part A: Policy and Practice, 94: 592-603.
MARK D M, FRANK A U, 1996. Experiential and formal models of geographic space [J]. Environment and Planning B: Planning and Design, 23 (1): 3-24.
MARK D M, FREKSA C, HIRTLE S C, et al., 1999. Cognitive models of geographical space [J]. International Journal of Geographical Information Science, 13 (8): 747-774.
MATTIA G, MUGION R G, PRINCIPATO L, 2019. Shared mobility as a

driver for sustainable consumptions: the intention to re-use free-floating car sharing [J]. Journal of Cleaner Production, 237: 117404.

MCGUCKIN N, ZMUD J, NAKAMOTO Y, 2005. Trip-chaining trends in the United States: understanding travel behavior for policy making [J]. Transportation Research Record, 1917 (1917): 199-204.

MCLAFFERTY S L, PRESTON V, 1991. Gender, race, and commuting among service sector workers [J]. The Professional Geographer, 43 (1): 1-15.

MCQUAID R W, CHEN T, 2012. Commuting times: the role of gender, children and part-time work [J]. Research in Transportation Economics, 34 (1): 66-73.

METZ D H, 2000. Mobility of older people and their quality of life [J]. Transport Policy, 7 (2): 149-152.

MILLER B W, BRECKHEIMER I, MCCLEARY A L, et al., 2010. Using stylized agent-based models for population - environment research: a case study from the Galápagos Islands [J]. Population and Environment, 31 (6): 401-426.

MILLER E J, IBRAHIM A, 1998. Urban form and vehicular travel: some empirical findings [J]. Transportation Research Record: Journal of the Transportation Research Board, 1617 (1): 18-27.

MILLER H J, 1991. Modelling accessibility using space-time prism concepts within geographical information systems [J]. International Journal of Geographical Information Systems, 5 (3): 287-301.

MILLER H J, 1999. Measuring space-time accessibility benefits within transportation networks: basic theory and computational procedures [J]. Geographical Analysis, 31 (2): 187-212.

MILLER H J, 2004. Tobler's first law and spatial analysis [J]. Annals of the Association of American Geographers, 94 (2): 284-289.

MOKHTARIAN P L, 1990. A typology of relationships between telecommunications and transportation [J]. Transportation Research Part A: General, 24 (3): 231-242.

MOKHTARIAN P L, 2004. A conceptual analysis of the transportation impacts of B2C e-commerce [J]. Transportation, 31 (3): 257-284.

MOKHTARIAN P L, CAO X, 2008. Examining the impacts of residential self-selection on travel behavior: a focus on methodologies [J]. Transportation Research Part B: Methodological, 42 (3): 204-228.

MOKHTARIAN P L, SALOMON I, HANDY S L, 2006. The impacts of ict on leisure activities and travel: a conceptual exploration [J].

Transportation, 33 (3): 263-289.
MOLLENKOPF H, HIEBER A, WAHL H, 2011. Continuity and change in older adults' perceptions of out-of-home mobility over ten years: a qualitative - quantitative approach [J]. Ageing & Society, 31 (5): 782-802.
MOLLENKOPF H, MARCELLINI F, RUOPPILA I, et al., 2004. Social and behavioural science perspectives on out-of-home mobility in later life: findings from the European project MOBILATE [J]. European Journal of Ageing, 1 (1): 45-53.
MONTELLO D R, 1998. A new framework for understanding the acquisition of spatial knowledge in large - scale environments [M] //EGENHOFER M J, GOLLEDGE R G. Spatial and temporal reasoning in geographic information systems. New York: Oxford University Press.
MONTELLO D R, 2009a. Cognitive research in GIScience: recent achievements and future prospects [J]. Geography Compass, 3 (5): 1824-1840.
MONTELLO D R, 2009b. Geographic orientation and disorientation: getting lost and getting found in real and information spaces [J]. User Experience Magazine, 8 (1): 24-26.
MONTELLO D R, 2018. Behavioral and cognitive geography: introduction and overview [M] // MONTELLO D R. Handbook of behavioral and cognitive geography. Cheltenham: Edward Elgar Publishing Ltd.
MONTELLOA D R, FREUNDSCHUH S M, 2005. Cognition of geographic information [M] // MCMASTER R B, USERY E L. A research agenda for geographic information science. Boca Raton: CRC Press Inc.
MONTELLO D R, GOODCHILD M F, GOTTSEGEN J, et al., 2003. Where's downtown?: behavioral methods for determining referents of vague spatial queries [J]. Spatial Cognition & Computation, 3 (2/3): 185-204.
MONTELLO D R, LOVELACE K, GOLLEDGE R G, et al., 1999. Sex - related differences and similarities in geographic and environmental spatial abilities [J]. Annals of the Association of American Geographers, 89 (3): 515-534.
MONTGOMERY H, 1993. The choice of a home seen from the inside: psychological contributions to the study of decision making in housing markets [J]. Advances in psychology, 96: 317-341.
MOURATIDIS K, 2019. Built environment and leisure satisfaction: the role of commute time, social interaction, and active travel [J]. Journal of

Transport Geography, 80: 102 491.
MURDIE R A, 1965. Cultural differences in consumer travel [J]. Economic Geography, 41 (3): 211.
MUTCHIER J E, BURR J A, 1991. A longitudinal analysis of household and nonhousehold living arrangements in later life [J]. Demography, 28 (3): 375-390.
MYERS D, 1983. Upward mobility and the filtering process [J]. Journal of Planning Education and Research, 2 (2): 101-112.
NIEMEIER D A, MORITA J G, 1996. Duration of trip-making activities by men and women [J]. Transportation, 23 (4): 353-371.
NILSEN C, AGAHI N, SHAW B A, 2018. Does the association between leisure activities and survival in old age differ by living arrangement? [J]. Journal of Epidemiology and Community Health, 72 (1): 1-6.
NUTLEY S, THOMAS C, 1995. Spatial mobility and social change: the mobile and the immobile [J]. Sociologia Ruralis, 35 (1): 24-39.
O' FALLON C, SULLIVAN C, 2003. Older people's travel patterns and transport sustainability in New Zealand cities [Z]. 26th Australasian Transport Research Forum.
OLSON J M, BREWER C A, 1997. An evaluation of color selections to accommodate map users with color-vision impairments [J]. Annals of the Association of American Geographers, 87 (1): 103-134.
OLSSON G, GALE S, 1968. Spatial theory and human behavior [J]. Papers of the Regional Science Association, 21 (1): 229-242.
OPPEWAL H, TIMMERMANS H H, 1999. Modeling consumer perception of public space in shopping centers [J]. Environment and Behavior, 31 (1): 45-65.
PAHL R E, 1970. Patterns of urban life [M]. London: Longman.
PAPAGEORGIOU G J, BRUMMELL A C, 1975. Crude inferences on spatial consumer behavior [J]. Annals of the Association of American Geographers, 65 (1): 1-11.
PAPAGEORGIOU G, EFSTATHIADOU T, EFSTATHIADES A, et al., 2019. Promoting active transportation via information and communication technologies [C]. IEEE EUROCON 2019-18th International Conference on Smart Technologies: 1-5.
PARK S, LEE D, 2017. An empirical study on consumer online shopping channel choice behavior in omni-channel environment [J]. Telematics and Informatics, 34 (8): 1398-1407.
PARK Y M, KWAN M, 2018. Beyond residential segregation: a

spatiotemporal approach to examining multi-contextual segregation [J]. Computers, Environment and Urban Systems, 71: 98-108.
PARKES D, THRIFT N J, 1980. Times, spaces, and places: a chronogeographic perspective [M]. New York: John Wiley & Sons.
PAS E I, 1984. The effect of selected sociodemographic characteristics on daily travel-activity behavior [J]. Environment and Planning A: Economy and Space, 16 (5): 571-581.
PENDYALA R M, GOULIAS K G, KITAMURA R, 1991. Impact of telecommuting on spatial and temporal patterns of household travel [J]. Transportation, 18 (4): 383-409.
PÉREZ-HERNÁNDEZ J, SÁNCHEZ-MANGAS R, 2011. To have or not to have Internet at home: implications for online shopping [J]. Information Economics and Policy, 23 (3/4): 213-226.
PETERSON R A, BALASUBRAMANIAN S, BRONNENBERG B J, 1997. Exploring the implications of the internet for consumer marketing [J]. Journal of the Academy of Marketing Science, 25 (4): 329-346.
PETTERSSON P, SCHMÖCKER J D, 2010. Active ageing in developing countries: trip generation and tour complexity of older people in Metro Manila [J]. Journal of Transport Geography, 18 (5): 613-623.
PIAGET J, INHELDER B, 1956. The child's conception of space [M]. London: Routledge & Kegan Paul.
POLK M, 2004. The influence of gender on daily car use and on willingness to reduce car use in Sweden [J]. Journal of Transport Geography, 12 (3): 185-195.
PORTUGALI J, 2004. Toward a cognitive approach to urban dynamics [J]. Environment and Planning B: Planning and Design, 31 (4): 589-613.
PORTUGALI J, 2018. History and theoretical perspectives of behavioral and cognitive geography [M] // MONTELLO D R. Handbook of behavioral and cognitive geography. Cheltenham: Edward Elgar Publishing Ltd.
POTTER R B, 1979. Perception of urban retailing facilities: an analysis of consumer information fields [J]. Geografiska Annaler Series B: Human Geography, 61 (1): 19-29.
PRED A, 1981a. Social reproduction and the time-geography of everyday life [J]. Geografiska Annaler Series B: Human Geography, 63 (1): 5.
PRED A, 1981b. Production, family, and free-time projects: a time-geographic perspective on the individual and societal change in nineteenth-century US cities [J]. Journal of Historical Geography, 7 (1): 3-36.
RATCLIFF R U, 1949. Urban land economics [M]. New York: McGraw-

Hill.

RATTI C, FRENCHMAN D, PULSELLI R M, et al., 2006. Mobile Landscapes: using location data from cell phones for urban analysis [J]. Environment and Planning B: Planning & Design, 33 (5): 727-748.

RAUBAL M, MILLER H J, BRIDWELL S A, 2004. User-centred time geography for location-based services [J]. Geografiska Annaler Series B: Human Geography, 86 (4): 245-265.

RECKER W W, KOSTYNIUK L P, 1978. Factors influencing destination choice for the urban grocery shopping trip [J]. Transportation, 7 (1): 19-33.

RIGBY D, 2011. The future of shopping [J]. Harvard Business Review (12): 64-75.

ROBSON B T, 1975. Urban social areas [M]. London: Oxford University Press.

ROORDA M J, MILLER E J, HABIB K N, 2008. Validation of TASHA: a 24-h activity scheduling microsimulation model [J]. Transportation Research Part A: Policy and Practice, 42 (2): 360-375.

ROSENBLOOM S, 2001. Sustainability and automobility among the elderly: an international assessment [J]. Transportation, 28 (4): 375-408.

ROSSI P H, 1955. Why families move: a study in the social psychology of urban residential mobility [M]. New York: Free Press.

ROTEM-MINDALI O, SALOMON I, 2007. The impacts of E-retail on the choice of shopping trips and delivery: some preliminary findings [J]. Transportation Research Part A: Policy and Practice, 41 (2): 176-189.

ROTEM-MINDALI O, WELTEVREDEN J W J, 2013. Transport effects of e-commerce: what can be learned after years of research? [J]. Transportation, 40 (5): 867-885.

RUSHTON G, 1969. Analysis of spatial behavior by revealed space preference [J]. Annals of the Association of American Geographers, 59 (2): 391-400.

SAKURAI R, KAWAI H, SUZUKI H, et al., 2019. Poor social network, not living alone, is associated with incidence of adverse health outcomes in older adults [J]. Journal of the American Medical Directors Association, 20 (11): 1438-1443.

SANG S, O'KELLY M, KWAN M P, 2011. Examining commuting patterns [J]. Urban Studies, 48 (5): 891-909.

SANTROCK J W, 2008. A topical approach to lifespan development [M]. New York: McGraw-Hill Companies, Inc.

SARMA S, SIMPSON W, 2007. A panel multinomial logit analysis of elderly living arrangements: evidence from aging in Manitoba longitudinal data, Canada [J]. Social Science & Medicine (1982), 65 (12): 2539-2552.
SCHEINER J, HOLZ-RAU C, 2007. Travel mode choice: affected by objective or subjective determinants? [J]. Transportation, 34 (4): 487-511.
SCHEINER J, HOLZ-RAU C, 2012. Gendered travel mode choice: a focus on car deficient households [J]. Journal of Transport Geography, 24: 250-261.
SCHENK L, 2007. Migration und Gesundheit-Entwicklung eines Erklärungs- und Analysemodells für epidemiologische Studien [J]. International Journal of Public Health, 52 (2): 87-96.
SCHÖNFELDER S, AXHAUSEN K W, 2003. Activity spaces: measures of social exclusion? [J]. Transport Policy, 10 (4): 273-286.
SCHWANEN T, 2015. Beyond instrument: smartphone app and sustainable mobility [J]. European Journal of Transport and Infrastructure Research, 15 (4): 675-690.
SCHWANEN T, DE JONG T, 2013. Exploring the juggling of responsibilities with space-time accessibility analysis [J]. Urban Geography, 29 (6): 556-580.
SCHWANEN T, DIJST M, 2003. Time windows in workers' activity patterns: empirical evidence from the Netherlands [J]. Transportation, 30 (3): 261-283.
SCHWANEN T, DIJST M, DIELEMAN F M, 2002. A microlevel analysis of residential context and travel time [J]. Environment and Planning A: Economy and Space, 34 (8): 1487-1507.
SCHWANEN T, ETTEMA D, 2009. Coping with unreliable transportation when collecting children: examining parents' behavior with cumulative prospect theory [J]. Transportation Research Part A-Policy and Practice, 43 (5): 511-525.
SCHWANEN T, KWAN M, 2008a. The Internet, mobile phone and space-time constraints [J]. Geoforum, 39 (3): 1362-1377.
SCHWANEN T, KWAN M, REN F, 2008b. How fixed is fixed? Gendered rigidity of space-time constraints and geographies of everyday activities [J]. Geoforum, 39 (6): 2109-2121.
SCHWANEN T, MOKHTARIAN P L, 2005. What affects commute mode choice: neighborhood physical structure or preferences toward neighborhoods? [J]. Journal of Transport Geography, 13 (1): 83-99.

SCHWANEN T, PÁEZ A, 2010. The mobility of older people - an introduction [J]. Journal of Transport Geography, 18 (5): 591-595.

SEEMAN T E, BERKMAN L F, 1988. Structural characteristics of social networks and their relationship with social support in the elderly: who provides support [J]. Social Science & Medicine (1982), 26 (7): 737-749.

SHAH N M, BADR H E, YOUNT K, et al., 2011. Decline in co-residence of parents and children among older Kuwaiti men and women: what are the significant correlates? [J]. Journal of Cross-Cultural Gerontology, 26 (2): 157-174.

SHAW S L, WANG D M, 2000. Handling disaggregate spatiotemporal travel data in GIS [J]. GeoInformatica, 4 (2): 161-178.

SHAW S M, 1984. The measurement of leisure: a quality of life issue [J]. Society and Leisure, 7 (1): 91-107.

SHEN Y, TA N, KWAN M P, et al., 2020. ICTs and changes in activity - travel behavior in urban China: existing research and future directions [M] // CHEN C-L, PAN H, SHEN Q, et al. Handbook on transport and urban transformation in China. Cheltenham: Edward Elgar Publishing Ltd.

SHIFTAN Y, 2008. The use of activity-based modeling to analyze the effect of land-use policies on travel behavior [J]. The Annals of Regional Science, 42 (1): 79-97.

SHOVAL N, AUSLANDER G K, COHENSHALOM K, et al., 2010. What can we learn about the mobility of the elderly in the GPS era [J]. Journal of Transport Geography, 8 (5): 603-612.

SI H Y, SHI J G, TANG D Z, et al., 2020. Understanding intention and behavior toward sustainable usage of bike sharing by extending the theory of planned behavior [J]. Resources Conservation and Recycling, 152: 104513.

SIEGEL A W, WHITE S H, 1975. The development of spatial representations of large-scale environments [J]. Advances in Child Development and Behavior, 10: 9-55.

SIMON H A, 1957. A behavioral model of rational choice [M] // SIMON H A. Models of man, social and rational: mathematical essays on rational human behavior in a social setting.

SINGELL L D, LILLYDAHL J H, 1986. An empirical analysis of the commute to work patterns of males and females in two-earner households [J]. Urban Studies, 23 (2): 119-129.

SIREN A K, HAKAMIESBLOMQVIST L, 2009. Mobility and well-being in old age [J]. Topics in Geriatric Rehabilitation, 25 (1): 3-11.

SKABURSKIS A, 2006. Filtering, city change and the supply of low-priced housing in Canada [J]. Urban Studies, 43 (3): 533-558.

SMITH G C, 1976. The spatial information fields of urban consumers [J]. Transactions of the Institute of British Geographers, 1 (2): 175.

SMITH T R, CLARK W A V, COTTON J W, 1984. Deriving and testing production system models of sequential decision-making behavior [J]. Geographical Analysis, 16 (3): 191-222.

SMITH T R, CLARK W A V, HUFF J O, et al., 1979. A decision-making and search model for intraurban migration [J]. Geographical Analysis, 11 (1): 1-22.

SOLOMON B, 1993. Shoppers experiment more [N]. Women's Wear Daily, 1993-01-27.

SPENCER C, WEETMAN M, 1981. The microgenesis of cognitive maps: a longitudinal study of new residents of an urban area [J]. Transactions of the Institute of British Geographers, 6 (3): 375.

SPINNEY J E L, SCOTT D M, NEWBOLD K B, 2009. Transport mobility benefits and quality of life: a time-use perspective of elderly Canadians [J]. Transport Policy, 16 (1): 1-11.

SRICHUAE S, NITIVATTANANON V, PERERA R, 2016. Aging society in bangkok and the factors affecting mobility of elderly in urban public spaces and transportation facilities [J]. Iatss Research, 40 (1): 26-34.

SRINIVASAN S, BHAT C R, 2008. An exploratory analysis of joint-activity participation characteristics using the American time use survey [J]. Transportation, 35 (3): 301-327.

STEA D, 1969. The measurement of mental maps: an experimental model for studying conceptual spaces [M] // COX K R, GOLLEDGE R G. Behavioral problems in geography: a symposium: northwestern university studies in geography. Lund: C. W. K. Gleerup Publishers.

STODOLSKA M, WALDER G, WEI XIANG, et al., 2015. Identifying critical leisure issues in China: a mixed methods study [J]. Journal of Zhejiang University: Humanities and Social Sciences Edition, 45 (1): 105-130.

SUN B D, ERMAGUN A, DAN B, 2017. Built environmental impacts on commuting mode choice and distance: evidence from Shanghai [J]. Transportation Research Part D: Transport and Environment, 52: 441-453.

SUSILO Y O, CATS O, 2014. Exploring key determinants of travel satisfaction for multi-modal trips by different traveler groups [J]. Transportation Research Part A: Policy and Practice, 67: 366-380.

SUSILO Y O, DIJST M, 2010. Behavioural decisions of travel-time ratios for work, maintenance and leisure activities in the Netherlands [J]. Transportation Planning and Technology, 33 (1): 19-34.

TA N, CHAI Y W, ZHANG Y, et al., 2017. Understanding job-housing relationship and commuting pattern in Chinese cities: past, present and future [J]. Transportation Research Part D: Transport and Environment, 52: 562-573.

TA N, KWAN M, CHAI Y W, et al., 2016b. Gendered space - time constraints, activity participation and household structure: a case study using A GPS - based activity survey in suburban Beijing, China [J]. Tijdschrift Voor Economische En Sociale Geografie, 107 (5): 505-521.

TA N, LIU Z L, CHAI Y W, 2019. Help whom and help what? Intergenerational co-residence and the gender differences in time use among dual-earner households in Beijing, China [J]. Urban Studies, 56 (10): 2058-2074.

TA N, ZHAO Y, CHAI Y W, 2016a. Built environment, peak hours and route choice efficiency: an investigation of commuting efficiency using GPS data [J]. Journal of Transport Geography, 57: 161-170.

TACKEN M, 1990. Effects of teleshopping on the use of time and space [J]. Transportation Research Record, 1285: 89-91.

TAN Y M, CHAI Y W, CHEN Z F, 2019. Social-contextual exposure of ethnic groups in urban China: from residential place to activity space [J]. Population, Space and Place, 25 (7): e2248.

THOITS P A, 1982. Life stress, social support, and psychological vulnerability: epidemiological considerations [J]. Journal of Community Psychology, 10 (4): 341-362.

THOMAS C J, 1976. Sociospatial differentiation and the use of services [J]. Social Areas in Cities, 2: 17-63.

THOMAS C J, BROMLEY R D F, 1993. The impact of out - of - centre retailing [J]. Retail Change, Contemporary Issues.

THRIFT N, 1977. Time and theory in human geography: Part I [J]. Progress in Human Geography, 1 (1): 65-101.

THRIFT N, PRED A, 1981. Time-geography: a new beginning [J]. Progress in Human Geography, 5 (2): 277-286.

TIMMERMANS H, 1981. Multiattribute shopping models and ridge regression analysis [J]. Environment and Planning A: Economy and Space, 13 (1): 43-56.

TIMMERMANS H, 1993. Retail environments and spatial shopping behavior [M]. Amsterdam: North-Holland Publishing Company.

TIMMERMANS H, ARENTZE T, JOH C H, 2002. Analysing space-time behaviour: new approaches to old problems [J]. Progress in Human Geography, 26 (2): 175-190.

TIMMERMANS H, BORGERS A, 1985. Choice set constrains and spatial decision - making processes [J]. Sistemi Urbani, 3: 211-220.

TIMMERMANS H, VAN DER WAERDEN P, ALVES M, et al., 2003. Spatial context and the complexity of daily travel patterns: an international comparison [J]. Journal of Transport Geography, 11 (1): 37-46.

TOBLER W R, 1970. A computer movie simulating urban growth in the Detroit region [J]. Economic Geography, 46: 234.

TOLMAN E C, 1948. Cognitive maps in rats and men [J]. Psychological Review, 55 (4): 189-208.

TORRENS P M, 2018. Artificial intelligence and behavioral geography [M] // MONTELLO D R. Handbook of behavioral and cognitive geography. Cheltenham: Edward Elgar Publishing Ltd.

TRAIN K E, 2003. Discrete choice methods with simulation [M]. Cambridge: Cambridge University Press.

TRAIN K, 1986. Qualitative choice analysis [M]. Cambridge: MIT Press.

TRANEL D, ENEKWECHI N, MANZEL K, 2005. A test for measuring recognition and Naming of landmarks [J]. Journal of Clinical and Experimental Neuropsychology, 27 (1): 102-126.

TUAN Y F, 1974. A Review of peter gould and rodney white, mental maps [J]. Annals of the Association of American Geographers, 6: 589-591.

TURNER T, NIEMEIER D, 1997. Travel to work and household responsibility: new evidence [J]. Transportation, 4 (4): 397-419.

URIBE A C R, 2018. Co - residential arrangements and their influence in Mexican older adults' self-determination in their leisure engagement [J]. International Journal of Research in Social Sciences, 8 (10): 485-499.

URRY J, 2012. Social networks, mobile lives and social inequalities [J]. Journal of Transport Geography, 21 (21): 24-30.

URRY J, GRIECO M, 2016. Mobilities: new perspectives on transport and society [M]. London: Routledge.

VAN ACKER V, GOODWIN P, WITLOX F, 2016. Key research themes on travel behavior, lifestyle, and sustainable urban mobility [J]. International Journal of Sustainable Transportation, 10 (1): 25-32.

VAN DEN BERG P, ARENTZE T, TIMMERMANS H, 2012. Involvement in clubs or voluntary associations, social networks and activity generation: a path analysis [J]. Transportation, 39 (4): 843-856.

VERSICHELE M, DE GROOTE L, BOUUAERT M C, et al., 2014. Pattern mining in tourist attraction visits through association rule learning on Bluetooth tracking data: a case study of Ghent, Belgium [J]. Tourism Management, 44: 67-81.

VOVSHA P, PETERSEN E, DONNELLY R, 2004. Impact of intrahousehold interactions on individual daily activity-travel patterns [J]. Transportation Research Record, (1898): 87-97.

WALKER G J, WANG X, 2008. The meaning of leisure for Chinese/Canadians [J]. Leisure Sciences, 31 (1): 1-18.

WALMSLEY D J, LEWIS G J, 1984. People and environment: behavioural approaches in human geography [M]. London: Routledge.

WALSH D A, KRAUSS I K, REGNIER V A, 1981. Spatial ability, environmental knowledge, and environmental use: the elderly [M] // LIBEN L, PATTERSON A, NEWCOMBE N. Spatial representation and behavior across the life span: theory and application. New York: Academic Press.

WANG D G, LI F, 2016. Daily activity space and exposure: a comparative study of Hong Kong's public and private housing residents' segregation in daily life [J]. Cities, 59: 148-155.

WANG D G, LI F, CHAI Y W, 2012. Activity spaces and sociospatial segregation in Beijing [J]. Urban Geography, 33 (2): 256-277.

WANG F L, MAO Z D, WANG D G, 2020. Residential relocation and travel satisfaction change: an empirical study in Beijing, China [J]. Transportation Research Part A: Policy and Practice, 135: 341-353.

WANG X Z, RODRÍGUEZ D A, SARMIENTO O L, et al., 2019. Commute patterns and depression: evidence from eleven Latin American cities [J]. Journal of Transport & Health, 14: 100607.

WARNES A M, 1990. Geographical questions in gerontology: needed directions for research [J]. Progress in Human Geography, 14 (1): 24-56.

WEBER J, KWAN M, 2002. Bringing time back in: a study on the influence of travel time variations and facility opening hours on individual accessibility [J]. The Professional Geographer, 54 (2): 226-240.

WEINBERGER R, 2007. Men, women, job sprawl and journey to work in the Philadelphia region [J]. Public Works Management & Policy, 11 (3): 177-193.

WELLMAN B, WORTLEY S, 1990. Different strokes from different folks: community ties and social support [J]. American Journal of Sociology, 96 (3): 558-588.

WEN C H, KOPPELMAN F S, 2000. A conceptual and methdological framework for the generation of activity-travel patterns [J]. Transportation, 27 (1): 5-23.

WILMOTH J M, DE JONG G F, HIMES C L, 1997. Immigrant and non-immigrant living arrangements among america's white, hispanic, and Asian elderly population [J]. International Journal of Sociology and Social Policy, 17 (9/10): 57-82.

WOLF D A, SOLDO B J, 1988. Household composition choices of older unmarried women [J]. Demography, 25 (3): 387-403.

WON Y H, LEE G R, 1999. Living arrangements of older parents in Korea [J]. Journal of Comparative Family Studies, 30 (2): 315-328.

WONG D W S, SHAW S L, 2011. Measuring segregation: an activity space approach [J]. Journal of Geographical Systems, 13 (2): 127-145.

WONG G K M, YU L, 2003. Consumers' perception of store image of joint venture shopping centres: first-tier versus second-tier cities in China [J]. Journal of Retailing and Consumer Services, 10 (2): 61-70.

WRIGHT J K, 1947. Terrae incognitae: the place of the imagination in geography [J]. Annals of the Association of American Geographers, 37 (1): 1-15.

WRIGLEY N, 2002. "Food Deserts" in British cities: policy context and research priorities [J]. Urban Studies, 39 (11): 2029-2040.

WU F L, 2002. China's changing urban governance in the transition towards a more market-oriented economy [J]. Urban Studies, 39 (7): 1071-1093.

XI G L, ZHEN F, CAO X J, et al., 2020. The interaction between e-shopping and store shopping: empirical evidence from Nanjing, China [J]. Transportation Letters, 12 (3): 157-165.

YU J, YAN Z, 2016. Living arrangement and its association with residential needs of community-dwelling older adults in China [J]. Journal of Psychology & Psychotherapy, 6 (1): 1-7.

ZENK S N, SCHULZ A J, MATTHEWS S A, et al., Activity space environment and dietary and physical activity behaviors: a pilot study

[J]. Health & Place, 17 (5): 1150-1161.
ZHANG C, BARNETT A, JOHNSTON J, et al., 2019. Objectively-measured neighbourhood attributes as correlates and moderators of quality of life in older adults with different living arrangements: the ALECS cross-sectional study [J]. International Journal of Environmental Research and Public Health, 16 (5): 876.
ZHANG J Y, FUJIWARA A, 2006. Representing household time allocation behavior by endogenously incorporating diverse intra-household interactions: a case study in the context of elderly couples [J]. Transportation Research Part B: Methodological, 40 (1): 54-74.
ZHANG W J, THILL J, 2017. Detecting and visualizing cohesive activity-travel patterns: a network analysis approach [J]. Computers, Environment and Urban Systems, 66: 117-129.
ZHANG X, WANG J, KWAN M, et al., 2019. Reside nearby, behave apart? Activity-space-based segregation among residents of various types of housing in Beijing, China [J]. Cities, 88: 166-180.
ZHAO Y, DIJST M, CHAI Y W, 2016. Between haven and heaven in cities: a comparison between Beijing (China) and Utrecht (the Netherlands) [J]. Urban Studies, 53 (12): 2469-2487.
ZIMMER Z, 2005. Health and living arrangement transitions among china' s oldest-old [J]. Research on Aging, 27 (5): 526-555.
ZINSER O, PALMER D L, MILLER C R, 2004. Site distance, gender, and knowledge of geographic sites [J]. Sex Roles, 51 (11/12): 661-686.
冈本耕平，1998. 行动地理学の历史と未来 [J]. 人文地理（日），50 (1): 23-42.
高阪宏行，1972. 消費者買物行動からみた埼玉県加須商圏の内部構造について [J]. 地理学評論，48 (11): 756-773.
荒井良雄，川口太郎，井上孝，2002. 日本の人口移-ライフコスと地域性 [M]. 东京：古今书院.
泉貴久，1993. 近隣空間における児童の知覚環境の特性とその発達：広島市を事例として [J]. 地理科学，48 (1): 33-52.
荒井良雄，冈本耕平，田原裕子，柴彦威，2008，中国都市の生活空間——社会構造・ジェンダー・高齢者 [M]. ナカニシヤ出版.
若林芳樹，1985. 行動地理学の現状と問題点 [J]. 人文地理，37 (2): 148-166.
生田真人，1986. 消費者行動と商業集積地区の展開 [M]. 东京：東京大学出版会.

生田真人，1991. 大都市消費者行動論：消費者は発達する［M］. 东京：古今书院.
寺本潔，大井みどり，1987. 近隣における子供の遊び行動と空間認知の発達［J］. 新地理，35（2）：1 - 20.

图表来源

图 1-1 源自：柴彦威，谭一洺，申悦，等，2017. 空间—行为互动理论构建的基本思路［J］. 地理研究，36（10）：1959-1970.

图 1-2 源自：笔者或其团队制作.

图 1-3 源自：柴彦威，2005. 行为地理学研究的方法论问题［J］. 地域研究与开发，24（2）：1-5.

图 4-0 源自：张文佳，柴彦威，2009b. 时空制约下的城市居民活动—移动系统：活动分析法的理论和模型进展［J］. 国际城市规划，24（4）：60-68.

图 5-1 至图 5-4 源自：ELLEGÅRD K，2018. Thinking time geography：concepts，methods and applications［M］. New York：Routledge.

图 5-5 源自 KWAN M-P，LEE J，2004. Geovisualization of human activity patterns using 3D GIS：a time-geographic approach［J］. Spatially integrated social science，27：721-744.

图 5-6 源自：KWAN M P，2000. Interactive geovisualization of activity-travel patterns using three-dimensional geographical information systems：a methodological exploration with a large data set［J］. Transportation Research Part C：Emerging Technologies，8（1/2/3/4/5/6）：185-203.

图 5-7 源自：KWAN M P，1999. Gender and individual access to urban opportunities：a study using space-time measures［J］. The Professional Geographer，51（2）：211-227.

图 6-1 源自：ISHIKAWA T，MONTELLO D R，2006. Spatial knowledge acquisition from direct experience in the environment：individual differences in the development of metric knowledge and the integration of separately learned places［J］. Cognitive Psychology，52（2）：93-129.

图 6-2 源自：GOLLEDGE R G，2002. The nature of geographic knowledge［J］. Annals of the Association of American Geographers，92（1）：1-14.

图 6-3 源自：GOULD P R，WHITE R R，1968. The mental maps of British school leavers［J］. Regional Studies，2（2）：161-182.

图 6-4 源自：LYNCH K，1960. The image of the city［M］. Poston：

MIT Press.

图 6-5 源自：冯健，2005. 北京城市居民的空间感知与意象空间结构［J］. 地理科学，25（2）：142-154.

图 6-6 源自：薛露露，申思，刘瑜，等，2008. 认知地图两种外部化方法的比较：以北京市为例［J］. 北京大学学报（自然科学版），44（3）：413-420.

图 6-7 源自：ISHIKAWA T，MONTELLO D R，2006. Spatial knowledge acquisition from direct experience in the environment：individual differences in the development of metric knowledge and the integration of separately learned places［J］. Cognitive Psychology，52（2）：93-129.

图 7-1 源自：GOLLEDGE R G，STIMSON R J，1997. Spatial behavior：a geographic perspective［M］. New York：Guilford Press.

图 7-2 源自：张文佳，柴彦威，2009. 居住空间对家庭购物出行决策的影响［J］. 地理科学进展，28（3）：362-369.

图 7-3 源自：朱玮，王德，TIMMERMANS H，2009. 多代理人系统在商业街消费者行为模拟中的应用：以上海南京东路为例［J］. 地理学报，64（4）：445-455.

图 8-1 源自：柴彦威，胡智勇，仵宗卿，2000. 天津城市内部人口迁居特征及机制分析［J］. 地理研究（4）：391-399.

图 8-2 源自：CLARK W A V，ONAKA J，1983. Life cycle and housing adjustment as explanations of residential mobility［J］. Urban Studies，20（1）：47-57.

图 8-3 源自：笔者或其团队制作.

图 9-1 源自：MOKHTARIAN P L，CAO X Y，2008. Examining the impacts of residential self-selection on travel behavior：a focus on methodologies［J］. Transportation Research Part B：Methodological，42（3）：204-228.

图 9-2 源自：塔娜，柴彦威，关美宝，2015. 建成环境对北京市郊区居民工作日汽车出行的影响［J］. 地理学报，70（10）：1675-1685.

图 10-1 源自：THOMAS C J，1976. Sociospatial differentiation and the use of services［M］// HERBERT D，JOHNSTON R. Social areas in cities. London：Wiley.

图 10-2 源自：HUFF D L，1960. A topographical model of consumer space preferences［J］. Papers in Regional Science，6（1）：159-173.

图 10-3 源自：CAO X J，2012. The relationships between e-shopping and store shopping in the shopping process of search goods [J]. Transportation Research Part A：Policy and Practice，46（7）：993-1002.

图 11-1、图 11-2 源自：赵莹，柴彦威，桂晶晶，2016. 中国城市休闲时空行为研究前沿 [J]. 旅游学刊，31（9）：30-40.

图 12-1 源自：张纯，柴彦威，李昌霞，2007. 北京城市老年人的日常活动路径及其时空特征 [J]. 地域研究与开发（4）：116-120.

图 13-1 源自：KAMIYA H，1999. Day care services and activity patterns of women in Japan [J]. GeoJournal，48（3）：207-215.

图 13-2 源自：GLIEBE J P，KOPPELMAN F S，2002. A model of joint activity participation between household members [J]. Transportation，29（1）：49-72.

图 13-3 源自：GLIEBE J P，KOPPELMAN F S，2005. Modeling household activity-travel interactions as parallel constrained choices [J]. Transportation，32（5）：449-471.

图 13-4 源自：KANG H J，SCOTT D M，2008. An integrated spatio-temporal GIS toolkit for exploring intra-household interactions [J]. Transportation，35（2）：253-268.

表 4-0 源自：笔者或其团队制作.

表 6-0 源自：若林芳樹，1989. 認知地図研究をめぐる概念的諸問題 [J]. 理論地理学ノート，6（1）：1-15.

表 9-1、表 9-2 源自：笔者或其团队制作.

表 9-3 源自：EWING R，CERVERO R，2010. Travel and the built environment [J]. Journal of the American Planning Association，76（3）：265-294.

表 9-4 源自：笔者或其团队制作.

表 11-0 源自：笔者或其团队制作.

表 12-1 源自：谷志莲，柴彦威，2015. 城市老年人的移动性变化及其对日常生活的影响：基于社区老年人生活历程的叙事分析 [J]. 地理科学进展，34（12）：1617-1627.

表 13-0 源自：KWAN M P，1999. Gender and individual access to urban opportunities：a study using space-time measures [J]. The Professional Geographer，51（2）：211-227.

本书作者

柴彦威，男，甘肃会宁人。日本广岛大学文学博士，北京大学城市与环境学院教授，博士生导师，智慧城市研究与规划中心主任，中国地理学会常务理事及行为地理专业委员会主任，住房与城乡建设部科学技术委员会社区建设专业委员会委员，北京市人民政府特邀人员。主要研究方向为城市社会地理学、行为地理学、时间地理学、智慧城市规划与管理，积极建设中国城市研究与规划的时空行为学派。发表中外学术论文 300 余篇，出版学术著作及译著 20 余部。曾获中国地理学会青年地理科技奖、国家教育部高等学校优秀青年教师教学与科研奖等。

塔娜，女，内蒙古包头人。北京大学人文地理学博士，华东师范大学地理科学学院副研究员，地理信息科学教育部重点实验室科研人员，中国地理学会青年工作委员会委员，中国地理学会行为地理专业委员会委员。主要研究方向为城市社会地理学、行为地理学。发表中英文学术论文 60 余篇，主持或参与出版学术著作多部，主持国家自然科学基金项目、上海市科委软科学重点项目等科研项目多项。